JOURNAL DE GUERRE

DE 1849 à 1870

ROME, CRIMÉE, ITALIE, MEXIQUE

PUBLIÉES PAR
Jules JARY

PARIS
LIBRAIRIE H. CHAMPION
5, quai Malaquais
1910

LETTRES
D'UN SOLDAT A SA MÈRE

LETTRES
D'UN SOLDAT A SA MÈRE

DE

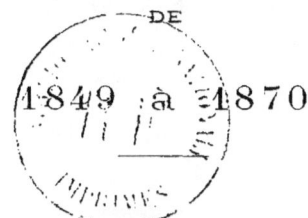

1849 à 1870

AFRIQUE - CRIMÉE - ITALIE
MEXIQUE

PUBLIÉES PAR

Jules JAPY

MONTBÉLIARD
Société Anonyme d'Imprimerie Montbéliardaise

1910

I

En l'an X de la République, dans le **Moniteur** n° 345, se trouvait le passage suivant :

« Frédéric Japy, né le 24 mai 1749, fabricant d'horlogerie
« à Beaucourt, envoie à l'exposition des produits de l'Indus-
« trie Nationale : 12 douzaines d'ébauches de mouvements de
« montres, dont les prix modiques sont cotés à 28 fr. 50 jusqu'à
« 59 francs la douzaine.

« Il ne travaille qu'au moyen de mécaniques, dont il est
« l'inventeur.

« Ses ateliers occupent plus de 300 personnes. Il fabrique
« tous les jours 300 douzaines d'ébauches et le citoyen Japy
« espère, à l'aide de sa nombreuse famille, dans laquelle il
« compte 16 enfants, être bientôt à même de fournir la plus
« grande partie de l'Europe. »

Contrairement à ses prévisions, en 1806 Frédéric Japy restait seul dans son industrie, avec trois de ses fils : Fritz, Louis et Pierre avec lesquels il s'associait pour fonder la Société Japy frères, qui depuis de nombreuses années, ne compte plus que des descendants de Pierre et de Fritz.

Au moment de l'invasion des armées alliées, le plus jeune fils du fondateur de l'industrie mécanique horlogère, son quatrième fils, Frédéric, dit Fido, né le 26 décembre 1791, homme d'une vigueur extraordinaire, d'une bravoure à toute épreuve et d'une énergie incomparable, organisait un corps de volontaires, composé de braves gens déterminés : douaniers, gendarmes, anciens militaires, pour aider à la défense de la trouée de Belfort, confiée au Général Lecourbe.

Lorsque l'avant-garde de l'armée ennemie se dirigeait sur Belfort, elle rencontra l'intrépide commandant Japy, qui avec ses volontaires, l'arrêta pendant huit jours en lui livrant des combats sans relâche et en lui faisant éprouver des pertes sensibles.

Le Général Lecourbe, frappé des efforts héroïques de Fido Japy, le nomma son aide de camp.

Pendant de longues années, les vieux patriotes Belfortains, se plaisaient à raconter que Fido Japy, envoyé par son général pour prendre les ordres de l'Empereur, faisait à cheval le voyage de Belfort à Paris et de Paris à Belfort, soit 900 kilomètres en 4 jours et 3 nuits, et rentrant à Belfort exténué de fatigue, il tombait endormi sur le sol en remettant la lettre de l'Empereur à Lecourbe.

L'armée alliée apprenant que Frédéric Japy était le frère des trois industriels de Beaucourt, un détachement de hussards hongrois y était envoyé le 1er juin 1815, pour piller les habitations et les usines des frères Japy et pour y mettre le feu.

Tout fut complètement anéanti, occasionnant une perte énorme pour laquelle ils ne demandèrent aucune indemnité.

L'Empereur Alexandre qui avait promis aux habitants de l'ancienne principauté de Montbéliard, patrie de sa mère, fille du Duc de Wurtemberg, que le pays serait ménagé, fut fort irrité de l'incendie des usines de Beaucourt qu'il apprit en passant quelque temps après à Montbéliard. Aussi, envoya-t-il un de ses aides de camp pour exprimer aux frères Japy ses regrets pour cet acte de vandalisme, et en dédommagement il leur offrit de grandes sommes d'argent et de grandes dignités s'ils voulaient transporter leurs usines en Russie.

MM. Japy déclinèrent ces offres et répondirent qu'ils refu-

Corps d'Obser.on Au Quartier-Général, à Altkirch le 8 Juin 1815
du
Jura.

Le Maréchal de Camp, Baron de Moutfort,
Commandant de la Légion d'honneur,
Chef de l'Etat Major Général,

A Monsieur Japy (Jacques) Lancier
Détaché à Colmar

Monsieur

Je m'empresse de vous prévenir que
S. M. le Ministre de la Guerre
a accueilli la demande que vous lui avez
faite de servir auprès du g.al en chef du
Corps d'obs.on du Jura en qualité d'officier
d'ordonnance sans appointement ni indemnité.
Rendez vous en desuite et je vous remettrai
les lettres de service que le Ministre
de la guerre vient d'envoyer pour vous
Recevez l'assurance de ma
Considération.
B.on de Moutfort

NOTE. — Frédéric Jacques, dit Fido Japy, forcé d'abandonner son corps
de volontaires, s'était engagé aux lanciers.

Au Quartier-Général à Belfort le 28 juillet

Le Général en Chef Lecourbe,
Commandant le Corps d'Observation du Jura.

Considérant que M. Japy (Frédéric) a voulu faire la campagne comme volontaire, et qu'il a obtenu le rang d'officier d'ordonnance près le Général en chef. Cet officier en la cessation des hostilités désire retourner dans ses foyers.

Le général en chef en quittant le sieur Japy doit lui donner un témoignage de la satisfaction qu'il a éprouvé des services rendus par cet officier, dans lequel il a remarqué du zèle, de la bravoure et de l'intelligence. Le général regrette de n'avoir pu témoigner à cet officier toute l'estime qu'il lui porte.

Lecourbe

Lettre du général Lecourbe.

saient cette proposition, déclarant qu'ils ne porteraient jamais leurs inventions aux ennemis de leur patrie.

Frédéric Japy, né le 23 février 1826, était le fils unique de l'intrépide commandant Fido Japy, mort en 1836 à la Vera-Cruz, où il s'était rendu pour des entreprises commerciales.

Une fois le Général Japy retraité, il fut élu sénateur du Territoire de Belfort et conserva ce poste jusqu'au jour de sa mort, le 16 mars 1904.

J'ai cru intéressant de publier quelques extraits des lettres de Frédéric Japy à sa mère ; nos enfants y trouveront un bel exemple d'amour filial, de courage, de patriotisme, de devoir et de dévouement.

Jules JAPY

ÉTAT DE SERVICES DE FRÉDÉRIC JAPY

Japy, Frédéric-Benoît, fils de Frédéric Japy et de Joséphine Paillard, né le 23 février 1826, à Badevel (Doubs), marié le 28 février 1891, à Mademoiselle Amélie-Joséphine Bressin (Autorisation ministérielle du 22 février 1891).

Détail des Services ;

Élève à l'École spéciale Militaire, le 26 novembre 1844 ;
Élève d'Élite, le 9 avril 1845 ;
Caporal, le 4 juillet 1845 ;
Sous-Lieutenant au 51ᵉ régiment d'infanterie de ligne, le 1ᵉʳ octobre 1846 ;
Lieutenant, le 21 juillet 1850 ;
Passé au 3ᵉ régiment de zouaves, le 25 février 1852 ;
Capitaine, le 24 mars 1855 ;
Adjudant-Major, le 12 août 1857 ;
Nommé provisoirement Chef de Bataillon au 2ᵉ régiment de zouaves, par le Général Commandant en Chef le corps expéditionnaire du Mexique, le 4 mars 1864 ;
Confirmé par décret du 30 avril 1864 ;
Lieutenant-Colonel du 36ᵉ régiment d'infanterie, le 13 août 1865.
Passé au 58ᵉ régiment d'infanterie, le 26 avril 1866 ;
Passé au régiment de zouaves de la Garde Impériale, le 3 juillet 1867 ;
Colonel du 53ᵉ régiment d'infanterie, le 24 décembre 1869 ;
Prisonnier de guerre, le 2 septembre 1870 ;
Rentré de captivité, le 14 mai 1871 ;
Général de brigade, le 4 novembre 1874 ;
Commandant la 62ᵉ brigade d'infanterie (31ᵉ division, 16ᵉ corps d'armée), le 12 novembre 1874 ;
Commandant la 25ᵉ brigade d'infanterie (13ᵉ division, 7ᵉ corps d'armée), le 14 mai 1875 ;

Remis à son commandement actif, celui des subdivisions de Bourg et de Belley, le 27 janvier 1876 ;

Commandant la 11ᵉ brigade d'infanterie, le 24 mars 1877 ;

Remis à son commandement actif, celui des subdivisions de Rouen-Nord et de Rouen-Sud, le 29 septembre 1879 ;

Général de division commandant la 17ᵉ division d'infanterie (9ᵉ corps d'armée) et les subdivisions de région du Blanc, de Châteauroux, de Parthenay et de Poitiers, le 30 mars 1881 ;

Commandant supérieur de la région nord de la Régence de Tunis, le 8 octobre 1881 ;

Commandant la 1ʳᵉ division d'infanterie (1ᵉʳ corps d'armée) et les subdivisions de région de Lille, Valenciennes, de Cambrai et d'Avesnes, le 12 avril 1882 ;

Commandant la 6ᵉ division d'infanterie, le 5 janvier 1884 ;

Commandant le 17ᵉ corps d'armée, le 15 février 1885 ;

Commandant le 12ᵉ corps d'armée (par permutation), le 21 février 1885 ;

Commandant le 15ᵉ corps d'armée, le 7 février 1888 ;

Placé dans la section de réserve, le 23 février 1891 ;

Décédé à Paris, le 16 mars 1904.

CAMPAGNES

ALGÉRIE : Du 6 décembre 1847 au 17 mai 1850 et du 19 mars 1852 au 7 novembre 1854

ORIENT : Du 8 novembre 1854 au 8 janvier 1856.

ALGÉRIE : Du 14 mai 1856 au 4 mai 1859.

ITALIE : Du 5 mai au 26 octobre 1859.

ALGÉRIE : Du 27 octobre 1859 au 1ᵉʳ septembre 1862.

MEXIQUE : Du 2 septembre 1862 au 15 avril 1865.

ALGÉRIE : Du 24 septembre 1865 au 8 mai 1866.

1870-1871, contre l'Allemagne.

ALGÉRIE : Du 24 juillet 1871 au 24 octobre 1874.

TUNISIE : Du 10 novembre 1881 au 13 mars 1882.

BLESSURE

Éclat d'obus au côté gauche, le 8 septembre 1855, à l'assaut de Malakoff.

CITATIONS

Cité à l'ordre général du corps expéditionnaire du Mexique, n° 133, en date du 23 avril 1863, comme un de ceux qui avaient été le plus particulièrement signalés comme s'étant distingués dans l'attaque du 19 avril contre le cadre n° 29, siège de Puebla.

Cité à l'ordre général dudit corps expéditionnaire, n° 68, en date du 25 octobre 1864, comme s'étant fait particulièrement remarquer au combat de Cezzo-Majoma, le 21 septembre 1864 : a pris le commandement du régiment après la mort du colonel Martin. a dirigé toute l'affaire avec une vigueur et une habileté dignes d'éloges.

DÉCORATIONS

Chevalier de la Légion d'honneur le 22 novembre 1853. Officier le 23 avril 1863. Commandeur le 8 août 1871. Grand officier le 5 juillet 1887. A reçu les médailles de Crimée, d'Italie, du Mexique et la médaille coloniale avec l'agrafe "Algérie". Chevalier de l'Ordre Militaire de Savoie. Officier de l'ordre de N. D. de Guadeloupe du Mexique. Décoration de 4e classe de l'Ordre du Medjidié de Turquie.

Général J[...] 1887

EN ALGÉRIE

Cherchell, 22 février 1849.

Ma bien chère Maman,

Je suis au bureau arabe de Cherchell depuis la fin du mois de décembre dernier, le lendemain du jour où je suis arrivé à Cherchell. J'ai été en course pour un travail qui a été demandé à Paris, au ministère, pour les premiers jours de janvier. — Mais comme il était totalement impossible, faute d'officier de le faire pour cette époque, on a demandé un délai. J'ai été alors envoyé pour ce travail de statistique et j'en reviens seulement depuis deux ou trois jours... Pendant ce temps, je ne suis venu qu'une seule fois à Cherchell pour faire quelques provisions dont j'avais besoin, et n'ai pas eu le temps de t'écrire.

Il faut maintenant que j'apprenne l'arabe le plus possible. Je ne suis pas encore fort, parce que c'est une langue très difficile ; mais j'espère avant quelque temps le devenir. — Depuis que je suis au bureau, je n'ai pas encore eu le temps de m'y mettre sérieusement, mais je vais commencer aussitôt que je serai installé à Cherchell.

J'ai un chef de bureau avec qui les relations sont excessivement agréables, et qui en même temps, quoique sous-lieutenant comme moi, est un homme de beaucoup de mérite, sous le rapport de ses connaissances de la langue et des mœurs arabes. Je doute qu'il y ait en Algérie un homme aussi fort que lui à ce point de vue.

Le Gouvernement ne s'est pas du tout montré généreux à notre égard. Il nous avait promis comme aux officiers d'État-Major, 5 francs d'indemnité par jour de travail. Nous les attendons encore, et je ne sais pas si jamais ils arriveront. Après nous avoir éreintés et abimés, c'est mal, surtout la promesse étant faite. Nous avons fait quelques petits cadeaux, de peu d'importance, c'est vrai, aux chefs arabes qui nous ont reçus, et c'est bien notre bourse qui en a pâti.

Enfin, je ne te parle pas ici par cupidité ni pour un autre motif quelconque ; mais j'ai au moins dans tout ce temps cent jours de travail ; cela me ferait toujours 500 francs ; de quoi acheter un beau cheval d'Afrique, et il faut absolument que je me monte, car il n'y a rien d'ennuyeux que monter les chevaux de tout le monde.

Je sais bien que le chef de bureau me prête le sien avec plaisir pour le service : je n'ai même pas besoin de le lui demander. — Mais c'est toujours très ennuyeux de ne pas en avoir un à soi, quand on en a besoin, ce qui m'arrivera au moins deux fois par semaine.

Je monte actuellement à cheval comme feu Centaure ; c'est-à-dire que je trotte, galope, je fais de la fantasia comme le premier arabe venu, sans tomber de cheval. J'ai acquis l'aplomb nécessaire, mais il me manque encore énormément de choses pour arriver à bien monter. — Je ne me flatte pas en ce moment ; mais tu conçois bien que depuis quatre mois et demi, montant tous les jours au moins six fois à cheval, traversant toute espèce de sentiers, de montagnes, de ravins, de plaines, enfin tous les accidents de terrain qui peuvent se présenter, on arrive après ce temps-là à une certaine solidité.

Dans bien des endroits, j'ai eu envie de descendre, mais les Arabes ne descendent presque jamais, pour ne pas dire jamais de cheval, et j'aurais passé à leurs yeux pour un poltron si j'en avais fait moins qu'eux.

Tu ne peux pas te figurer tout l'intérêt que présentent ces gens-là quand on vit au milieu d'eux — ils ont un sang-froid si particulier, une adresse et un flegme si étonnants, que tous les jours il se présente pour moi de nouveaux étonnements ; mais je commence moi aussi à retrouver mon flegme qui est très utile avec ces gens-là.

Bougie, 6 juillet 1849.

Pendant toute l'expédition dernière, en voyant mourir mes camarades, pensant qu'une balle pouvait ne pas plus m'épargner qu'un autre, je t'écrivais tous les sentiments que j'éprouvais, j'avais fait une espèce de petit journal à ton adresse, ne voulant pas mourir, sans t'envoyer mon dernier adieu. Mais enfin, puisque j'ai pu sortir sain et sauf de tous ces périls, je ne te l'envoie pas, car ce serait une nouvelle tristesse pour toi.

Trois jours après avoir reçu ta lettre à Alger, nous nous sommes embarqués pour Bougie. Nous devions faire une expédition dans la grande Kabylie, chez les Beni Soliman, dans un pays où jamais chrétien n'avait mis les pieds. Nous étions 1500 hommes, commandés par le général Saint-Arnaud, avec ordre de nous joindre à une autre colonne venant de Sétif, plus forte que la nôtre et commandée par le général de Salles ; ce dernier devait prendre le commandement général.

Les Arabes, intéressés à ne pas nous laisser faire notre jonction qui d'ailleurs était très difficile, dans ce pays excessivement montagneux, presque impraticable, et parfaitement inconnu, nous ont attaqués la veille, et dans la journée de la jonction. Nous avons été forcés de marcher dans les montagnes et d'enlever chaque mamelon à la baïonnette. Enfin après avoir progressé ainsi jusqu'à 10 heures 1/2 ou 11 heures, nous sommes arrivés à une position excessivement difficile. Deux compagnies de chasseurs ont été écharpées, quatre officiers tués ; enfin, sans l'arrivée de l'autre colonne, qui a été annoncée à ce moment, et que le bruit de notre canon qu'elle entendait depuis longtemps faisait accourir de notre côté, nous aurions eu une journée semblable peut-être en désastre, à celle de Sidi-Brahim ou de Djema-Ghazaouat.

Les deux colonnes étant réunies, ont opéré simultanément et alors avec beaucoup plus de succès. Nous avons eu quelques journées encore fort chaudes, un assaut terrible où les Arabes montés sur une espèce de rocher ou de pic, qui demandait 2 heures 1/2 de temps pour le gravir, faisaient rouler sur nous d'énormes quartiers de roc, ainsi que tout ce qui se trouvait sous leurs mains. Nous avons gravi ce fameux pic, au milieu des balles, des pierres. d'énormes quartiers de rochers, etc., etc..., qui nous tombaient dessus de tous les côtés. Cet assaut a eu sur eux un effet moral considérable. A partir de ce moment, ils se rendaient à mesure que nous passions sur leur territoire. Nous étions partis le 13 mai, et le 4 juin nous étions rentrés à Bougie pour nous ravitailler; mais deux jours après nous en sommes repartis pour punir des tribus soumises depuis trois ans déjà, et qui à la nouvelle des pertes que nous avions éprouvées pendant l'expédition, nouvelle, qui du reste avait été considérablement grossie par les Arabes, s'étaient soulevées et avaient envoyé des secours aux autres tribus, espérant ne plus voir entrer un seul Français dans Bougie. Cette seconde expédition n'a presque rien été; seulement les fatigues ne nous ont pas manqué.

Nous voici de nouveau rentrés à Bougie depuis une semaine. Le courrier passe ici tous les dix jours, de sorte qu'il est très difficile de s'arranger pour les lettres. Nous en avons les 2, 12 et 22 et les nôtres partent les 6, 16 et 26 de chaque mois. Nous avons ici la mer. En Afrique surtout, avec la température que nous avons actuellement, c'est non seulement un plaisir, mais encore la santé.

Il fait en ce moment une chaleur suffocante, on ne se rappelle pas en avoir eue de semblable depuis longtemps. Les Arabes eux-mêmes en sont incommodés. Sans la mer, je ne sais ma foi pas s'il serait possible à des Français, peu habitués, de la supporter sans en être malades.

Pour mon compte je me porte assez bien, j'ai été obligé en rentrant d'expédition de prendre un purgatif assez violent. Ces chaleurs ont une action énorme sur la bile, il s'en forme une quantité considérable; c'est de là que résultent, je crois, toutes ces maladies de foie que l'on constate dans les pays chauds; maintenant je vais très bien.

EXPÉDITION CONTRE LES ZAATCHAS

Constantine, 7 novembre 1849.

Ma chère Maman,

Il faut que je te conte ce qui nous est arrivé, car tu dois voir que ma lettre est datée de Constantine. Nous étions le 29 ou 30 du mois dernier à Bougie, sans nous attendre à rien, lorsqu'il est arrivé un courrier à vapeur d'Alger, avec un brick à la remorque, nous portant l'ordre de nous embarquer immédiatement pour Philipeville, par un temps affreux. Nous avons reçu cet ordre à deux heures, et à dix heures nous étions tous embarqués et prêts à partir. Le lendemain à six heures du soir nous arrivions à Philippeville, et le lendemain matin, en route pour Constantine. On y arrive après trois étapes, en traversant un pays très bizarre, tantôt d'une grande fertilité, tantôt désert, et ne présentant aucun arbre pendant l'espace de plusieurs lieues. Constantine est une ville affreuse, tout à fait arabe ; sur 35.000 habitants, il n'y a pas 1.500 Européens, sans compter la troupe.

Nous n'avons pas fait séjour à Constantine, et le lendemain, nous sommes partis pour Batna, qui est distante de 40 lieues de Constantine. Le premier soir, après l'étape, couché dans ma tente, j'ai été pris par la fièvre qui m'a duré toute la nuit, de sorte que le lendemain matin, je suis reparti pour Constantine, d'où je t'écris cette lettre. Je suis maintenant complètement guéri, quoique encore un peu faible. L'appétit est tout à fait bon, et au premier convoi, je repars pour rejoindre mon bataillon ; je le rattraperai à Batna, où il doit arriver demain ou après-demain, et y séjourner un peu.

Mais je suis tellement inattentif que j'oublie de te dire le but de notre marche. Nous allons aux Zaatchas faire le siège d'une oasis contenant plusieurs villages qui se défendent assez bien. Le général Herbillon, à la tête de 4 à 5.000 hommes s'est fait brosser d'une façon effrayante, en voulant essayer d'enlever des villages sans travaux préliminaires, presque par surprise. Les pertes ont été considérables du côté des Français et presque nulles du côté des indigènes, qui, très bien fortifiés, nous canardaient à bout portant. Le général Herbillon battu et peu content de ce résultat, a demandé des renforts et on lui envoie actuellement des pièces d'artillerie d'un calibre plus fort que les précédentes, ainsi que 3 ou 4.000 hommes. Nous, nous arrivons par Philippeville ; une autre colonne de secours, partie d'Aumale, et sous les ordres du colonel Canrobert, arrive ou va arriver directement en passant près de Sétif. Notre premier bataillon fait partie de cette dernière colonne.

Ces oasis sont situées à côté de Biskara, ou Biskra, à 90 ou 100 lieues, à peu près de Philippeville. Dès le commencement des travaux de siège, le danger devient nul, quand l'ennemi, comme dans ce cas, ne peut riposter par de l'artillerie : il n'y a plus que le jour de l'assaut qui présente quelques périls. Mais les Arabes ne savent pas résister, ni tenir une position : dès qu'ils verront leurs murs pris, infailliblement ils se rendront. Du reste, ils ont déjà offert leur soumission, et on ne l'a pas acceptée parce qu'on veut qu'ils se rendent sans conditions.

Je crois qu'on fait bien d'exiger cela, parce qu'il leur faut un exemple terrible, à ces gens-là. Pendant deux ans ils se sont tenus à peu près tranquilles, et si l'on n'est pas d'une sévérité excessive à l'égard de ceux qui se sont soulevés cette année, ces révoltes recommenceront continuellement et tous les ans. Ils ont battu un de nos généraux ; leur confiance en eux-mêmes va croître énormément ; il faut donc absolument qu'on s'empare de ces oasis, et qu'on leur donne une sévère leçon.

. . . . , ...

J'ai à t'annoncer une nouvelle assez triste, si elle est

exacte : le colonel Claparède est mort à Alger ; mais c'est par une lettre particulière et non pas d'une manière officielle que nous l'avons appris.

Je pars demain ou après-demain. La fatigue de la route, 40 lieues à faire en deux jours pour rattraper mon bataillon, tout cela va me distraire un peu. Je serai obligé de prendre un cheval à Constantine ; heureusement qu'on en accorde assez facilement aux officiers mis en retard par une cause quelconque qui ne dépend pas de leur volonté.

Ne sois pas étonnée si, d'ici quelque temps, tu ne reçois pas de lettre de moi, parce que sur cette route, et dans l'état de bouleversement où se trouve le pays, les courriers sont souvent interceptés. Je vais donc voir le désert, je te raconterai dans ma première lettre, l'impression causée par la vue de cette affreuse solitude...

PRISE DES ZAATCHAS

Biskra, 30 novembre 1849.

Les Zaatchas sont pris !... La nouvelle doit avoir eu un retentissement considérable à Paris, car c'était une question de soulèvement général de l'Afrique. Enfin nous avons été victorieux, et non sans peine, après 51 jours de siège.

... Mais l'armée a eu à déplorer, la perte d'un nombre considérable d'officiers et de soldats tués pendant le siège. Nous avons eu 70 officiers touchés ; parmi lesquels, en ce moment, il faut compter une trentaine de morts, et sur les autres il en mourra encore beaucoup. Le nombre de soldats morts par suite de balles ou de maladies, « le choléra, entre autres » dépasse certainement 1.800 hommes.

Enfin, si les pertes de notre côté ont été considérables, le carnage de l'assaut a été terrible ; c'était réellement un spectacle pitoyable, un spectacle sur lequel la guerre jette un voile de gloire, mais qui, revu après le moment d'exaspération que cause le danger de l'assaut, remplit d'effroi les cœurs les plus endurcis et les moins accessibles à la pitié. Tout a été tué ; on marchait sur les cadavres des défenseurs de l'oasis. Des vieillards étaient tués à côté de leurs fils, des enfants à la mamelle expiraient sur le sein de leurs mères. Quel tableau !... J'avais vu déjà, à la dernière expédition, des spectacles bien tristes, mais d'aussi horribles que celui-là, jamais ! et je souhaite de tout mon cœur ne jamais en revoir.

Ces gens-là, on a beau me dire et me donner toutes les raisons possibles, ces gens-là, à mes yeux, sont des héros. Ils étaient à peu près 700 hommes dans une position excessivement forte ; ils ont résisté à nos assauts et aux efforts de 8.000 français pendant 31 jours ; enfin ils ont succombé mais sans se rendre.

Du reste, ils se seraient rendus, que le résultat eût été le même pour eux. L'exaspération du soldat était telle, que personne ne pouvait l'arrêter ; officier, général ou supérieur, personne n'avait d'influence sur lui à ce moment de fureur et d'exaltation que donne la vue du sang.

Nous étions là, comme eux, dans une position terrible. Nous étions à 100 lieues de la côte, et toutes les tribus sur nos derrières se soulevaient à mesure que notre succès final semblait de plus en plus incertain. Les convois ne pouvaient plus nous arriver que protégés par de très fortes escortes. Si notre succès n'avait pas été si terrible, s'il avait été seulement un peu douteux, s'il n'avait pas rempli les Arabes de terreur et d'épouvante, notre retour de Zaatcha à Constantine, aurait présenté beaucoup de difficultés.

Enfin, c'est fini, n'en parlons plus ! car c'est une chose bien horrible à se rappeler, et qui a jeté l'épouvante même parmi les vainqueurs.

Tu vois que je t'écris encore sous l'impression de ce spectacle, et involontairement j'en retrace les images. Je ne voudrais pas t'affliger en te les rappelant, mais, ce m'est impossible; j'ai devant ma tente, à cent pas, au bout de trois baïonnettes, les têtes de trois chefs de nos ennemis : ils sont noblement morts. Bou-Zian le principal chef, lorsqu'il fut pris, avait deux blessures ; il a été fusillé : immédiatement sa tête a été coupée et plantée au bout d'une perche au milieu du camp. Son fils (j'aurais voulu pour l'honneur du nom Français, un peu plus de pitié) un jeune homme de seize ans, fut également tué ; mais il parait que c'était une rigueur indispensable, car plus tard ce jeune homme serait devenu le porte-drapeau des récalcitrants ! Enfin la troisième tête était celle de Si-Moussa, le Marabout, autrement dit le chef religieux des Zaatchas. C'était, dit-on, un homme fort intelligent, qui dans la religion mahométane faisait secte et qui avait interprété le Coran à sa manière. Il avait résisté à deux Khalifas d'Abd-el-Kader, qui voulaient lui faire amener des contingents de sa smala et qui voulaient le faire reconnaître comme Emir par les Zaatchas.

Adieu ma chère maman, je ne puis te parler d'autre chose que de sang et de meurtre, mais je t'écrirai prochainement une nouvelle lettre... Je remercie bien Dieu de m'avoir protégé des balles et du choléra. Des morts partout ; nous en sommes entourés ! Enfin c'est fini, nous repartons demain pour Philippeville où nous allons nous embarquer, après quinze jours de marche !

Ksour, 6 décembre 1849.

Ma lettre ne sera pas bien écrite, vu que j'ai très froid. Nous sommes au bivouac depuis deux jours, par un froid assez considérable. Je crois que le général est fort embarrassé de ce qu'il doit faire, mais enfin, il vient de prendre en ce moment-ci une décision et cette décision ennuie énormément tout notre bataillon, car je n'entends partout que des jurements, etc., etc., et je ne vois partout que des mines attristées.

Nous devons partir de l'endroit où nous sommes, qui est à une journée de marche de Batna, pour Bou-Saada, et partir de là par Sétif et Aumale, pour Alger, à moins que l'on ne nous arrête en route et que l'on nous fasse prendre garnison à Aumale ! Juge du désespoir de ces pauvres troupiers, qui n'ont pas bu de vin depuis plus d'un mois, parce que le vin se vendait à Biskara trente-cinq sous le litre, et tout en proportion. Juge de l'ennui de ces pauvres gens, qui se voient priver de leur plus grand bonheur, encore pour quelque temps…

Et puis ici, il fait très froid : le jour quand nous marchons ce n'est qu'un demi-mal, mais la nuit, nous nous réveillons glacés sous nos deux couvertures. Tu vois que tout n'est pas rose dans une expédition d'hiver ; heureusement que jusqu'à présent nous voyageons par un assez beau froid, ni trop humide, ni trop sec ; mais quand les pluies commenceront alors nous aurons beaucoup plus à souffrir.

Et puis, joins à tous ces ennuis, ces affreux « mercantis » comme les appellent les soldats, ces commerçants de Biskara, de Batna, qui nous vendent tout hors de prix : une bouteille de vin 1 fr. 75, un kilog de lard 3 francs, un kilog de fromage de gruyère 2 fr. 50, la graisse 4 francs le kilog, le kilog de pommes de terre 1 franc. Tout est en proportion, tu ne peux pas te figurer quelle triste chose que tout cela.

Tu me demandes quelle était cette fièvre qui m'a arrêté à Constantine. Ce n'était pas la fièvre, c'était bel et bien la cholérine, un diminutif du choléra ; j'ai eu la chance d'en réchapper, mais j'ai été bien malade un jour et demi. Tu ne peux te figurer l'ennui que cela m'a causé ; mais enfin la santé a triomphé du mal, et au bout de quelques jours, j'ai été tout à fait rétabli et capable de rejoindre mon bataillon, dans lequel une partie de mes camarades, m'ayant laissé dans un assez triste état, et ne recevant pas de mes nouvelles, me croyaient mort ou bien près de l'être. Heureusement ils se sont trompés, et j'ai le bonheur de t'écrire en ce moment-ci, que je me porte comme le Pont-Neuf. —

M. Lebœuf fait partie de la colonne dans laquelle je suis, je lui dirai un mot ce soir. Dans ma dernière lettre, je ne parlais que de sang, de feu, de carnage, etc., etc. C'était en effet, un spectacle que je me rappellerai toute ma vie, mais je te demande pardon de te l'avoir mis sous les yeux, dans le moment d'une première impression.

Tout est à peu près tranquille maintenant : les Arabes viennent les uns après les autres nous demander l'aman. On tâche de les rançonner le plus possible, et de leur mettre le plus d'impôts à payer, sur les reins. Enfin tout s'est terminé pour la plus grande gloire et le plus grand honneur de la France ; pour mon compte, moi qui supporte assez bien les fatigues, le froid, le chaud et même le manque de nourriture, je trouve comme conclusion, et morale de la chose, que dans la gloire tout n'est pas rose, et qu'il y a des épines dans les lauriers.

Bou-Saada, 14 décembre 1849

Nous sommes maintenant arrivés à Bou-Saada, après sept jours de marche, à travers une plaine d'une longueur, mais d'une longueur indéfinie, plaine qui se termine par le désert. Bou-Saada est une oasis dans les sables ; cela n'est pas beau, mais enfin, on éprouve toujours un certain plaisir à arriver devant une maison quelconque, cette maison serait-elle une misérable bâtisse arabe, formée de boue, de sable et de quelques pierres, quand on a voyagé pendant sept jours dans un pays nu, uni comme la main, ne présentant pas d'accidents de terrain, pas d'arbres, pas d'eau, enfin rien de ce qui rend l'existence du soldat et par conséquent de l'officier un peu supportable.

La seule chose qui distrayait, c'était de voir de temps en temps, un lièvre surpris par la tête de la colonne, se jeter dans les rangs, de peur d'être pris vivant ou tué d'un coup de bâton ; ou bien une gazelle effarouchée, fuyant de toute la vitesse de ses jarrets, plus fins encore que ceux du cerf et durs comme de l'acier.

Enfin, nous sommes arrivés à Bou-Saada. De loin nous distinguions les palmiers, et quoique en partant de Zaatcha, j'aie dit que j'avais assez de palmiers, et que je ne désirais plus voir de dattes que chez les épiciers, la vue de cette verdure, au milieu d'un pays décharné, me causa beaucoup de plaisir.

Nous avons trouvé ici à nous ravitailler : du vin, de l'eau-de-vie, du pain, enfin tout ce qu'il faut pour vivre, mais à des prix exorbitants. C'est bien désagréable, mais enfin il faut en passer par là.

Tu me dis dans ta dernière lettre, que tu désires que je sois sobre ; mais nous sommes bien forcés de l'être, ma chère maman ! Nous vivons trois ensemble, mon capitaine, mon lieutenant et moi. Et bien, à chaque repas, nous buvons, à trois, un litre de vin. Dans le café qui est une chose indispensable en Afrique et qu'on donne aux troupiers en distribution, nous mettons une goutte de cognac, mais le litre de cognac nous fait à peu près huit jours. Nous ne nous permettons d'extra de cognac (parce que nous ne pouvons pas nous en permettre de vin) que lorsque nous arrivons mouillés au bivouac, ou bien que l'eau est tellement mauvaise qu'elle donne mauvais goût au café, et que par suite nous nous passons de café et de soupe. Tu vois que sous le rapport de la boisson, nous sommes très sobres. Mais sous le rapport du manger, c'est effrayant, notre consommation ! C'est moi qui suis chargé de la popote, le froid et ces longues marches nous donnent un appétit terrible. Tout y passe, mauvais ou bon, viande de bœuf, de mouton, d'agneau, etc., etc. Je te dirai même que nous avons mangé du chameau ; du reste, c'est une très bonne viande. La viande ne nous manque jamais ; à la suite des razzias considérables que nous faisons, les troupiers nous apportent toujours, soit un mouton, soit une chèvre, soit même un bœuf. J'ai vu tuer des bœufs pour avoir un filet ; enfin, sous ce rapport rien ne nous manque. Ce qui fait défaut quelquefois, c'est le pain, le vin et l'eau-de-vie. Des légumes, nous n'en avons jamais...

Nous sommes ici dans le pays des plumes d'autruche ; si je puis m'en procurer, je vous en enverrai ; elles coûtent ici très bon marché, mais dans ce moment, c'est une chose assez difficile à avoir, parce que la dernière guerre a empêché les Arabes chasseurs d'autruches, qui se livrent à ce genre de commerce, d'apporter leur marchandise dans les villes soumises ; s'il en arrive dans les cinq ou six jours que nous allons encore rester ici, je m'en procurerai certainement.

Du reste, ce sont à peu près les seules curiosités qu'il y ait dans le pays : des dattes et des plumes d'autruches. Nous voyons beaucoup de gazelles, mais c'est un animal qui est très difficile à chasser, du moins pour ceux qui n'en ont pas l'habitude...

Nous ne sommes pas bien gaîment ici. Le choléra a fait d'affreux ravages dans la colonne ; dans nos marches nous perdions quelquefois vingt hommes par jour. On faisait une halte à chaque homme mort, on l'enterrait de suite, et puis tout était dit ! Ce n'était pas gai, tout le monde avait du noir dans l'âme, et il ne fallait pas le laisser paraître. Pour remonter le moral du soldat, un chanteur entonnait une chanson, mais souvent la chanson terminée, on voyait un troupier essuyer une larme : il venait de perdre un ami ou son camarade de tente. C'était affreux, mais enfin tout est terminé, car cette abominable maladie nous a abandonnés.

MARCHE D'UN CONVOI
ATTAQUE DANS LES DÉFILÉS

Sétif, 1er janvier 1850.

. . . .

Je vais t'expliquer, puisque tu me demandes le récit de notre expédition, et surtout de mes impressions de voyage et de combat, par quelle suite d'ennuis et de fatigues nous sommes arrivés à Sétif. Mais avant, un petit mot sur Sétif. Tu me crois, j'en suis sûr, dans un pays à température de printemps, tu crois que l'Afrique n'a pas d'hiver ; eh bien, figure-toi une plaine de neige immense, qui éblouit les yeux aussi loin que la vue peut s'étendre. Voilà Sétif dans ce moment. La position de cette ville n'est pas précisément la montagne, mais c'est ce qu'on appelle les hauts plateaux, c'est-à-dire les inconvénients réunis, été comme hiver, de la plaine et de la montagne ; et pour compensation, aucun des agréments de ces deux variétés de pays ; c'est, pour tout dire, le pays où, en 1844, la colonne du général Levasseur a été gelée.

Je commence donc mon récit à mon départ de Constantine. J'avais été, tu le sais, évacué sur Constantine, et je t'ai raconté à peu près mes impressions sur cette ville. Je suis parti le 13 novembre, de Constantine pour Batna. J'étais chargé de ramener au corps le cheval du capitaine Jourdain, de mon bataillon, mort à Constantine. J'étais donc à cheval. De Constantine à Batna il n'y a pas grand chose à craindre. J'étais avec un convoi de voitures civiles, qui avaient été requises en partie par l'artillerie, pour ramener aux Zaatchas des munitions de guerre ; d'autres voitures civiles s'étaient jointes à ce convoi, pour apporter des vivres à l'armée, qui en était privée depuis longtemps. Ces voitures faisaient payer les transports excessivement cher : les 100 kilogs coûtaient 52 francs pour aller au Zaatchas, ce qui faisait pour une bordelaise de vin, une somme de 130 francs de transport, c'est-à-dire plus de trois fois son prix.

C'est donc avec ce convoi que je suis parti pour Batna. J'avais pour compagnon de voyage un autre officier, et comme il n'y a aucune crainte à avoir quand on est deux bien armés, nous avons filé directement sur Batna. Nous avons mis trois jours et le convoi est arrivé le lendemain.

A Batna, ce n'était plus la même histoire ; il fallait avec la garnison de cette ville, qui à ce moment n'était pas très nombreuse, composer une escorte à notre convoi venu de Constantine, et à un nouveau convoi de vivres, portés par des mulets arabes, de réquisition, lequel convoi s'adjoignait à nous. Cette escorte devait être assez forte ; nous avions à traverser trente-cinq lieues dans un pays soulevé et qui, naturellement, s'étant allié au Zaatchas, devait tâcher d'intercepter toutes les ressources qui arrivaient à l'armée de siège. On nous donna trois cents hommes de la Légion étrangère ; c'étaient en général des recrues arrivant d'Italie, de Hongrie, de tous les pays enfin ; c'étaient des gens sur la masse desquels on ne pouvait pas compter, car ils n'avaient jamais fait la guerre. A ces trois cents hommes, on adjoignit vingt-cinq chasseurs d'Afrique. Ce n'était pas ces anciens chasseurs d'Afrique, la meilleure cavalerie de toute la terre, c'étaient des soldats du train, versés depuis quelque temps aux chasseurs.

Ces soldats n'avaient jamais combattu. Ils n'avaient de leur vie, que conduit des mulets ou des prolonges. Nous avions donc une triste escorte pour un convoi qui tenait souvent une lieue de traversée en longueur. Le commandement en fut confié au capitaine Bataille, de la Légion étrangère, officier tout jeune et très distingué. Moi, qui faisais le voyage en amateur, c'est-à-dire n'ayant aucune troupe à commander, je me mis à sa disposition. Il me reçut très bien, et me dit que s'il avait besoin de moi, il m'emploierait ; il me pria tout le temps de la route de vivre avec lui. J'ai accepté avec reconnaissance, parce que sans cela, il m'aurait été impossible de vivre, je ne dirai pas proprement, mais simplement de faire la soupe. Du reste, dans ces sortes de choses, chacun apporte ce qu'il peut, l'un le pain, l'autre le vin, enfin tout ce qu'il faut.

Ce convoi ainsi organisé, partit de Batna le 17, à onze heures du matin. La première journée n'était ni longue ni difficile : six heures seulement dans un pays à peu près plat.

A cinq heures nous étions rendus au bivouac à Ksour, petit poste français, très bien fortifié et occupé par quarante hommes de la Légion étrangère. Tu t'étonnes peut-être que pour faire six lieues l'on mette six heures, même dans un beau pays, mais tu ne peux pas te figurer la difficulté qu'il y a, de conduire un convoi, à travers un pays sans route bien tracée. Ce n'est rien encore, quand il n'y a que des mulets ; ces animaux marchent toujours et passent à peu près partout. Mais ces voitures, ces damnées voitures civiles, retardent la marche d'une façon excessivement désagréable, car on est obligé à chaque instant de les attendre, de les faire masser, etc., etc. Encore, si elles étaient bien construites, aussi bien que les voitures de l'Etat, il n'y aurait pas grand mal. Mais elles sont en général très mal faites. L'art du carrossier ou du charron n'est pas encore très développé en Afrique, et puis ces damnés mercantis, comme les appellent les soldats, mettent tout ce qu'ils peuvent dessus, sans s'inquiéter si cela roulera ou ne roulera pas ; ils les chargent outre mesure, comme si l'on devait aller sur une grande route pavée. Le commandant du convoi a beau en passer l'inspection avant de partir, cela ne fait rien ; ils trouvent toujours le moyen de surcharger : on devrait tous les pendre.

Je m'aperçois que j'entre dans des digressions d'une longueur démesurée ; mais cela te fera toujours mieux comprendre les embarras des deux journées suivantes. Quand on est attaqué, qu'on a une longueur considérable de terrain à défendre ; quand ces voitures s'arrêtent et ne peuvent pas filer, ni se masser, tu conçois que cela prolonge indéfiniment l'attaque, et qu'il en résulte un nombre considérable d'hommes hors de combat ; aussi, tu me pardonneras les épithètes peu parlementaires dont je me suis servi à l'égard des voitures, et mes intentions peu charitables, contre ceux qui les chargent et les construisent.

Le 18, à trois heures du matin, nous sommes partis de Ksour. Nous devions aller le soir à El-Kantara (traduction en francais, le Pont) c'est une journée de douze lieues, à travers un pays très difficile ; il y a au moins six lieues de défilé.

A 8 heures du matin à peu près, nous rencontrons des cavaliers arabes, qui viennent à nous et nous demandent notre protection pour le passage du défilé, jusqu'à El-Kantara. C'était une partie de la smala, d'un caïd de nos alliés, un nommé Si-Mokrani, qui était forcé de quitter son pays pour se mettre sous la protection d'une ville française, à cause du soulèvement général de toute la contrée. Nous leur accordons ce qu'ils demandaient ; cette smala que nous rencontrons une heure plus tard, était très considérable; il y avait au moins 1000 à 1200 chameaux, les uns chargés des femmes, des tentes, de Si Mokri, et de ses serviteurs, les autres allant sans charge comme des troupeaux. Les défenseurs de cette smala étaient à peu près 100 à 150 cavaliers arabes et le double de fantassins, mais ces gens occupés à surveiller leurs femmes et leurs richesses, n'allaient pas au combat d'aussi bon cœur que nous, et puis en définitive, ce sont des auxiliaires plutôt embarrassants qu'utiles. Il arrive maintes fois qu'on se laisse approcher par un Arabe qui a l'air d'être du goum, c'est-à-dire de nos fidèles, et puis qu'à une petite portée, il vous flanque un coup de fusil en s'enfuyant au galop, ou s'il est à pied, s'échappant comme un fantôme à travers les broussailles serrées et touffues qui se présentent très souvent dans ce pays.

Ceci est un des moindres inconvénients de la marche en cette compagnie. Combien de trahisons, combien de meurtres n'a-t-on pas vus ?... Mais, assez sur ce sujet et revenons à nos moutons. Nous marchons jusqu'à dix heures, à peu près, en compagnie de cette smala. Les troupes françaises et le convoi, s'arrêtent pour la grande halte, c'est-à-dire l'opération importante de rafraîchir les hommes et les animaux ; la smala file devant nous avec tous ses défenseurs. On s'arrête une heure ou une heure et demie en général à une grande halte ; les soldats font la soupe au café ; les officiers déjeûnent en général avec le reste du dîner, doublé d'une omelette ou d'un morceau de viande sauté à la poêle. Les animaux boivent et mangent l'orge, puis au boute charge, tout le monde se charge ou est chargé, hommes et animaux, et l'on part. A peine étions-nous partis depuis une heure, que nous voyons les crêtes droites couronnées d'Arabes, qui descendent vers nous, mais en craignant toujours de s'approcher trop près. Quelque temps après, le feu commence, mais à une portée très considérable, comme ils le commencent toujours. Quand on est avec de bonnes troupes, on dédaigne de répondre ; on se contente de garder des positions du côté de l'attaque, et l'on file en bon ordre et aussi vite que l'on peut. Mais les jeunes soldats entendant des coups de fusil, tirent des coups de fusil au hasard et sans viser, et souvent ces coups de fusil sont plus dangereux que ceux des ennemis.

Le capitaine Bataille, que j'accompagne, se porte avec quelques hommes sur un mamelon inférieur, que nous occupons avec des tirailleurs et que nous gardons tant que file le convoi ; puis le convoi passe, les tirailleurs se replient au pas de course sur l'arrière-garde. Tu vois que cette manœuvre par elle-même, quand le convoi marche bien, n'est pas difficile, c'est simple comme bonjour, mais avec un convoi tortue comme le nôtre, tout devenait beaucoup plus compliqué ; nous avions cinq ou six points occupés par des tirailleurs et il fallait que le chef se portât d'un de ces points à un autre, avec une vitesse aussi considérable que le permettent des ravins souvent très profonds, qui séparent ces divers points. Et puis, ces points, il faut les défendre très longtemps. Les Arabes qui voient que l'on ne court pas sur eux, parce que dans ce cas, le devoir est de protéger un convoi, de le défendre par conséquent et non de les attaquer ; les Arabes, dis-je, prennent du courage, s'approchent petit à petit de broussaille en broussaille, sans qu'on les voie ; puis au moment où le convoi étant passé, on sonne la retraite au pas de course, pour les tirailleurs qui défendent la position la plus en arrière, ils se précipitent, et malheur aux retardataires et à ceux qui n'ont pas bon jarret ; c'est à ce moment que l'on distingue les bons soldats, ceux qui s'unissent ensemble, qui s'embusquent en se retirant derrière un arbre, un rocher, un fossé, et là attendent les plus audacieux, les tuent à 30 ou 40 pas, puis rejoignent ainsi d'embuscade en embuscade, le poste contingent. C'est là aussi, lorsque l'on est dans un pays un peu découvert, que l'on embusque la cavalerie, derrière un petit accident de terrain, et qu'au moment où les Arabes se précipitent sur le poste abandonné, on lui donne le signal de la charge. Alors, c'est un beau tableau : les cavaliers lancés à toute bride sur les Arabes décontenancés, les sabrent et les poursuivent aussi loin qu'ils le peuvent sans imprudence ; il est rare qu'une pareille démonstration, n'arrête pas pour toute la journée, l'audace des Arabes.

Tous ces accidents que je décris nous sont arrivés dans la journée du 18. Deux fois le capitaine Bataille m'a envoyé pour faire rentrer le poste le plus extrême ; j'ai entendu siffler de près quelques balles, mais j'y ai échappé très heureusement ; une des premières seulement, tirée d'assez haut, et à une portée assez bonne, est venue glisser sur le sabot du cheval que je montais, l'a fait cabrer, et a manqué me démonter, mais cela n'a rien été du tout.

La journée du 18 s'est terminée par une petite charge de nos vingt-cinq cavaliers du goum, qui se sont lancés sur les Arabes qui voulaient serrer de trop près notre arrière-garde. Là, on a tué quelques ennemis et la journée s'est terminée ainsi à notre gloire ; nous espérions toujours arriver le soir à El-Kantara, mais ayant marché depuis trois heures du matin, jusqu'à sept heures et demie du soir, et ayant encore deux lieues à faire, on se résolut à camper dans le défilé, dans un endroit assez facile à défendre. Mais les voitures et l'arrière-garde étaient toujours retenues par un mauvais passage, à environ huit cents mètres du camp qui se formait ; bêtes, hommes tout était fatigué et éreinté ; les voituriers civils refusent d'aller plus loin et s'arrêtent à environ cinq cents mètres du camp, d'où on fut obligé de leur envoyer une garde de cinquante hommes. Tu vois bien notre position : deux camps, l'un composé de toute l'escorte et du convoi de mulets arabes ; l'autre à cinq cents mètres du premier, séparé par une rivière et composé des voitures civiles et requises, avec une garde de cinquante hommes, qui ont formé les voitures en carré, presque en fortification, les chevaux et les hommes au milieu du carré.

Les Arabes s'étant aperçu de cette disposition, malgré tous les efforts faits pour la leur cacher, malgré la nuit aussi qui était tombée depuis déjà quelque temps, prennent la résolution d'enlever le second camp, le camp des voitures, pendant la nuit. Après avoir dîné tranquillement, nous procédions à l'opération de nous coucher, espérant après une journée aussi rude, dormir en paix. Mais à peine étions-nous étendus que nous entendons une fusillade excessivement vive, dans la direction de l'autre camp. Que faire ?... Nous ne savions ni le nombre des agresseurs ni leur direction ; le capitaine Bataille ne voulant pas quitter le camp où sa présence était nécessaire, charge un officier d'aller savoir si le second camp pouvait résister à l'attaque. Cet officier remplit sa mission et revient dire qu'il n'y avait aucune crainte à avoir, que les quarante ou cinquante hommes qui étaient à ce poste s'étaient très bien fortifiés, qu'enfin l'on pouvait dormir tranquille. Cette nouvelle nous rassure tous un peu, mais cependant nous ne pouvons fermer l'œil, les balles arrivent très bien dans notre camp et leur sifflement au milieu du silence de la nuit est un des bruits des plus lugubres qu'il soit permis d'entendre ; enfin, le point du jour arrive, tout se prépare pour aller dégager l'autre camp et atteler ces misérables voitures.

Nous partons la cavalerie en tête, mais le sergent qui commandait le 2me camp, avec ses cinquante hommes voyant de loin notre mouvement, n'écoutant que son courage et pas beaucoup la prudence, se précipite à la tête des plus braves de ses hommes, sur les Arabes qui s'étaient approchés, défilés qu'ils étaient par des rochers jusqu'à 20 ou 25 pas des roues des voitures. Ce brave sous-officier, décoré déjà depuis longtemps, est tué du premier coup de fusil, les soldats qui marchaient derrière lui, découragés par cette perte, lâchent pied, et laissent son corps aux mains des Arabes qui lui coupèrent la tête ; nous qui nous approchons au pas de course, les cavaliers à l'allure la plus vite qu'ils pouvaient imprimer à leurs chevaux dans ce terrain difficile, nous qui voyions ce mouvement d'assez loin encore, nous pressions notre marche de toute la vigueur de nos jarrets, et de toute la longueur de notre haleine. Enfin, la cavalerie arrive, mais décimée par cette course, elle charge en désordre, le cheval de l'officier de chasseurs, M. Cagnol, est tué, lui tombe dessous, et se défend tant qu'il peut au milieu d'un nombre considérable d'Arabes qui l'entourent ; il est criblé de coups de yatagan. Son sous-officier qui se précipite à son secours est tué, enfin les cavaliers lâchent pied, et le corps de cet officier et du sous-officier vont rester au pouvoir des Arabes, lorsque nous arrivons avec des officiers montés et quelques chasseurs, plus audacieux que les premiers et, avant que les Arabes aient le temps de recharger leurs armes, nous en tuons une trentaine, ce qui commence à les déconcerter ; les fantassins arrivent et les poursuivent pendant plus de deux kilomètres.

Tout cela s'est passé en moins d'un quart d'heure, et il me faut longtemps pour te le raconter ; nous dégageons M. Cagnol qui vivait encore quoique criblé de blessures et de coups de pierres : dans la figure seulement 7 coups de yatagan. Cet officier a eu le bonheur de s'en tirer malgré cela.

Par cette charge hardie, nous nous sommes débarrassés des Arabes, nous n'avons plus vu de toute la journée que quelques tirailleurs ennemis, qui, plus acharnés que les autres, venaient à une distance effrayante décharger leurs armes sur nous.

Nos pertes n'étaient pas considérables, les 2 plus regrettables étaient celles de ces deux sous-officiers. — Nous continuons notre marche. Nous avions encore à traverser avant d'arriver à El-Kantara, à peu près 2 lieues, mais dans un terrain excessivement difficile ; il y avait au moins une demi lieue dans une gorge effrayante, au milieu de laquelle coule la rivière ; et le chemin très élevé au-dessus du niveau de l'eau, très étroit, sans parapets, présentait énormément de difficultés pour les voitures. — Je ne puis mieux le comparer cette mauvaise route qu'à celle qui existe dans le tunnel de Saint-Maur, seulement au lieu d'être horizontale, elle présente de nombreux accidents et des pentes tout à fait irrégulières, et très rocheuses.— Cette route du reste était si difficile que les dernières voitures parties le matin pendant le combat, ne sont arrivées à El-Kantara, c'est-à-dire 2 lieues plus loin, qu'à la nuit tombée déjà depuis quelque temps.

Mais ici, je laisse le convoi et les voitures pour te parler d'un des plus magnifiques panoramas qui existent dans le monde. Cette gorge qui de chaque côté ne présente que des rochers abrupts, qui resserre entre ses deux flancs une rivière, qui alors était un torrent par la rapidité de ses eaux et les nombreuses chutes qu'elle faisait pendant un très court espace, se termine par un point de vue magnifique, une décoration de théâtre. Au bout de cette scène de désolation de la nature, la vue se repose sur une oasis : partout des palmiers toujours verts, orangers, citronniers, limons, figuiers, enfin tous les arbres possibles, une nature magnifique, la première oasis que je vois. Cette oasis est habitée par une peuplade amie, qui garde l'extrémité du défilé. — Nous marchons encore à peu près 20 minutes et nous allons camper à l'extrémité de ce paradis. Là, nous faisons une rencontre qui, du reste, nous était annoncée depuis quelque temps. Nous rencontrons un convoi de blessés qu'on évacuait des Zaatchas sur Batna ; ce convoi était accompagné par une forte escorte. — Nous nous reposons, nous attendons les voitures qui, comme je te l'ai dit, n'arrivent qu'à la nuit.

Mais en te parlant de tous ces combats, je ne t'ai pas dit que le choléra était dans notre misérable petite colonne.

Je ne t'ai pas dit qu'au milieu de la marche, il tombait des hommes et que ces hommes ne se relevaient plus ; au bout d'une heure ils étaient morts. En 5 minutes l'avant-garde leur creusait une fosse, et puis tout était dit.

La peur de la contagion pourtant faisait respecter leurs cadavres aux Arabes qui relèvent ordinairement les morts chrétiens et mutilent leurs corps. Cette dernière insulte fut ainsi épargnée à nos malheureux soldats. La maladie sévissait surtout sur les Arabes du convoi conducteur de mulets ; ces gens-là se tiennent très sales, mangent des choses excessivement épicées ; le piment de leur sauce, suivant une expression triviale, mais très soldatesque « vous emporte la — » ; toutes ces causes ne contribuaient pas peu à entretenir chez eux une mortalité considérable. Enfin passons vite sur ces scènes bien plus terribles que le spectacle de la mort dans un combat. Pourtant ces mêmes scènes se sont renouvelées sous mes yeux pendant 20 jours encore. — Je viens de te dire que nous avions rencontré un convoi de blessés venant des Zaatchas ; ils ne nous donnent de ce point que des nouvelles fâcheuses, rien ne s'avance.

Nous sommes partis le 20 ; à une heure, nous rencontrons un escadron de cavalerie, 120 chevaux seulement, et nous arrivons le soir avec eux à El-Outaïa, c'est encore une oasis, nous y bivouaquons. Là, rien de nouveau, nous étions chez des amis. — Le lendemain nous partons pour Biskra, avec cette faible escorte de 150 chevaux ; nous craignions une attaque dans un défilé qui se trouve à 2 lieues à peu près de El-Outaïa, mais heureusement à 4 heures du soir nous arrivons à Biskra.

Tu vois que je passe maintenant légèrement sur ces 2 journées, pourtant je veux te décrire à peu près le pays que nous traversons : c'est le commencement du désert, une plaine immense mais coupée de temps en temps par des ravins qui ressemblent à des crevasses. On se croit toujours arrivé et l'on ne l'est jamais ; on marche, on marche, l'on dirait que le but de la marche est très rapproché, et il faut quelquefois des journées entières avant d'arriver à ce point désiré.

Enfin nous sommes à Biskra, à 9 heures des Zaatchas. Biskra est une oasis comme El-Kantara et El-Outaïa. Tu sais bien la définition d'une oasis, mais malgré l'explication donnée par le dictionnaire de l'Académie, malgré les descriptions plus ou moins poétiques, plus ou moins romanesques de nos écrivains, l'on ne peut avoir l'idée de ce que c'est. Une île au milieu des sables, me diras-tu ? Oui, c'est très vrai, mais c'est l'impression de fraîcheur et de bien-être causée par cette verdure, et ces couleurs gracieuses et flexibles des palmiers, que jamais le dictionnaire de l'Académie, ni les peintures même les plus chaudes et les plus colorées ne pourront rendre.

J'attends à Biskra le départ d'un convoi pour les Zaatchas, il en était parti un dans la matinée du jour ou j'étais arrivé, j'étais furieux de ne pouvoir partir, surtout étant si près.

Là, les habitants et la garnison quoique assez mal informés, me donnent des nouvelles à peu près positives ; on parle d'un nouvel assaut comme très prochain !... Et ne pouvoir partir !!! tu conçois mon ennui. — Je reste à Biskra les 21-22-23 sans trouver d'occasion, enfin le 24 je puis partir. 2 bataillons, un bataillon de zouaves, et celui des indigènes de la province ayant encore avec eux deux escadrons, 1 de chasseurs et un autre de spahis arrivent le 23 au soir à Biskra conduisant un convoi de blessés, et les corps des derniers officiers morts, qu'on devait enterrer à Biskra. Ce détachement reçoit l'ordre de partir le lendemain 24. C'est avec lui que je fais ma route. — Nous ne sommes pas inquiétés ; enfin j'arrive à deux heures de l'après-midi, je revois mes camarades dont quelques-uns m'avaient cru mort, et qui m'accueillent avec toutes sortes de démonstrations de bonne amitié, j'ai rejoint mon parti, je suis satisfait.

. . . .

J'arrivais donc enfin aux Zaatchas. Le camp était hors de portée de fusil de l'oasis, sur une espèce de petit monticule très sablonneux. — Le jour de mon arrivée 24, rien de remarquable, le service ordinaire, voilà tout, la compagnie n'était pas de tranchée, il n'y avait que quelques gardes peu importantes.

25 novembre — A midi, à l'heure à laquelle l'on relevait les gardes et travailleurs de la tranchée, les Arabes profitant de l'extrême désordre qu'amène toujours le moment où l'on relève une garde aussi considérable que celle d'une tranchée, garde qui est forcée de manœuvrer dans un espace très resserré, profitant, dis-je, de ce mouvement de confusion des allants et des venants, les Arabes se jettent à la tête de la sape de droite et tentent d'incendier le masque de la sape.

Ils se jettent même jusque dans la sape et l'on éprouve beaucoup de difficultés à les repousser. On est même obligé pour arriver à ce résultat et rétablir en même temps la partie des travaux qu'ils avaient eu le temps de détruire, de simuler un mouvement offensif sur un autre point du village. Ce mouvement offensif eut un tel succès que tout le monde a reproché au général Herbillon de ne pas l'avoir continué. Certainement ce jour-là la ville aurait été enlevée et avec beaucoup moins de perte que le jour de l'assaut du 27.

Ce jour là le bataillon n'a rien eu à faire, c'était notre tour de repos.

26 novembre. — A midi nous sommes de service de tranchée. La compagnie était placée à l'extrémité de la sape de gauche ; bruit de fusillade pendant toute la journée, canon, etc., — enfin tam tam général. — Toute la journée le canon a tiré et ce n'était pas sans danger pour les canonniers : aussitôt le masque de l'embrasure enlevé, des coups de fusil arrivaient dans cette embrasure et c'est comme cela que le capitaine d'artillerie Besse, un des camarades de mon oncle, a été tué d'une balle dans l'œil avec lequel il pointait. Nous dînons assez tranquillement toujours au bruit des coups de fusil. Cependant les mines que l'on faisait jouer du côté des deux extrémités de la sape, pour tâcher de combler le fossé du village, nous

envoyaient de temps en temps d'énormes blocs de pierre ou de bois. Après dîner il nous arrive un ordre : le général annonce pour le soir une distribution d'eau-de-vie qui devra être bue le lendemain matin de bonne heure. Déjà le bruit de l'assaut courait depuis le commencement de la journée, cela confirmait tous ces on-dit, nous en étions sûrs pour le lendemain.

Je te dirai que dans ce moment j'ai éprouvé une émotion assez forte. Le lendemain il fallait monter à l'assaut or 2 fois déjà l'assaut avait été repoussé — tout cela amène des réflexions qui n'étaient pas gaies. Alors paraissent devant vous les images des personnes qui vous sont chères — Les chances que l'on a à courir le lendemain se présentent devant les yeux avec une couleur très noire, je dirai même excessivement noire. Mourir sans dire adieu à ses parents, à ses amis !... enfin toutes espèces de réflexions que je ne te détaille pas, mais que tu dois comprendre parfaitement. Certainement le courage ne peut défendre de certaines appréhensions. Je crois même que c'est la manière dont on les surmonte qui fait le courage.

. . . .

27 — Au point du jour l'ordre est donné de monter à l'assaut. On divise les troupes en plusieurs parties.

1° Colonne d'assaut de droite. — Canrobert, colonel de zouaves ;

2° Colonne d'assaut du centre. — Colonel Dumontey ;

3° Colonne de gauche. — Colonel de Barral ;

4° Une colonne devant empêcher la jonction des habitants des oasis contiguës à ceux des Zaatchas, et protéger l'armée en cas de défaite ;

5° Les gardiens du camp.

On sonne la charge, la musique des régiments présents sonne toutes espèces d'airs patriotiques, c'était magnifique, tout le monde était électrisé. Le colonel Canrobert monte le 1er à l'assaut à la tête de ses zouaves, c'était là le mouvement le plus important. Enfin, je t'ai déjà raconté cet assaut : je n'y reviendrai pas, mais Dieu que c'est beau !

Il n'y a rien au monde d'aussi émouvant, d'aussi électrisant en même temps, qu'une attaque de cette nature ; de la poudre, de la musique, des cris partout, on est enivré. Je ne reviendrai pas non plus sur le carnage, je t'ai déjà dit assez longuement, le dégoût que cela fait naître après la victoire, chez les gens bien organisés. — Reporte-toi aux lettres précédentes.

Le soir du 27, grande joie dans notre petite armée, distribution à la troupe de toute espèce de choses. — C'est un spectacle curieux qu'un camp après une victoire sur les Arabes, victoire qui est toujours suivie de la razzia de leurs propriétés !

Là, tu vois un troupier couvert d'un burnous ou d'un haïk. Là, un zouave chargé d'armes, de butin : fusil au canon d'une longueur démesurée, damasquiné, en argent ; yatagans de toute espèce de façons, venant souvent de manufactures de France ; j'en ai vu sur la lame desquels était écrit : « Vive le Roi ». Les autres venaient chargés de dattes, de figues sèches, de poules, de moutons, enfin de toute espèce de choses. Voilà le côté amusant de l'affaire, c'est, comme étude, un des spectacles les plus curieux qu'on puisse voir. Le revers de la médaille, c'est l'ambulance. Là, des camarades entendent à travers la simple toile d'une tente la joie des autres, et eux sont sur un lit de douleur, eux râlent peut-être leur agonie ou sentent qu'ils vont mourir, souvent sans même un camarade qui soit à leur côté pour leur apporter une dernière consolation ou recevoir leur dernier adieu. Enfin, passons encore sur ce spectacle qu'on ne doit même jamais se représenter.

Le 28. — On détruit le village pris la veille. — La mine fait son effet. — Mosquées, maisons, tout ce qui a été respecté par le canon, tout saute.

Le 29. — Nous recevons l'ordre de départ, le bataillon du moins, fait partie d'un détachement qui accompagne les blessés à Biskra, nous campons à peu près à une lieue plus loin que cette ville, à Rass-Helma. — Là, nous séjournons, attendant le reste de la colonne et sa dissolution ; chacun s'attendait à retourner chez soi, pas du tout. 2 jours encore, nous restons à Rass-Helma. — Le choléra fait des ravages épouvantables surtout parmi les blessés.

Le 2 décembre nous partons tous ensemble pour Batna, nous parcourons de nouveau ce pays que j'avais traversé au milieu du soulèvement général ; nous revoyons El-Ontaria — El-Kantara-Ksour — Là, nous nous ravitaillons, on dissout la colonne. — Les uns partent pour Constantine, d'autres pour châtier les tribus voisines de Batna qui s'étaient soulevées — d'autres s'en vont jusqu'à Bou-Saada châtier cette ville qui s'était aussi soulevée, et qui n'était rentrée dans l'ordre qu'à l'apparition de la colonne Daumas envoyée de Médéah.

Je t'ai raconté nos peines de Ksour à Bou Saada ; les mauvais temps que nous avons eus.

Arrivés le 16 à Bou-Saada, nous n'en partons que le 20 pour aller à Sétif.

De Bou Saada à Sétif, nous avons souffert horriblement par suite du mauvais temps. — Pas de bois, et en fait d'eau, souvent de la neige ; tu ne peux pas te figurer quelle souffrance on éprouve, à arriver tout mouillé sans pouvoir se faire sécher. — Je te prie de croire qu'à 50 ans nous aurons des rhumatismes.

Enfin nous voilà à Sétif.

Nous n'avons plus rien, ni pantalons, ni tunique, tout est usé, chemises, chaussettes ; au moins si nous étions dans notre garnison où nous aurions trouvé nos effets pour nous changer, mais ici, rien.

La garnison de Sétif et les colons nous reçoivent d'une façon remarquable ; dîner et grande réunion le soir. — La sobriété était alors une vertu bien grande. — Privé de tout depuis longtemps, on tombait avec voracité sur tout. — J'ai acheté aux Zaatchas un bournous pris sur un chef arabe tué, je m'en fais faire un caban. — Je fais rafistoler mon pantalon comme je peux, j'achète des sabots et des chaussons et voilà mon équipement pour le reste de mon séjour à Sétif. C'est du reste la tenue de tout le monde. Le mauvais temps ne permet pas de porter d'autres chaussures. Enfin nous venons de recevoir l'ordre de partir pour Alger par le premier beau temps ; ce sera encore 15 jours de souffrance, mais là tout sera fini.

Ici, je m'occupe, je dessine toute la journée, ma seule dépense outre celle nécessaire pour l'habillement et les victuailles, est le bois, qui est horriblement cher ici, où il fait horriblement froid.

COPIE DU RAPPORT SUR LE COUP DE MAIN DU LIEUTENANT JAPY

« Le 4 novembre les habitants de Beccaria furent prévenus que le chérif était en marche et qu'il approchait. Les journées du 4 et du 5 se passèrent sans incident, et ce fut vers la soirée de ce dernier jour qu'ils apprirent d'une façon à peu près certaine, que cet intriguant, passant brusquement la frontière, devait les surprendre pendant la nuit. Ils s'empressèrent d'en informer le bureau arabe, annonçant qu'ils allaient se réfugier dans leur mosquée. En même temps, un douar de Belad-Sidi-Abir, placé à la frontière, pliait ses tentes et se rapprochait de Tébessa pour se mettre à l'abri de l'attaque du chérif. Des cavaliers furent envoyés pendant la nuit pour s'assurer du fait : ils rentraient le 6 à deux heures du matin, sans avoir découvert dans leur course les traces du chérif.

Mais vers six heures, un nouveau cavalier vint affirmer qu'il avait campé à trois kilomètres de Beccaria avec une centaine de cavaliers et environ trois cents fantassins.

Déjà ses émissaires parcouraient nos tribus, recrutant des partisans. Le lieutenant Japy, du 3me zouaves, commandant à Tébessa, en ce moment, en l'absence du titulaire, pensa avec juste raison, qu'avec les faibles moyens dont disposait la garnison, le moment de repousser l'attaque du chérif était propice, car, en attendant au lendemain, les fanatiques se seraient réunis de tous côtés, et il n'aurait plus été possible de sortir de Tébessa. Le lieutenant Japy, avec cette vigoureuse résolution dont il a donné tant de preuves dans sa brillante carrière, fit immédiatement monter à cheval le détachement de spahis et les cavaliers du caïd Moammed Chaouch, formant en tout un effectif de cinquante-six chevaux et se mit en route à leur tête. Il restait à Tébessa cent zouaves et une soixantaine de tirailleurs pour assurer la défense de la place. La moitié du détachement devait prendre position à mi-chemin de Beccaria, afin de soutenir au besoin la retraite de notre cavalerie.

A mesure qu'on approchait du camp ennemi, le chérif disposait les hommes à pied en tirailleurs, au pied d'une colline, et se plaçait avec ses cavaliers en avant de sa tente, musique en tête, attendant l'attaque de pied ferme. Arrivé à une certaine distance, le caïd de Tébessa, Moammed Chaouch, se dirigea vers le chérif, le sommant de se rendre : il lui fut répondu par des injures. Le combat devenait dès lors nécessaire : la charge sonna et les spahis guidés par le lieutenant Japy et le sous-lieutenant Cohendet fondirent droit sur le chérif. Le maréchal des logis Brois coupa en deux d'un coup de sabre la figure du chérif ; à partir de ce moment la mêlée devint générale, et les révoltés privés de leur chef s'enfuirent dans toutes les directions, ne devant leur salut qu'aux accidents de terrain.

Cependant douze cadavres restaient sur le carreau sans que nous eussions un seul homme blessé. La tente du chérif, trois grands drapeaux religieux, trois cents fanions qui devaient être distribués le lendemain aux Arabes révoltés, plusieurs fusils, même des casques antiques en cuivre, sortis de quelque musée de zaouia, restaient en notre pouvoir.

Vers 5 heures du soir, le lieutenant Japy et ses spahis rentraient à Tébessa, avec les dépouilles des vaincus, aux cris enthousiastes des hommes de la garnison qui n'avaient pu prendre part à ce hardi coup de main.

Le chérif qui avait payé de sa tête sa fanatique imprudence, se nommait Ammar-ben-Guedida. Il était natif de Tunisie et âgé d'une trentaine d'années seulement. Les partisans qu'il avait recrutés étaient des Tunisiens sans aveu et fanatiques, ramassés dans le Djerid, chez les Fraichich et les Oulad-Sidi-Abid. Ben-Guedida se disait invulnérable comme tous les énergumènes de son espèce ; il portait un vêtement de peau en guise de cuirasse et un casque en cuivre sur la tête. »

Mais grâce à l'énergie du lieutenant Japy, sa mort ne lui laissa pas le temps de rassembler des adhérents, et de pénétrer plus avant sur notre territoire, il nous eût suscité de graves difficultés ; car il eût pu fomenter une insurrection contre laquelle de fortes colonnes seraient devenues indispensables. Le danger était conjuré et le capitaine Allégro comptait sur la conduite et la sage administration du caïd Ali-ben-Mohammed qui, espérait-il, ne donnerait lieu à aucun sujet de plaintes, et pourrait reconstituer la tribu des Oulad-Sidi-Abidi.

(Féraud — Extrait de Tébessa — St-Pierre-Castel.

LA VIE A TÉBESSA -- DESCRIPTION DU PAYS

Tébessa, le 15 décembre 1853.

Je suis resté à Tébessa commandant supérieur, juste le temps de gagner ma décoration et de la recevoir. M. le capitaine Allegro vient de rentrer, de sorte que me voilà détrôné de mes hautes fonctions. Et je te prie de croire que j'en suis bien aise ; j'avais une correspondance énorme : tous les cinq jours j'étais obligé d'écrire au moins une vingtaine de lettres et il ne me restait plus assez de temps pour toi, ou bien c'était tout bonnement une lettre dans laquelle je ne pouvais rien te dire.

J'ai donc vu arriver le capitaine Allegro avec plaisir, et je commence immédiatement à me dédommager de tout l'ennui que j'ai éprouvé d'avoir eu à écrire à toute espèce de monde, généraux, intendants, chefs de bureaux arabes, etc., etc., en commençant avec toi, une correpondance qui je l'espère bien comme toi, n'aura plus d'interruption.

Du reste, ce métier a été une bonne chose pour moi, car j'ai été forcé de me rappeler qu'il fallait écrire ; et, après toutes les lettres indigestes que j'ai été obligé de composer, tous les rapports plus ou moins longs et exacts que j'ai envoyés, je trouve un bonheur plus grand encore à t'écrire, à n'avoir ni besoin de bien aligner mes phrases, sans dire Monsieur ou mon Général, ou toute espèce de formules qu'il est bon de savoir, mais qui allongent ce qu'on veut dire, et qui en définitive ne signifient rien, pas même pour la politesse.

Maintenant que j'ai bien tempêté contre l'ennui que j'avais au bureau, je dois dire qu'il y avait un beau côté, c'est que tout le temps que j'avais le soir, je le passais à cheval, à faire des excursions de service aux environs de Tébessa avec cinq, six, ou un plus grand nombre de spahis réguliers ou irréguliers, suivant que le pays que j'allais traverser était plus ou moins dangereux. Dans toutes ces courses, il ne m'est arrivé aucun accident, pas même tomber de cheval. Le capitaine Allegro avait laissé à mon service une bête admirable que j'ai montée dans toutes mes tournées ; elle était ardente comme le feu, dure à la fatigue comme un chameau, et quand on la lançait au galop, elle était plus vive que les autres. J'étais toujours le premier arrivé.

Car enfin, je suis devenu, dans ce pays de chevaux, assez bon cavalier, et si je ne connais pas bien la théorie du cheval, je suis assez fort sur la pratique. Toutes les courses qu'on est obligé de faire ici, vous forcent à devenir très solide à cheval. Du reste, avec les Arabes, si l'on n'a pas cette qualité physique, toute l'intelligence que l'on peut posséder sera comptée par eux pour rien. Et en cela, ils ont bien raison dans un certain sens, car, comment veux-tu que quelqu'un qui commande ait du sang froid, si outre l'animation que l'action peut lui donner, il est obligé aussi de s'occuper de son cheval ? Quand on pense à deux choses à la fois, on les fait mal toutes les deux.

Tu me demandes des détails sur Tébessa, je vais, en peu de mots, t'en faire la description. Figure-toi une enceinte de quatre cents mètres carrés. Cette enceinte est formée d'anciens murs romains flanqués de tours carrées de vingt-cinq à trente mètres de hauteur.

Cette fortification date des derniers temps de l'empire romain, au moment de l'invasion vandale. Les habitants se sont retranchés très fortement dans la partie de la ville la plus facile à défendre. Dans cette enceinte, il y a cinq ou six cents masures arabes. Toutes dans un état déplorable, soit comme construction, soit comme propreté. Au milieu de toute cette saleté, s'élève, d'espace en espace, une belle ruine que la faux du temps a respectée. Tantôt c'est un arceau qui arrondit la route au-dessus de toutes les constructions arabes, tantôt c'est une colonne qui reste debout à côté de ses voisines qui se reposent à ses pieds, tantôt c'est une inscription à laquelle, avec tout mon latin, je ne comprends rien. Voilà pour l'ensemble. Mais il reste ici trois monuments extrêmement remarquables. Ce sont : le temple, la basilique, et l'arc de triomphe (le cirque n'est plus rien du tout).

Le temple est une construction carrée entourée de colonnes corinthiennes. Au-dessus des colonnes est une frise sur laquelle sont sculptés des bas reliefs encore bien conservés. Le gouvernement a envoyé ici un savant pour explorer les ruines et pour tâcher d'en tirer des faits ; mais cet antiquaire avec toute sa science n'a pas pu deviner à qui avait été dédié ce fameux temple. Les uns disent à Mars, ce sont sans doute les militaires ; les autres à Cérès, ce sont les colons, les autres, à Minerve, ce sont les gens sages et qui ont des lunettes. Par conséquent, on ne doit pas, pour une affaire qui demande de bons yeux, avoir grande confiance en ces derniers. Les autres disent à Vénus. Ici, les personnes qui peuvent le dire, doivent le dire en arabe parce que, de Vénus française, il n'y en a pas.— Le fait est que sur les bas-reliefs de la frise, il y a une masse d'attributs : d'un côté un aigle qui est l'attribut de Jupiter, autant que je me le rappelle, après cela, cet aigle à ce que disent certaines personnes, pourrait bien être un hibou, ce qui changerait considérablement la thèse ; d'un autre côté c'est une tête de bœuf, symbole de la force ; plus loin une corne d'abondance, ce serait Cérès. Plus loin encore ce sont des serpents. Le docteur prétend qu'il doit y poser sa tente pour y vénérer le premier inventeur de la médecine. Enfin personne n'y connaît rien, moi pas plus que les autres et je prétends que ce temple était dédié au « deo ignoto » que Saint-Paul a trouvé à Athènes, et que les attributs qui sont placés autour de la frise sont un hommage que les anciens dieux venaient rendre au nouveau Dieu.

Mais assez parler des païens. A côté des monuments de l'ancien culte, s'élèvent à Tébessa des églises et des couvents.

Dans ce genre ce qui est le mieux conservé, c'est la basilique chrétienne. C'est une immense ruine, pierres de taille sur pierres de taille, colonnes sur colonnes, presque rien n'est debout ; mais on y reconnaît les vestiges d'un grand peuple, une puissance de main d'œuvre incroyable. Un colonel de génie qui est venu dernièrement ici, et qui a travaillé autrefois aux fortifications de Paris a été stupéfait de l'aspect gigantesque de ces ruines. Ici, plus de sculpture, plus de bas-reliefs, des colonnes simples, sans chapitaux ouvragés, des murs nus. On entre dans une vaste cour toute remplie de débris, puis on monte par des marches qui sont à moitié comblées par le sable apporté par le vent du désert, on monte, dis-je, dans une église immense, en forme de croix. Tout l'intérieur de cette église était pavé d'une mosaïque assez belle dont il reste encore quelques vestiges ; tout autour se trouvaient les cellules des religieux. A côté de l'église sont d'autres ruines d'un monument qui devait servir aux catéchumènes et à l'hospitalité. Un homme qui aurait bien étudié le commencement du christianisme au point de vue de l'art et des monuments, trouverait ici une foule d'objets dignes d'admiration, et il pourrait aussi donner beaucoup d'explications sur une foule de choses que ne peut aborder le vulgaire dont nous, pauvres soldats, nous faisons une des parties les plus ignorantes.

J'ai oublié de te parler de l'arc de triomphe ; mais je réserve ce dernier monument pour quand je te reverrai. J'en ai pris le croquis. C'est extrêmement élégant. Il est dédié à Antonin le Pieux, et je crois à d'autres empereurs aussi. Car je pense que les Romains faisaient avec la pierre ce que nous faisons avec le carton, et que, chez eux aussi, les arcs de triomphe sous lesquels avait passé Louis-Philippe ou Charles X, pouvaient très bien servir aux descendants de César.

Je te fais de l'histoire romaine, mais si tu pouvais par un moyen quelconque, que nos fils inventeront peut-être, être transportée à Tébessa, tu y passerais en extase quelques bonnes journées. Je ne suis pas plus fanatique de l'antiquité qu'autrefois pas plus que tu ne m'as vu l'être, mais ici, tout est tellement beau que, sans fanatisme, l'on peut admirer !

A côté de tout cela, nous autres, Français, nous avons travaillé aussi. Car, en définitive, le détachement que je commande est un détachement de travailleurs. A côté du temple nous construisons une caserne et vis à vis les pierres de taille romaines, nous posons effrontément nos ignobles moellons avec un mortier plus ignoble encore. Les pierres d'une ancienne église deviennent, dans nos mains, un revêtement de fortification. La seule bonne chose que nous fassions c'est la réparation de l'ancien acqueduc. Mais j'y perdrai des hommes, un jour ou l'autre, car il arrivera un éboulement et alors, gare aux maçons !

Maintenant que je viens de te raconter une foule de détails sur Tébessa, il s'agit de parler raison.

Tu me dis qu'à la fin de décembre tu enverras pour moi, quatre cents francs à mon colonel. Je t'en remercie beaucoup, mais tu ne comprends pas dans ce moment-ci ma position. Je viens d'être très heureux ; en sachant profiter de cette chance qui se présente, je suis sûr d'être porté à la prochaine inspection générale, capitaine au choix. Mais pour cela il ne faut plus de réclamations : tout ce qu'on peut faire de bien dans le métier militaire s'efface vite devant l'ennui qu'éprouve un colonel à se mêler des affaires particulières de l'un ou de l'autre de ses officiers.

Tébessa, le 6 janvier 1854.

Je viens de recevoir aujourd'hui ta lettre du 22 décembre, tu vois que nous sommes bien éloignés l'un de l'autre, puisqu'à cette époque la lettre que je t'avais écrite de Tébessa le 15 décembre ne t'était pas encore arrivée. Mais ce qui m'a fait plaisir c'est que dans cette lettre j'ai prévenu tous les désirs que tu m'exprimes dans celle que je viens de recevoir. Détails sur Tébessa, etc., etc...

Tu as dû voir que je n'étais pas dans une situation bien brillante sous le rapport de l'agrément, mais j'ai bien des compensations. Pourtant, l'isolement, la privation bien souvent de toute espèce d'amitié, la jalousie qu'on peut inspirer à ses camarades, tout cela donne par moment des irritations qui se transmettent de la peau à la tête, malgré le peu de vapeurs que mon tempérament comporte. Ce sont des piqûres de moustiques, ce sont les petites misères de la vie. C'est enfin tout ce que tu voudras, mais c'est parfois bien ennuyeux. Ainsi pour te donner un exemple : je t'ai écrit que le 15 du mois dernier j'avais remis mon commandement au capitaine Allegro, qui était revenu de permission. — A son départ, je l'avais quitté dans de très bons termes sous tous les rapports, soit militaires, soit d'homme à homme. — A son arrivée, je vois un homme pincé, froid, enfin la mine d'un jésuite (pardonne la comparaison). Tout cela c'est l'envie, la jalousie — « Pourquoi n'étais-je pas là ? s'est-il dit, je serais passé chef d'escadron ou officier de la Légion d'honneur ; enfin j'aurais probablement mieux conduit l'affaire que ce jeune homme, et j'aurais eu une récompense. » — Jalousie !! Jalousie !!

Pourtant je m'étais acquitté, à son arrivée, de mes devoirs d'une façon assez fine. Talleyrand n'aurait été qu'un mulet à côté de ma diplomatie. — Je lui avais dit que le chérif n'était arrivé que parce qu'il avait su son départ ; que si, lui, était resté à Tébessa, certainement aucun Arabe, même Abd-el-Kader n'aurait osé venir troubler son administration et que l'influence enfin de sa personne éloignait du pays de Tébessa tous les ennemis de la France, mais qu'il ne pouvait répondre de ce qui se jouerait en son absence.

Eh bien, crois-tu que toute ma finesse et que tous mes compliments, dont je ne pensais du reste que la moitié, aient bien réussi. Non. — Jalousie ! Jalousie !!

Le capitaine a essayé d'amoindrir l'affaire et d'en rabaisser les résultats.

Heureusement pour moi, j'avais été vrai dans mon rapport, et peut-être au-dessous de la vérité. J'avais suivi le vrai précepte militaire : « Dis ce que tu as vu, et ne parle pas de ce que tu fais. » — Si j'avais eu le malheur de faire ce que font beaucoup d'officiers, ce qui en style honnête s'appelle broderies, mon affaire serait devenue une fanfaronnade ; le combat que j'ai commandé, une parade, et mon rapport, une fantasia. J'aurais enfin essuyé la réaction des louanges que j'ai reçues

Mais je viens de voir qu'avec un peu de bonheur, la vérité triomphe toujours, et que le vieux principe est encore le meilleur : Fais ce que tu dois, advienne que pourra ! J'ai fait ce que j'ai pu ; je suis heureux pour toi encore plus que pour moi de ce qu'il est advenu, et je me promène à pied, à cheval et en omnibus sur l'Envie, que les gens ont autrefois représentée, avec beaucoup de vérité, sous la forme du serpent, ou même je crois de plusieurs serpents.

Mais assez parler de choses venimeuses. J'ai reçu ta lettre ce soir, jour des rois, et après en avoir célébré ici la fête, je suis vite remonté chez moi pour te répondre. Je n'ai pas de papier à lettre, je t'écris comme tu le vois sur une foule de morceaux que j'ai rencontrés dans mes papiers, à droite et à gauche. Tu me pardonneras la forme pour l'intention.

Tébessa, le 7 janvier 1854.

. . . .

Hier je t'ai raconté une foule de choses qui t'amuseront plus ou moins, mais je te prie de n'en rien dire ni à Monsieur le commandant Mosiard ni à personne. Tout cela se redit en conversation. Tout cela de fil en aiguille est répété à droite et à gauche, puis enfin peut revenir à Tébessa, ce que je considère au moins comme parfaitement inutile.

Tu as dû recevoir à l'époque du premier de l'an, le volume que je t'ai envoyé. Je t'ai fait une description de Tébessa, et tu dois te représenter l'endroit absolument comme si tu l'avais vu.

Je n'ai rien oublié dans ma description, que les environs. Figure-toi une plaine immense et dans un petit coin de cette plaine, adossée à des rochers, une oasis qui peut avoir de 5 à 6 mille mètres de tour. La ville est dans un coin de l'oasis. L'ancienne cité romaine était au moins cent fois plus grande que la ville actuelle, et l'emplacement que nous occupons, nous et les Arabes, n'est probablement que l'ancienne citadelle, ou le dernier réduit dans lequel les Romains se sont défendus contre les Vandales. Nous appelons l'oasis, les jardins de Tébessa. Partout des figuiers, des noyers, des grenadiers, des abricotiers, des pêchers, quelques pruniers, enfin toute la splendeur de la végétation d'Afrique, appliquée aux arbres qui viennent en Europe..... Des ceps de vigne gros comme la jambe, qui grimpent à perte de vue après des noyers séculaires, et qui retombent autour d'eux pour former des bosquets que l'art n'a jamais pu égaler ; des lierres énormes qui enlacent d'anciennes pierres romaines sur lesquelles on voit les restes d'une ancienne inscription. Tout cela est charmant : celui qui voudrait ici faire des études de feuillages, serait embarrassé du choix des modèles. Au milieu de tout cela, l'eau coule comme dans un jardin anglais. — Le gouvernement a donné un de ces beaux jardins pour les officiers de Tébessa, et nous, pires que des Vandales, nous avons taillé, coupé toute cette belle nature ; nous avons, il est vrai, fait des cultures beaucoup plus productives ; mais hélas, vignobles, choux, romaines, laitues, petits pois et autres légumes, alignés comme chez un maraîcher des environs de Paris, remplacent les plantes grimpantes qui embrassaient autrefois les troncs des arbres. — Plus de feuilles d'acanthe autour des pierres romaines, plus enfin de tout ce gachis si pittoresque, qui encombre tous les jardins appartenant aux Arabes.

Nous avons des tonnelles très artistiquement arrangées, par un zouave ancien jardinier ; c'est beaucoup plus commode, mais aussi beaucoup moins joli. — Tant il est vrai, qu'on se rassasie bien vite de toute cette belle nature et que l'on finit toujours par mieux aimer les légumes.

Il n'y a qu'une chose ici qui continue à me frapper vivement : c'est la ligne de démarcation si tranchée qui existe entre la fertilité de l'oasis et l'aridité de la plaine. Entre les tons verts des jardins, et la couleur rouge fauve que le feu du soleil a donnée à la plaine en la brûlant, enfin entre la vie et le néant voici un jardin enchanteur, puis on fait 10 lieues sans rencontrer un arbre, une feuille, ni un brin d'herbe, ni un ruisseau !

Tu me demandes si mes soldats travaillent aux routes. Tu me fais beaucoup trop d'honneur. Nous n'en sommes pas encore là. Un pays où il y a des routes, est un pays à moitié civilisé et nous sommes bien loin de l'être encore. — Nous avons fait ici des baraques provisoires pour loger la garnison, puis autour de ces baraques une enceinte pour les défendre. Et maintenant nous réparons un ancien aqueduc romain qui allait tomber de vieillesse et qui conduit l'eau dans la ville et dans l'enceinte fortifiée que nous occupons. C'est un travail extrêmement délicat, beaucoup plus difficile à exécuter que si l'on faisait du neuf ; car au milieu de toutes ces vieilles voûtes rongées par l'eau, on a peur, en touchant une pierre, de détruire ces équilibres incroyables qui les maintiennent depuis des centaines d'années et de voir écrouler tout le système. — Il faut agir avec beaucoup de précaution, et il y a parmi mes zouaves quelques jeunes gens qui n'y mettent pas toute l'attention nécessaire, et qui compromettent par leur négligence, la vie de leurs camarades.

Nous, les zouaves, nous ne comptons pas ici comme garnison, il n'y a que des indigènes (turcos et spahis). Nous ne sommes donc pas logés dans les baraques que nous avons construites. Nous devrions être sous la tente, mais mes hommes fatigués de loger sous la toile, se sont réunis par groupe de trois, quatre ou cinq hommes et se sont construit de petites maisons, très bien arrangées ma foi ; les unes couvertes en chaume, d'autres en terrasse à la méthode mauresque, les unes carrées, les autres rondes, dans le genre de toutes les architectures primitives. — Ils se sont bâti des lits, des cheminées (le bois ne coûte pas cher, ils n'ont que la peine d'aller le chercher à la montagne) ; enfin ils se sont procuré avec leur travail, toutes les petites douceurs qui leur manquaient.

Et moi, au lieu de commander un camp formé d'une réunion de tentes plus ou moins bien alignées, je commande un petit village d'une vingtaine de maisons, au milieu desquelles circulent des poules avec leurs couvées qui courent autour d'elles, des chiens qui font commerce d'amitié avec deux malheureuses cigognes qui se trouvant malades au moment du départ annuel de leurs compagnes sont restées habitantes du camp. Enfin c'est très pastoral.

Mais ce qui est beaucoup moins pastoral, ce sont mes hommes. Après avoir travaillé toute la semaine, ils font comme les ouvriers de Paris : ils s'enivrent le dimanche, avec de l'eau-de-vie, car le vin coûte ici trop cher, et quand ils sont bien saouls ils vont se coucher où ils peuvent. A six heures du soir, je vais avec une patrouille composée d'hommes raisonnables, faire ramasser ceux qui n'ont pas eu la force de rentrer chez eux, ou bien qui n'ont pas pu trouver le chemin. Toute la semaine ils sont sages, mais leur jour de repos est pour moi un jour de corvée.

D'après tout cela, tu vois que zouaves et officiers nous sommes tous ici à l'abri de la chaleur comme du froid. Car, s'il fait 8 mois de chaleur à Tébessa, il ne faut pas croire que de temps en temps nous n'ayons pas froid aussi.

Il y a quelques jours nous avions de la neige, mais quand cela arrive, un instant après tout est passé. Les premiers rayons de soleil font disparaître en un clin d'œil le voile blanc dont la terre s'était couverte pendant la nuit, et si l'on a le malheur de se lever ce jour là, un peu trop tard, on n'a pas le plaisir de voir la campagne couverte de neige, qui nous rappelle à tous notre beau pays de France.

Mais je bavarde ici 'pis que plusieurs vieilles portières ensemble. Je veux te demander une chose qui me sera bien utile et qui en même temps me fera beaucoup de plaisir. — Par la connaissance de M. le commandant Moisard, tu peux facilement avoir la carte générale de l'Algérie, faite par l'état-major, au ministère de la guerre, et celle particulière de la province de Constantine. J'ai besoin chaque jour de ces deux cartes et je te prie de me les envoyer si tu peux te les procurer. On ne les trouve pas à Constantine et quand même on les trouverait, elles coûtent assez cher pour que ma bourse ne puisse en atteindre le prix.

Le courrier pour Constantine va partir dans quelques heures, je ferme ma lettre. Mais avant, je veux t'adresser une prière encore. Je suis décoré et je n'ai pas encore de croix. Celle que la Chancellerie doit m'envoyer n'est pas encore arrivée, mais outre celle-là, il m'en faudra toujours au moins deux autres. Je te prie donc de dire à ma grand-mère et à mon oncle Charles, d'avoir la bonté de m'en envoyer une chacun. Ce sera de leur part un souvenir et une preuve du plaisir qu'ils ont éprouvé, et pour moi ce sera un honneur de plus de porter une croix venant de leurs mains.

Tébessa, le 21 mars 1854.

J'ai reçu le jour même de l'arrivée de ta lettre, un très beau cadeau d'un chef arabe. C'est une belle peau de lionne qui a été tuée dans les environs de Tébessa. Ce chef arabe n'a pas cru pouvoir mieux reconnaître quelques bontés que j'avais eues pour lui, entr'autres celle de lui procurer des ouvriers français, qu'en me faisant ce cadeau. Je l'ai accepté, je fais tanner la peau, et j'espère bien que mon oncle la recevra en souvenir du bonheur qui lui arrive et de la satisfaction que ce bonheur me cause.

J'aurais demandé à être relevé de mon détachement, et à partir avec les bataillons de grande guerre pour Stamboul, si au même moment le capitaine Allegro, n'avait été appelé lui-même à partir. Je reste provisoirement commandant supérieur de Tébessa ; j'ai donc cru de mon avantage de ne pas demander à aller dans cette armée du Levant, sur laquelle tous les yeux sont braqués.

Du reste, à franchement parler, le moment est dangereux, très dangereux même. On dégarnit de tous côtés l'Afrique ; peut-être aurons-nous ici à soutenir un siège, ou au moins un blocus. Si je suis chef ici à ce moment, j'en retirerai certainement beaucoup d'honneur. C'est pour cette raison que je reste ici.

Cette position que j'occupe depuis déjà presque un mois me donne toute espèce de tracas, du reste je t'en ai déjà parlé dans une de mes lettres. D'ici à quelques jours, au moment où les chaleurs vont commencer, au moment où les tribus quittent le désert qui devient inhabitable, et s'approchent d'ici, je vais en avoir encore bien plus.

Je continue à répondre à ta lettre : tu me demandes une mèche de mes cheveux ; je ne peux réellement t'en envoyer une un peu passable. Je les portais très courts il y a quelque temps, ils poussent depuis deux mois à peu près, la première fois que je pourrai en couper une assez longue, je te l'enverrai. Ils sont ici en assez mauvais état, pas de pommade, mes cheveux prennent un ébouriffement extraordinaire, à peu près comme ceux d'un nègre.

Mon portrait aussi je te l'enverrai prochainement, mais il y a peu de temps j'ai coupé mes moustaches pour arriver à en avoir une paire superbe, et dans ce moment-ci, je suis d'un laid, mais d'un laid à faire peur. Attends quelques jours et quand je serai à peu près présentable, je me copierai le plus ressemblant que je pourrai.

Tu me demandes comment j'ai passé mon carnaval. Ici, c'est toute l'année carnaval. Quand je suis déguisé en commandant supérieur, j'ai affaire à des gens qui sont déguisés, eux, en Arabes, qui portent sur leur visage, tous les signes de l'affection et du dévouement et qui du fond du cœur, s'ils pouvaient tous nous jeter à la porte ou nous couper la tête, seraient les gens les plus heureux du monde. Tu vois que c'est un peu de carnaval sérieux. La batte d'Arlequin est remplacée par le bâton du chaouch, un fort bâton, tout ce qu'il y a de plus flexible en fait de bâton. C'est assez triste d'en faire très souvent usage, mais c'est le seul moyen de les mener. Etre juste avec eux et frapper fort lorsqu'ils sont fautifs, les récompenser largement lorsqu'ils vous rendent un service, ils ne sont sensibles qu'à ces deux choses ; aussi on pourrait représenter un homme influent sur les Arabes avec le douro dans la main droite et un bâton dans la main gauche.

Au moins on n'est pas embarrassé du choix des récompenses ou du choix des punitions.

Avant que le courrier ne parte j'ai 5 ou 6 lettres à écrire au Général, entr'autres un rapport dont j'ai fait le brouillon et par lequel je lui fais connaître mon appréciation sur l'opportunité actuelle des mesures rigoureuses qui sont en ce moment déployées à la frontière de Tunis pour réprimer la contrebande ! Tu vois que je suis obligé de faire un peu de politique arabe, ce n'est pas très amusant, mais mon rapport en revanche n'amusera pas non plus le général. Tous les 8 jours, c'est une affaire de ce genre à traiter, et pourquoi ? puisqu'on ne lit pas seulement à la division, ce qu'on écrit, et que ça ne sert qu'à grossir les papiers qui, un an ou deux ans plus tard, font des cornets à tabac...

Tébessa, le 25 avril 1854.

Ta lettre écrite le 10 m'arrive ici aujourd'hui ; je ne sais à quoi cela tient : 15 jours seulement de route ! Il y a des variations incroyables qui doivent surtout tenir au peu de régularité des courriers entre Constantine et Tébessa. Une heure de retard dans l'arrivée du cavalier qui porte le courrier d'ici à Constantine peut causer une différence de bateaux de plus de 8 jours.

Nous sommes en paix complète, les Arabes sont devenus doux comme des morceaux de sucre. Le vent du sud au lieu de nous apporter l'odeur de la poudre, devient tout ce qu'il y a de plus zéphir et ne porte à Tébessa que la neige des abricotiers, ou des pêchers partout en fleurs. Tout a changé : plus de guerre ici, pattes de velours. Mais gare le moment où les griffes se montreront.

A propos de griffes, il n'y a qu'une seule chose à reprocher à la peau de lionne que je destine à mon oncle, c'est que cette bête ayant été prise dans une fosse, elle a usé ses ongles de rage, en voulant user les parois qui la retenaient, mais c'est une chose facile à réparer. Elle a fait comme moi quand j'étais moutard... elle a mangé ses ongles. Mauvaise habitude et incorrigible !!!

Si vous avez à Paris une chaleur beaucoup trop forte pour la saison, nous sommes à Tébessa complètement dans la position contraire. Paris s'est transporté ici : de la pluie tous les jours, et des orages terribles. Aussi la saison s'annonce-t-elle riche. L'orge et le blé sont déjà très hauts, les épis d'orge sont en fleurs, enfin, les Arabes, dans la joie et les fêtes remercient Mahomet de sa libéralité. Leurs prières n'ont pas la majesté de celles de l'Eglise catholique ; ce sont des cris d'enfants et de femmes, tout ce qu'il y a de moins harmonieux. Aussitôt que la pluie commence vous entendez un coincoin s'élever au-dessus des maisons et vous pouvez vous croire au milieu d'une population de canards. Mais c'est leur manière, il ne faut pas leur en vouloir. Mahomet est content, eux aussi et il n'y a que nos oreilles qui sont un peu lésées de cette joie.

Puisque nous sommes en train de parler de canards, tu me fais une bonne remarque sur le manque de pommade à Tébessa, en me conseillant d'en fabriquer avec de la graisse de lion ou de la moelle du même animal. Je pourrais te répondre par un autre canard, et, te dire que les lions d'ici ne sont pas gras, mais j'aime mieux t'exposer la vérité toute simple, c'est que je préfère une peau qu'on m'apporte, au corps tout entier de l'animal qu'il me faudrait aller chercher à des distances quelquefois très dangereuses ; et puis ensuite, un caïd vous apporte, je suppose, une de ces peaux, il a par conséquent laissé le corps écorché au milieu de la forêt et, il faudrait alors deux journées de travail et deux mulets pour le faire venir ; mais le lendemain il n'y a plus rien, les chacals, les hyènes ont passé par là ! et il reste un squelette presqu'aussi décharné que ceux de M. Laurillau...

Tu me demandes comment après avoir passé mon carnaval je passe ma semaine sainte. Il n'y a pas plus ici de l'un que de l'autre : nous n'avons pas péché en carnaval, nous n'avons pas besoin de faire pénitence pendant la semaine sainte ! Du reste, nous sommes privés absolument ici des secours religieux. Pas de prêtres, et pourtant il y en avait ici autrefois et des meilleurs. C'est un regret pour tout le monde, pour moi surtout ; mes soldats qui s'en moquent dans l'état ordinaire, au moment du danger, sont bien heureux de voir un prêtre à leurs côtés. Il est évident pour tout le monde et je l'ai vu et étudié sérieusement dans les ambulances, et pendant la période du choléra, il est évident que la parole douce d'un prêtre leur fait beaucoup d'effet. — En marche, lorsqu'ils voient ce dernier monté sur un mulet avec sa soutane et une casquette militaire noire, ils n'ont pas toujours pour lui le respect qu'ils devraient avoir; mais, dans ce moment, ils mentent à eux-mêmes, et si on leur donnait à choisir, entre le départ de l'abbé (comme ils l'appellent) et une privation pour eux, il est bien sûr qu'ils demanderaient bien vite qu'il reste sur son mulet avec sa casquette, quitte eux-mêmes à rester un jour sans manger.

Nous avons eu ici dernièrement un spectacle bien triste : un de mes zouaves était mort. Moi, j'ai été obligé de le faire enterrer. Pas de pompe religieuse, pas de prêtre, tout ce cérémonial auquel les hommes les plus endurcis sont habitués. Tout cela ne fait rien lorsqu'après une action l'on va porter les morts dans une fosse et qu'on s'en va. Mais quand on a vu un homme mourir au milieu de ses amis, qu'on l'a soigné soi-même, qu'on l'a vu regretter à ses derniers moments de ne pas avoir un prêtre à ses côtés, qu'on l'a entendu le demander, tout cela, dis-je, fait une très triste impression.

J'ai conduit le convoi au milieu de toute la population arabe. Je lui ai fait rendre des honneurs qui n'auraient dû l'être réglementairement qu'à un officier; c'était pour remplacer par la pompe militaire ce qui manquait du côté de la pompe religieuse. Après avoir fait exécuter les feux réglementaires, j'ai été obligé de faire à ses camarades un petit discours, adressant à mon soldat mort des adieux au nom de tous ceux qui m'entouraient. J'ai fini en disant : Adieu Dupuy, que ton âme s'envole avec ces nuages de poudre, à l'étage où le Dieu des Armées reçoit les braves soldats morts pour la patrie.

Eh bien, parmi ces vieux endurcis, ces vieux soldats ayant roulé leur sac un peu partout, j'en ai vu positivement qui avaient une larme à l'œil.

Je sais bien que j'usurpais un peu en leur disant cela, sur les fonctions du prêtre, mais je tiens à dire combien, à certains moments, des gaillards qui ne réfléchissent pas beaucoup pour aller se mettre dans des positions où ils peuvent parfaitement rencontrer des balles plutôt que des rentes, combien à certains moments ils ont instinctivement besoin d'un peu de religion.

J'ai fait faire à ce zouave mort, un tombeau superbe ; plus beau que la moyenne de ceux du Père-Lachaise. — C'est une ancienne colonne romaine brisée à laquelle j'ai fait ajouter un piédestal en pierre taillée. Eh bien tous les zouaves ont été enchantés de cela, et ont tous contribué volontairement à payer l'ouvrier qui a fait le piédestal et gravé l'inscription sur la colonne.

EXPÉDITION CONTRE LES KABYLES

Camp de Souk-el-Haad, Grande Kabylie.
Mardi, 6 juin 1854,
Colonne du général Mac-Mahon.

Tu vois, d'après l'en-tête de ma lettre, que la position a changé considérablement.

Le 11 du mois dernier, je partais de Tébessa ; après huit jours de voyage par un temps affreux, je n'ai pas eu en huit jours, deux heures de beau temps, j'ai ramené mon détachement à Constantine, sans avoir perdu un seul homme. En un seul jour, j'ai été obligé de faire 16 lieues avec mes zouaves, pour pouvoir leur trouver un abri, car, si j'avais campé en plein air, j'aurais certainement perdu quelques uns des miens : 16 lieues par une pluie battante, comme on en voit rarement en France ! Enfin après avoir requis des mulets pour porter mes malades, ainsi que les sacs de mes hommes, j'ai pu arriver dans un endroit où ils se sont séchés, et ont pu faire la soupe. Ah! là encore j'ai eu du bonheur. — Le 18 mai, je suis arrivé à Constantine, et, mon bataillon partait le même jour pour la colonne. J'ai été voir le général Mac-Mahon, il a été très bon pour moi, m'a rappelé mon affaire de Tébessa, m'a fait aussi des compliments sur la manière dont j'avais ramené mon détachement, enfin m'a invité à déjeûner pour le 20. — Le 20 j'ai donc eu l'honneur de déjeûner en petit comité avec le comte et la comtesse de Mac-Mahon.

Tout le monde a été charmant pour moi, Madame m'a montré, elle-même, dans son salon, le trophée *des drapeaux que j'avais pris*, et, au-dessous duquel est inscrit mon nom, enfin tout le monde a été très aimable.

Le 21 je partais pour Sétif avec mon détachement : j'étais chargé de conduire un convoi d'argent, car je portais 150.000 francs à la colonne. J'arrivai à Sétif le 25, toujours avec un temps mauvais, mais pas à comparer à celui que j'avais eu précédemment en venant de Tébessa.

Le 26 toute la colonne se mit en route; j'avais rejoint mon bataillon, et l'on m'avait donné le commandement de la 5e compagnie du 3e bataillon.

Nous avons pris la route de Bougie et nous avons été forcés de remonter jusqu'à cette ville pour pouvoir traverser sur un pont la rivière — dite l'Oued-Sahel, car il a plu tellement depuis quelque temps, que cette rivière n'est plus guéable nulle part pour des mulets chargés.

Le 31 nous avons quitté Bougie où nous étions arrivés la veille. Tu vois donc que depuis le 11 je ne me suis guère reposé ; je n'avais donc pas le temps de t'écrire.

Nous nous sommes alors dirigés sur un point que l'on nomme Souk-el-Haad (marché du dimanche), nous étions entrés en pays ennemi. Arrivés au camp à midi, nous avons vu de tous côtés les crêtes des montagnes garnies d'Arabes. Il fallait les attaquer de suite pour éviter une attaque de nuit de leur part, et déblayer notre route pour le lendemain. Le général Mac-Mahon prend vite sa résolution, il divise notre colonne en trois fractions, l'une attaquant à droite, l'autre à gauche, et forme son centre d'un demi bataillon de zouaves. Les 4 premières compagnies du bataillon (5ᵉ, 6ᵉ, 7ᵉ et 8ᵉ) étaient en tête de la colonne de gauche, et les quatre dernières en tête de la colonne du centre ; comme commandant de la 5ᵉ j'étais donc en tête de cette dernière colonne. On m'a fait déployer en tirailleurs en avant de la colonne ; je me suis avancé avec ma compagnie jusqu'à 300 mètres à peu près des Kabyles, (distance où leurs balles ont un effet médiocre, tandis que les nôtres ont un effet terrible), j'avais l'ordre de partir à la charge après les premiers coups de canon ; aussitôt les 5 ou 6 premiers coups tirés, j'enlève ma compagnie et nous grimpons tous aux Kabyles, tant que nous avons du jarret. Nous sommes arrivés avec une telle rapidité que leur décharge ne produisit qu'un effet presque nul : j'ai eu un seul homme tué dans ma compagnie.

Une fois les Kabyles en débandade, nous les avons poursuivis pendant deux ou trois lieues, brûlant leurs villages, ravageant tout ce que nous pouvions détruire, c'est alors que commence ce que je t'ai dépeint plusieurs fois : la razzia ! Là, le soldat ne se reconnaît plus !...

Enfin le 4 juin, jour de la Pentecôte, nous avons livré un très joli combat, et j'ai eu la chance de me faire remarquer. En n'en faisant pas plus que les autres, j'ai maintenant une espèce de petite réputation militaire qui fait que les yeux des chefs se portent souvent sur moi.

Tout le monde me dit, et je l'espère moi-même, qu'à la fin de la colonne, je serai proposé pour capitaine. Tant mieux si cela est vrai ; du reste, je le saurai, car je suis assez bien avec l'aide de camp du général, pour qu'il me le dise au moment nécessaire. Ce sera alors à moi d'agir avec vigueur, et d'enlever la position comme le 4 celle des Kabyles a été enlevée. — En grimpant aux crêtes, j'ai pensé à toi. j'ai pensé que ce jour de fête tu étais à l'église et que tu priais pour moi. J'avais sur ma poitrine les deux médailles, la petite croix et les cheveux que tu m'as envoyés ; j'avais la confiance la plus illimitée que, pour toutes ces raisons, qui pourraient paraître assez médiocres à un homme positif, je ne serais pas touché. Aussi n'ai-je pas plus fait attention aux balles de ces Messieurs que si elles n'existaient pas.

Je suis donc à peu près sûr, après cette proposition du général Mac-Mahon, d'être capitaine d'ici à quelque temps !

Après l'affreuse pile qu'ils ont reçue le 4, les Kabyles viennent se soumettre de tous côtés. Ils ont peur que nous ne brûlions leurs oliviers, cassions leurs figuiers, et qu'après avoir déjà détruit leurs abris, nous ne leur laissions plus de quoi se mettre sous la dent. C'est pourtant la seule manière de faire la guerre dans ce pays-ci.....

Au Bivouac de l'Oued-Sébaou, 14 juin 1854,
colonne du général Mac-Mahon.

J'ai reçu à la fois les deux lettres que tu m'as écrites. Depuis ce temps, il ne s'est rien passé de nouveau du côté de Dellys ; nous sommes ici au bivouac à 8 heures de marche de Dellys et nous avons rejoint la colonne du Gouverneur.

Autant il y avait d'activité dans notre colonne, autant celle du Gouverneur a mis de lenteur à accomplir sa marche, et depuis que nous sommes réunis à lui, nous lanternons d'une façon déplorable. On dit que d'ici à 2 ou 3 jours nous allons attaquer les Beni-Idjer ; mais vis-à-vis d'une colonne aussi forte que celle produite par la réunion des deux nôtres, ces gens-là ne pourront pas tenir, et viendront se rendre sans combattre, comme c'est l'habitude de tous les Kabyles. Nous aurons donc ainsi soumis toute la grande Kabylie, toute cette fraction que tu vois sur la carte entre Bougie, Dellys et l'Oued-Sahel. Il ne restera plus dans cette région, que le plateau du Djurjura et les Béni-Raten, que le Gouverneur réserve, je crois pour l'année prochaine. Après la soumission des Béni-Idjer nous allons faire une route stratégique partant de Bougie et allant à Dellys, par le bord de la mer ; tout cela nous prendra jusqu'à la fin de juillet. Nous aurons donc ainsi enveloppé les tribus du Djurjura et les Béni-Raten entre deux routes que nous pourrons très bien garder, celle de l'Oued-Sahel et celle que nous allons faire ; nous pourrons ainsi nous rendre facilement chez eux, et les empêcher de venir chez nous acheter la moindre des choses sur nos marchés, et nous arriverons ainsi à les prendre par la famine, si nous en avons la moindre envie.

Je ne sais pas si je serai porté pour capitaine à la suite de cette expédition, j'ai des chances pour cela, mais il y a un officier qui est plus ancien que moi, et qui vient d'arriver de la province d'Oran où il était attaché au bureau arabe pour servir d'officier d'ordonnance au Général de Mac-Mahon ; celui-là pourrait bien être proposé avant moi. Si je le suis je te l'écrirai immédiatement.

Ce serait joli de passer, dans la même année, capitaine pour action d'éclat, et d'avoir été décoré pour la même raison. Je n'ai rien eu jusqu'à présent à la colonne que cette petite affaire du 4 juin. Je me suis comporté comme les autres, j'ai marché à mon poste ; s'ils veulent m'en tenir compte tant mieux, si on n'a pas de résultat j'attendrai. Nos soldats vont comme le vent, ma Compagnie m'aime beaucoup et je crois que je pourrais les faire aller loin : si j'en ai l'occasion je ne la laisserai pas échapper.

GUERRE DE CRIMÉE

LA VIE SOUS LA TENTE ET DANS LA TRANCHÉE

Camp de Sébastopol, 1ᵉʳ janvier 1855.

J'ai bien pensé à vous hier soir, et ce matin, tout de suite en me levant je mets la main à la plume pour te souhaiter la bonne année ainsi qu'à ma grand'mère, et pour te prouver que ma première pensée de cette année avait été pour toi, comme la dernière la veille.

L'année s'annonce très mal ; nous avons de la neige jusqu'à mi-jambe. Cette nuit il a fait un froid de 9 degrés, ce matin il y en avait 16, et maintenant il fait un soleil très brûlant ; la neige reluit comme le zinc qui couvre les minarets des villes d'Orient. Mais nous prenons notre mal en patience. — Les vivres ne nous manquent pas, quoi qu'horriblement coûteux, et par ce froid-ci l'appétit est féroce !

C'est assez curieux, le soir quand nous sommes retirés cinq ou six sous la même tente, de voir les mines que nous faisons, chacun suivant son caractère ; chacun dit ce qu'il fera quand il sera sorti de cet affreux pays. Quant à moi, je pense au jour où je pourrai te revoir et vous embrasser ma grand'mère et toi, et où j'arriverai pour passer un ou deux mois près de vous. — L'homme est ainsi fait, il faut qu'il sente la privation et la misère pour comprendre le bien-être du foyer ; enfant on ne comprend pas la fable de Lafontaine des deux pigeons, mais il arrive bien des moments dans la vie, où dans les positions difficiles on sent le besoin d'abri, et plus l'on se fait vieux, plus on croit au bon Lafontaine !

Pour moi, je suis comme toujours : quand la souffrance est passée je n'y pense plus. Quand je suis parvenu à me réchauffer les pieds, je ne pense plus au moment où j'avais froid, et dans les moments difficiles je pense à toi, je me dis que tu pries pour moi, et que tes prières doivent me sauver de tous les malheurs qui peuvent arriver à ceux qui n'ont pas comme moi une bonne mère qui prie pour eux.

J'ai sur moi des médailles, je portais déjà les autres avec tes cheveux, j'y ai ajouté celles que tu m'as envoyées dernièrement.

J'ai reçu ta dernière lettre dans laquelle tu m'annonces un ballot d'effets bien chauds. Remercie beaucoup ma grand'mère pour moi de sa bonne pensée.

Nous n'avons ici qu'un service extrêmement pénible, tous les autres auprès de celui-là ne sont rien. Il revient tous les cinq ou six jours et est fourni seulement par les zouaves. — Nous avons deux compagnies en embuscade du côté des Russes, nous partons le soir, passons notre nuit à la belle étoile, à épier les Russes, pour pouvoir prévenir l'armée de leurs mouvements, si par hasard ils en faisaient pendant la nuit. Tu conçois que ces nuits ne sont pas agréables, sans autre abri que la broussaille. — Quand il tombe de l'eau ou de la neige nous revenons à la tente trempés jusques aux os ; nous nous mettons au lit pour nous réchauffer, et nous arrivons à la fin à rétablir la chaleur naturelle. — Il ne faut pas en effet pendant la nuit se laisser aller à se coucher ou à s'endormir parce que l'on se relève gelé, il faut donc toujours marcher ou se remuer.

Il y a d'autres troupes qui souffrent aussi beaucoup, ce sont celles de l'armée de siège qui montent la garde et l'embuscade tout près des murs de la ville, pour empêcher les sorties de l'assiégé et prévenir nos corps de soutien.

Tu vois que tout cela n'est pas très gai, mais enfin tout cela finira un de ces jours.

Le général Canrobert, en passant hier la revue des troupes a dit en montrant Sébastopol : « Cette ville que nous « pouvons considérer comme française, que nous pren- « drons ce soir, si nous voulons, demain, dans trois jours, « enfin le jour que nous voudrons, mais que des consi- « dérations que je ne puis vous dire m'empêchent, etc., etc. » Nous ne pouvons savoir ce que cela veut dire, les diplomates se mêlent-ils de nos affaires ? Ce serait un crime alors que de nous laisser là les pieds dans la neige. — Enfin d'ici à quelques jours nous saurons à quoi nous en tenir………..

Demain seulement je pourrai avoir une tente ; pour le moment je suis campé chez les uns et chez les autres, recevant d'eux l'hospitalité comme en Ecosse, de sorte que ma mauvaise installation m'empêche souvent d'écrire, car je ne peux pas déballer mes effets qui sont enfermés à l'humidité dans ma malle. Mais tout cela va finir bientôt et peut-être demain aurais-je enfin une tente, on doit en débarquer prochainement.

Au Camp de l'armée d'observation,
14 janvier 1855.

Enfin je me suis installé, j'ai une tente turque que l'on m'a donnée et je puis t'écrire quand cela me plaît, je n'ai besoin pour cela de déranger personne. Je ne suis pas seul chez moi, c'est vrai, mais au moins la place que j'ai m'appartient. Voilà la forme de ces tentes turques, un cône terminé au point où il va se rejoindre à la terre par un petit cylindre de 30 centimètres de hauteur. Il n'y a qu'un seul montant en bois au milieu. Je l'ai dressée d'une façon très chic. J'ai fait creuser à 1m 50 toute la terre intérieure laissant seulement au milieu une colonne pour supporter le montant, cela donne beaucoup plus de place et on loge ainsi dans la terre à l'abri du vent et du froid.

J'ai eu en outre une idée merveilleuse, je me suis fait faire un poêle. — J'ai acheté un brûloir à café, et avec quelques morceaux de tôle ramassés à droite et à gauche j'ai fait agrandir et couvrir ce brûloir, j'ai fait faire des tuyaux cela m'a coûté enfin énormément d'imagination et pas mal d'argent mais je suis arrivé au but d'avoir une bonne tente bien chaude dans laquelle je t'écris, et dans laquelle après avoir terminé mon service je puis me réchauffer et me reposer. Le mauvais temps a fait diminuer beaucoup le service. Les Russes se sont retirés à Simphéropol et à Rathi-Serot de sorte que l'armée d'observation, n'a plus que peu de chose à faire pour se garder ; il n'y a plus de service que pour une seule compagnie par bataillon pour ce faire. Nous avons toujours à fournir beaucoup de travailleurs surtout pour les Anglais parce que tous les chevaux et mulets sont éreintés par le mauvais temps et le manque de nourriture. et que nous les remplaçons pour porter les boulets, bombes et obus de Messieurs les Anglais. Nous avons aussi à construire des écuries pour notre cavalerie et notre artillerie.

Il y a maintenant à l'artillerie si peu de chevaux qu'un jour de bataille elle ne pourrait pas se porter en avant si nous avions seulement 4 ou 5 lieues à faire pour prendre les Russes.

Tout cela n'est pas gai à dire. Nous avons de la neige jusqu'aux genoux et quelquefois des journées de froid très dures. Il a fait jusqu'à 9 degrés centigrades de froid dans la journée à midi. Nos soldats aux zouaves sont admirables de gaîté et d'entrain, leur grand mot est de dire : heureusement demain il fera beau temps, et le lendemain se présente aussi nuageux et aussi noir que la veille, mais l'espérance est un bon soutien. Après avoir donné l'exemple de l'énergie dans les batailles, car le fait est reconnu par tout le monde, ils donnent maintenant l'exemple de la résignation gaie et de l'énergie qu'il faut pour supporter les privations.

A-t-on besoin de quelque chose, c'est aux zouaves qu'on le trouve : ils sont tailleurs, cordonniers, horlogers, chaudronniers, tout ce qu'on voudra ; il y en a d'intelligents comme des singes, et avec presque rien ils vous rendent des services les plus grands. Par les jours de mauvais temps on voit des régiments entiers se passer de soupe et de café, n'avoir pas le courage ou l'intelligence d'allumer du feu pour faire cuire des aliments, tandis que l'on voit chez nous se déployer les moyens des individus et l'on tient à honneur ce jour-là de manger deux fois la soupe et de prendre trois fois le café ! Tous les soldats des autres corps viennent alors mendier à droite ou à gauche chez nous, et trop souvent ils y trouvent l'hospitalité, mais je ne veux pas de tout cela à ma compagnie. Mes soldats ont juste assez pour se suffire. Quand tout le monde travaille à chercher du bois, et que les cuisiniers se font tremper et gèlent pour faire la soupe et le café, je ne veux pas qu'un paresseux, qui ne peut pas faire les corvées, puisse manger la nourriture des autres ; je lui fais couper son morceau de viande, je lui donne ses biscuits, son café et je lui dis : arrange-toi, fais la cuisine toi-même, si tu es paresseux tu crèveras. Jamais je ne punis un homme pour des fautes de ce genre, mais en employant le moyen de le séparer des autres, j'en ai bien vite raison, et il a bien vite compris le grand principe du monde et surtout de l'armée : il faut s'obliger les uns les autres, travailler chacun suivant son aptitude et alors la masse s'en trouve toujours bien.

Nous n'avons plus qu'un mois de cette vie ; vers les derniers jours de février j'espère que le beau temps recommencera et alors la guerre reprendra son activité, car dans ce moment-ci nous (l'armée d'observation) nous ne luttons certainement pas contre l'ennemi, mais seulement contre les éléments.

Rassure-toi bien, voilà mon vêtement à partir de ma peau : gilet de flanelle, chemise, gilet de laine, tunique, caban ; aux pieds des sabots, quand je n'ai pas de course à faire, et quand je suis de service, des souliers et des guêtres de cuir, tu vois que je ne suis pas bien à plaindre. J'ai deux cabans, un d'ordonnance de zouaves assez léger et l'un monumental que j'ai acheté à Constantinople en prévision du froid ; il pèse à peu près 50 kilogs, c'est dans ce monument que je couche quand je suis de service ; quand il est mouillé, il n'y a plus moyen de le porter, ni de marcher avec ; si je peux je le rapporterai en France comme curiosité.

L'empereur est d'une attention excessive pour les besoins de l'armée, il y met une sollicitude vraiment remarquable : des effets chauds, des gants, des peaux de mouton, du tabac, des cigares, il nous comble de soins ; aux officiers il a envoyé au 1er de l'an, du vin excellent (bourgogne) qui nous a fortement réchauffé l'intérieur et que nous avons bu à sa santé et à celle de nos familles. Je crois que tout ce qu'il peut faire il le fait pour son armée de Crimée, mais malheureusement il ne peut pas empêcher la neige de tomber, ni le froid de sévir ; mais au-dessus de lui, il y a Dieu qui nous protège et qui écoute les bonnes mères qui prient pour leurs enfants. Cette campagne d'hiver doit faire plus tard l'admiration de tout l'univers, nous pouvons dire que nous avons vaincu ces fameux généraux dont le czar Alexandre parlait il y a 30 ans. Après décembre, janvier et février, ceux qui resteront de cette armée et qui auront été éprouvés par les combats et les souffrances, seront des soldats qui iront au bout du monde, et qui avaleront une armée russe comme un verre d'eau-de-vie.

Je crois qu'au printemps, rien ne sera capable de lui résister et que les Russes s'en iront devant nous comme les flocons de neige que nous voyons (trop souvent hélas !) fuir devant le vent.

Tu ne te plaindras pas aujourd'hui que je ne t'écrive pas une longue lettre, je ne te parle que de la Crimée. Mais je crois qu'en France l'on doit être très avide de nos nouvelles.

Il n'y a absolument rien de nouveau, le siège se continue piano ; nous armons toujours des batteries, les Anglais nous retardent beaucoup, nous les aidons tant que nous pouvons de nos chevaux, de nos bras et de notre bonne volonté, ils nous adorent, nous ne leur voulons pas de mal, mais nous aimerions mieux être tout seuls. Le soldat anglais est très beau comme résistance, mais il n'a pas d'élan; chez eux, les officiers sont très bien, tous très riches, très instruits, très nobles, et hommes du monde. Il y en a un dont la famille a frété un yacht, et ses deux sœurs viennent le voir au camp. Cela réjouit notre vue de voir de temps en temps un visage de femme qui passe devant nous, mais le froid malgré le voile d'amazone leur rougit par trop le bout du nez. Dans un salon, ces jeunes filles doivent être ravissantes, mais ici ça me fait complètement l'effet d'une paire de bottes vernies que j'aurais à chausser pour faire six lieues dans la neige.

La comparaison n'est pas poétique, mais c'est assez juste, on pourrait les comparer à des perce-neige, faire une foule de compliments gracieux, mais j'en reviens comme justesse à mes bottes.

L'on a composé un corps de francs-tireurs, pris des volontaires, surtout des zouaves, et puis des différents autres corps. — Ces trois cents hommes sont destinés à faire le service de reconnaissance la nuit entre les tranchées françaises et les travaux des ennemis, ils servent aussi à déjouer les sorties; enfin c'est un corps d'élite qui se distingue tous les jours et qui fait des actions partielles d'une grande valeur. J'avais envie d'entrer dans ce corps d'hommes de bonne volonté et certainement j'aurais été accepté, mais j'ai été retenu par ma vue qui, quoique bonne, n'est pas suffisamment perçante pour me permettre de bien juger certains mouvements à une distance très grande. Tu me diras que quand on ne voit pas de loin on n'a qu'à s'approcher plus près, je ne te dirai pas non; mais là c'est un peu difficile, parce que si l'on ne se défile pas bien, ou pour mieux dire si l'on n'est pas tout à fait caché, — l'on reçoit tout de suite une centaine de coups de fusils, plus un nombre considérable de coups de canons, obusiers et autres. J'ai été dernièrement avec ces francs-tireurs et j'ai jugé que ce n'était pas mon affaire;

cela m'ennuie beaucoup, parce que je pourrais y trouver de bonnes chances de succès et de bonnes notes, mais j'ai peur d'être mis à même par ma vue de faire un faux mouvement et d'entraîner des hommes à se faire bêtement tuer.

Je désirerais bien avoir une bonne lunette, soit jumelle, soit lunette simple sur le modèle de celle de l'Empereur. — A Paris ce ne doit pas être cher, à Constantinople et en Afrique, cela coûte des prix fabuleux.

Sébastopol, 20 janvier 1850.

J'ai été obligé d'interrompre ma lettre, j'ai eu un service à faire dans lequel j'ai eu les pieds gelés ; ils n'ont repris leur vie que pendant la nuit, au bout d'une dizaine d'heures, ce qui m'a fait souffrir pendant ce temps d'une façon assez considérable. Heureusement que maintenant c'est à peu près fini, il ne me reste plus qu'un petit engourdissement semblable à celui que l'on éprouve quand on est resté longtemps dans une position gênante et que la circulation du sang s'est interrompue.

Je fais soir et matin des frictions avec de la neige, et quand le pied est bien sec je le mets dans des chaussons que je me suis fait faire avec des peaux de mouton, puis j'emboîte le tout dans des sabots et je marche autant que possible. — Du reste, depuis deux jours le dégel commence, notre neige se met à fondre et cette magnifique teinte blanche commence à se tacher de boue. — C'est un grand soulagement pour nos soldats, qui peuvent faire leurs petites affaires avec beaucoup plus de facilité.

Je n'ai pas encore reçu les effets que toi et ma bonne grand'mère avez eu la bonté de m'envoyer ; j'ai su il y a deux jours qu'ils sont allés à Varna, c'est une négligence déplorable de l'employé des messageries de Constantinople qui devait bien savoir que le colonel St-Pol et le 3me zouaves étaient en Crimée et non à Varna. J'ai écrit immédiatement à un officier du régiment qui est resté dans ce poste avec quelques malades, de retirer le ballot des messageries et de me l'envoyer le plus tôt possible J'espère le recevoir dans une quinzaine de jours, mais il faut avouer que le service des messageries est bien mal fait en Crimée.

Un ordre vient d'arriver ici que l'on formait un régiment de zouaves de la garde Impériale; j'hésite si je dois y entrer ou bien suivre les chances de mon régiment. J'irai demain si je le peux demander conseil au général de Monnet. Je t'écrirai dans ma prochaine lettre à ce sujet.

Adieu ma chère maman, voilà une lettre bien longue; embrasse bien pour moi ma bonne grand'mère. Je t'embrasse comme je t'aime.

Sous Sébastopol, le 14 février 1855.

Enfin je viens de recevoir les effets que vous avez eu la bonté de m'envoyer, tu ne saurais croire le plaisir que cela m'a fait, c'est du luxe joint à toutes les choses nécessaires. Je vais avoir l'air d'un mylord ou plutôt d'un boyard, avec le paletot que ma bonne grand'mère m'a envoyé. Si après avoir endossé ma fourrure, je me chausse des bottes et des gants fourrés, ce sera encore bien mieux. Tous mes camarades ont admiré cet accoutrement qui du reste est arrivé à temps, car après quelques journées assez douces le froid nous a repris. C'est M. Villaret-Joyeuse qui me l'a apporté de Varna, comme je te l'annonçais dans ma dernière lettre. Aujourd'hui je prends la plume pour te remercier de tout ce que tu m'envoies, tu as pensé à tout. J'ai donné différents objets que j'avais en double à quelques-uns de mes camarades. Le chocolat est arrivé tout juste pour raviver l'estomac d'un de mes amis qui a la dyssenterie; je n'y ai pas goûté, mais j'ai eu plus de plaisir à l'offrir qu'à le manger. Les bonbons du baptême de la petite fille de Mme Migeon, étaient excellents et m'ont rappelé les moments où j'en mangeais de pareils autrefois.

Le linge que tu m'envoies pour les blessés ne me servira pas, je l'espère, mais un de mes camarades pourra en profiter et peut-être d'ici peu. Les chemises ici sont précieuses et très chaudes.

J'ai reçu hier la lettre dans laquelle tu m'envoyais 100 francs. C'est trop ma bonne mère, tu es dix fois trop bonne, tu te prives pour ton fils qui est en Crimée, mais tout ce que vous vous figurez en France sur notre position matérielle est très faux, nous avons été privés, nous sommes encore privés, mais toutes les choses nécessaires à la vie, ou à peu près, nous les avons maintenant en abondance. Nous autres officiers nous avons naturellement tout le bien-être désirable dans notre position, mais ce sont nos malheureux soldats qui ne l'ont pas toujours, et tout l'argent qu'on peut dépenser pour eux est de l'argent bien placé, je te promets que cette somme je l'emploierai aux besoins de ceux que je connais et qui méritent l'intérêt qu'on leur porte. Tu dois savoir par les journaux que nous ne prenons pas Sébastopol le moins du monde. Nous devons commencer une attaque d'un autre côté, sur la tour Malakoff, et c'est nous qui allons faire ce siège; l'on dit que nous y perdrons du monde, mais que cela ne durera pas longtemps, plaise à Dieu.

Tu me promets un second ballot, je te remercie bien ma chère maman ; malgré les soins de l'administration de la Guerre, je crois que ce ballot d'effets d'hiver ne m'arrivera qu'au printemps; dans ce moment-ci j'ai tout ce qu'il me faut, aussi ne le fais pas partir, si ce n'est déjà fait. Je te remercie comme si je l'avais. Ne sois plus inquiète de moi sous aucun rapport matériel. Plains-moi un peu les jours de mauvais temps, mais prie pour moi pour les jours de bataille, car là il n'y a que Dieu qui décide du chemin des balles et des boulets.

Nous montons depuis un mois, tous les 4 jours, la garde en face de la tour Malakoff, nous sommes en poste avancé, nos avant-postes avancent la nuit tout près des sentinelles russes ; nous nous surveillons mutuellement, mais le jour la tour Malakoff s'amuse à nous envoyer des obus et des bombes, un peu à l'aventure, c'est vrai, mais c'est très ennuyeux, je ne suis pas encore bien accoutumé à ce bruit-là ; les balles ne me font pas beaucoup d'effet, mais les boulets, obus, bombes, et toute espèce de projectiles inventés par l'artillerie ne sont pas très récréatifs.

Hier au soir, ma chère maman, j'avais interrompu ma lettre, je la termine aujourd'hui parce que je suis commandé de garde pour demain matin, et que je ne veux pas le faire attendre. Remercie encore bien ma grand'mère pour moi, dis-lui bien que je suis reconnaissant de ses bonnes pensées. Je te remercie encore de tout mon cœur.

Adieu ma chère maman, je vais m'endormir en pensant à toi, je t'embrasse comme je t'aime.

Au camp sous Sébastopol, le 15 mars 1855.

. . . .

Je t'ai écrit le 28 février pour t'annoncer l'accident arrivé au général de Monnet, qui a été blessé enlevant avec le 2ᵉ zouave une redoute aux Russes. Tous les jours que le service me laissait libre, j'allais le voir; il vient d'être évacué à l'hôpital des sœurs de Constantinople, et quoique il n'ait pas besoin de recommandation pour y être bien soigné, fais toujours écrire à la supérieure des sœurs de Saint-Vincent-de-Paul.

Il m'a promis en partant de me faire donner le Medjidié, une décoration turque ; s'il peut réussir à me la faire avoir, ça me fera beaucoup de plaisir : ce sera plus tard un souvenir de la campagne de Crimée. — Sous peu de jours, je vais passer capitaine ; je voulais attendre jusque-là pour l'écrire, mais cette nomination que j'attends à tout moment pourrait bien tarder encore de huit à douze jours.

Nous avons un service extrêmement dur, depuis que l'on fait le siège régulier de la tour Malakoff. Nous allons tous les deux jours en soutien de tranchées. Ce n'est pas bien dangereux, parce que tous les boulets de canon nous passent par dessus la tête, mais c'est très fatiguant. Il n'y a que le moment de l'entrée dans la parallèle qui soit difficile, parce que nous sommes enfilés par les bateaux à vapeur du port !

Nous avons vu il y a huit jours, que l'Empereur Nicolas était mort. Cela va probablement changer bien des choses en Europe. La paix viendra-t-elle ? Ici, nous ne nous en apercevons guère, le feu des Russes continue et nous hésitons tous les jours à ouvrir le nôtre. Il y manque toujours quelque complément de travail; et plus nous avons de batteries, plus nous voulons en avoir. Il est évident pour moi que la politique est pour beaucoup là-dedans, et que c'est cela qui doit nous retarder.

Quel jour que celui où l'on ouvrira le feu ! on n'aura jamais entendu au monde une pareille musique exécutée avec d'aussi gros instruments. Nous sommes à ce qu'il paraît bien supérieurs comme tir ; mais les canons russes sont plus nombreux, et moi je trouve qu'ils ne tirent pas mal du tout.

Au camp sous Sébastopol, le 29 mars 1855.

. . . .

Je suis Capitaine depuis cinq ou six jours, et je commande actuellement la première compagnie du premier bataillon.

Nous avons eu, et tu le verras par les journaux, une affaire très brillante pour le régiment. Dernièrement à la tranchée, nous avons reçu une sortie terrible des Russes, forts de 1200 hommes environ. Les zouaves y ont résisté comme ils le devaient, mais nous sommes revenus quatre officiers intacts sur tout le bataillon. Tous les autres ont été tués ou blessés. J'ai eu le bonheur d'y perdre un pantalon seulement, d'attraper une foulure et deux ou trois contusions très légères : je ne comprends pas comment je suis sorti de là.

. . . .

Si je ne t'écris pas plus longuement, c'est que j'ai à peine le temps de me reposer : nous sommes de service 36 heures sur 72.

On dit que la paix se fait.

Camp sous Sébastopol, 30 mars 1855.

. . . .

Dans la nuit d'avant-hier nous avons été désignés (le 3e zouaves) pour enlever une position aux Russes. Nous nous sommes élancés avec le même entrain que d'habitude, mais nous avons trouvé derrière la position 7 ou 8 mille Russes qui nous ont canardés. Nous avons été obligés de battre en retraite et nous avons perdu beaucoup de monde. Ce pauvre Beaucourt qui s'était déjà distingué quelques jours auparavant a été blessé, mais rassure-toi, ce n'est pas grave, et je te l'écris à toi pour que tu l'annonces à sa famille et à Monsieur Monnin. Tu sais tous les ménagements qu'une pareille nouvelle demande. Il a été blessé en pleine poitrine, sur le téton droit ; mais la balle n'a pas pénétré, elle a glissé heureusement sur les côtes et est sortie par dessous le bras droit, c'est une blessure extrêmement heureuse. J'ai été le voir le lendemain à l'ambulance : il riait, il avait bonne mine et n'avait rien perdu du tout de son moral. Je lui ai donné tout ce dont il pouvait avoir besoin, argent, linge, pipes et tabac. Il va être évacué sur Constantinople, peut-être aujourd'hui, peut-être demain, et probablement de là en France où il ira revoir sa famille ; sa blessure ne l'empêchera plus alors de travailler. Il n'a que cinq mois de service malheureusement, mais en cinq mois il en a plus fait que beaucoup d'autres en 15 ans. J'ai donc tâché de le faire médailler. J'ai prié son commandant de compagnie de le porter pour la médaille et il l'a fait ; mais je ne sais pas si le Colonel le maintiendra. Il y a beaucoup de blessés, nous en avons eu 107 ce jour-là ; ils ne seront pas tous récompensés, mais je ferai tout ce que je pourrai pour ce brave Beaucourt qui est un digne jeune homme. J'espère pourtant peu y réussir, parce que beaucoup de soldats ayant déjà des services et des blessures antérieures, sont portés avant lui.

Dans cette affaire nous avons eu 10 officiers blessés sur 15 qui étaient là; deux seulement sont morts; les autres blessures sont très légères. Tous les autres officiers, sous-officiers et zouaves, ont leurs effets déchirés par les balles.

Sous Sébastopol, 16 avril 1855.

. . . . ,
Voici ce qui se passe ici, le feu a commencé sur toute la ligne depuis huit jours. Cela a été magnifique pendant les premiers jours; c'était un feu d'artifice continuel, absolument comme le bouquet de la fin, mais petit à petit on a donné l'ordre de diminuer son intensité, de sorte que dans ce moment-ci, il est réduit de beaucoup. Nous n'y comprenons rien.

J'ai reçu il y a quelques jours une lettre de Beaucourt; il se portait bien, mais son bras le faisait beaucoup souffrir. Il a été atteint dans les muscles qui s'attachent d'un côté à la poitrine et de l'autre à l'épaule, de sorte que la souffrance se continue jusque dans tout le bras. Il aura besoin d'un congé de convalescence; j'écrirai au général de Monnet pour tâcher de lui faire avoir un congé et en même temps à un officier du régiment qui est à Constantinople, pour pourvoir aux petits besoins que ce pauvre Beaucourt pourrait avoir.

. . . .
Sois tranquille, car s'il m'arrivait le moindre accident, soit blessures, soit maladie, j'userais des bonnes recommandations que tu me donnes auprès des sœurs de charité de Constantinople; elles sont très aimées dans l'armée d'Orient, et tous ceux qui reviennent ici de nos hôpitaux s'accordent là-dessus, c'est un concert de reconnaissance

pour les soins qu'ils ont reçus, et de louanges pour la manière affectueuse dont ces soins ont été donnés.

En ce moment nous sommes dans l'anxiété. Donnera-t-on l'assaut, ne le donnera-t-on pas ? Ce pauvre général Bizot, commandant le génie de l'armée d'Orient, a été blessé dernièrement à la tête, et est mort deux jours après des suites de sa blessure.

Tu me demandes de quelle manière je suis passé Capitaine : c'est à l'ancienneté. Le matin de la malheureuse affaire de mon bataillon, le colonel de Saint-Pol me fait appeler et, devant tous les officiers qui étaient là, me serre la main en me faisant des compliments trop flatteurs pour mon amour-propre pour que je te les répète. Le lendemain j'étais Capitaine, mais à l'ancienneté. Je ne pouvais plus l'être autrement, au point d'ancienneté où j'en étais arrivé. Je n'avais pas été heureux de ne pas pouvoir partir en Orient pour la première fournée, ni d'avoir assisté à l'Alma, et surtout à Inkermann, car toutes les propositions faites en Afrique ont été rayées ici et remplacées par les propositions d'Orient. C'est ce bon 3e zouaves qui, de tous les régiments de l'armée d'Orient, a la réputation la plus brillante et certainement la mieux méritée ; mais Dieu sait à quel prix ! Nous ferons tout ce que nous pourrons pour la conserver.

Au camp sous Sébastopol, le 8 mai 1855.

. . . .

Toujours rien de nouveau à Sébastopol, excepté deux combats qui se sont livrés du côté de la quarantaine et du bastion du Mat, c'est-à-dire à plus d'une heure de notre attaque.

Tu t'es inquiétée bien à tort de cette petite foulure que j'ai eue dans la nuit du 22 au 23. Cinq ou six jours ont suffi pour me guérir. Dans ces tranchées de malheur, il y a une foule de pierres roulantes, de petits rochers qui n'ont pu être enlevés à la pioche et qui sont extrêmement dangereux la nuit, on tombe, on se donne des entorses, etc... Les contusions n'ont rien été du tout ; j'avais été effleuré plutôt que contusionné. La seule chose sérieuse, c'est mon pantalon et ma tunique qui sont complètement perdus ; il y a tant de trous fait par les balles ou les baïonnettes, qu'ils ne sont plus raccommodables.

. . . .

Nous attendons tous les jours l'Empereur. C'est notre seul espoir ; c'est lui seul qui peut donner de l'élan à notre campage et la terminer d'une façon quelconque. Canrobert, lord Raglan, Omer-Pacha, trois chefs pour une armée et pas d'entente, il n'est pas possible de réussir avec ces éléments-là.

Quand il y aura ici une volonté aussi forte et aussi énergique que celle dont a fait preuve notre Empereur, il faut espérer qu'avec les pouvoirs qu'il aura, et sans lesquels il ne peut pas venir, il faut espérer, dis-je, que notre campagne se terminera vite et bien.

Je ne connais pas ses talents militaires, mais j'aime bien mieux n'avoir qu'un général, même médiocre, que trois Phénix qui tirent la chouette chacun d'un côté différent.

Du reste, il mérite de réussir, car lui seul ici peut nous mener à bien, et il a fait preuve aujourd'hui d'une audace incroyable et de beaucoup de dévouement à notre égard. J'espère que les Français seront assez raisonnables pour bien se conduire pendant son absence. Ce serait la honte de la France et la perte de l'armée de Crimée, que de faire du remue-ménage à Paris pendant l'absence de l'Empereur.

Donne-moi beaucoup de nouvelles dans tes lettres, car en dehors de cela nous n'avons aucune distraction ; de la fatigue et du sommeil, voilà notre vie.

Les chaleurs commencent, mais je n'en souffre pas, je les supporte bien mieux que le froid, et puis les nuits sont courtes et chaudes. Enfin on n'a plus que huit heures à veiller, ce qui diminue beaucoup les fatigues ; le reste du temps de la garde on dort, on tiraille, on lit où l'on joue aux cartes, mais il faut toujours être sur le qui-vive à cause du feu des tirailleurs et des coups de canons. L'autre jour pendant notre dîner, un boulet tombant au milieu de pierres, nous a introduit au moins un kilogramme de graviers de poussière dans notre soupière ; heureusement que nous avions déjà mangé notre soupe, le reste de notre dîner a été à peu près arrangé de la même manière. A la tranchée, je fais trois repas : je dîne à cinq heures ; à minuit, je mange un peu de chocolat avec du pain et une goutte d'eau-de-vie. Le matin, vers six heures, je prends encore une goutte d'eau-de-vie avec une croûte de pain ; enfin, à neuf heures, on déjeûne invariablement avec du saucisson, de la salade de pommes de terre ou des haricots et un morceau de viande froide, puis du café. Voilà la nourriture de la tranchée, tu vois qu'il faut manger souvent pour beaucoup veiller.

. . . .

On dit que notre corps d'armée va bientôt quitter le siège et tenir la campagne, qu'il arrive quatre-vingt mille hommes avec l'Empereur ; alors bientôt la campagne serait finie, et peut-être pourrions-nous nous revoir prochainement.

Au camp, le 17 mai 1855.

. . . .

Il nous arrive ici des renforts extrêmement considérables, des Sardes, des Français et des Anglais, 40,000 hommes en tout. Nous allons avoir une belle armée, c'est dommage quelle ne soit pas homogène ; nous étions déjà Anglais, Turcs et Français, et nous allons avoir maintenant en plus des Sardes. Il n'y a pas un homme assez influent par sa position ni par ses qualités militaires pour pouvoir commander vigoureusement à cette réunion et en faire un tout réellement sérieux. L'armée russe est admirablement organisée ; si elle a de moins bons soldats que les nôtres, elle a plus de discipline; si elle n'a pas de patriotisme, elle a le fanatisme religieux — et l'eau-de-vie.

Nous allons marcher en avant dans quelques jours, et l'on dit que le mouvement commencera le 20 de ce mois. Nous aurons quelques jours de grande bataille et tout sera décidé; sur un terrain aussi restreint que celui sur lequel nous avons à opérer, cela ne peut pas durer longtemps. Les Russes y ont établi de tous côtés, et sur tous les débouchés, des redoutes et des batteries et de la sorte ils ont rendu la position très forte. Nous aurons beaucoup à faire, mais j'ai bon espoir.

Il n'y a rien de nouveau depuis longtemps déjà dans nos tranchées; les Russes ne font plus d'attaques et nous non plus : c'est un échange de boulets, voilà tout ; cela se fait avec une touchante réciprocité. Du reste, nous ne faisons rien ici sans un ordre venu de Paris, le télégraphe électrique va de Varna à Balaclava, et l'on a des nouvelles de Paris en 5 ou 6 heures. J'aurais voulu pour siège aux conférences de Vienne, au lieu d'un magnifique hôtel, la tranchée de Malakoff par une belle nuit de pluie et de mitraille. Messieurs les plénipotentiaires se seraient bien vite entendus, et je suis persuadé qu'il en serait résulté un accord parfait. Si les conférences doivent se renouveler, j'opine que le lieu de réunion aura lieu où je l'indique. Tu es étonnée, j'en suis sûre d'entendre parler de la sorte un militaire qui ne devrait rêver que combats, plaies et bosses. Mais c'est que la guerre de l'histoire et celle que nous faisons n'ont aucun rapport ; c'est toute la différence qu'il y a entre un roman et la vie ordinaire, et puis en définitive ce n'est pas de la guerre que nous faisons ici.

Au camp sous Sébastopol, le 30 mai 1855.

. . . .

Depuis ma dernière lettre tout a changé ici, M. le général Canrobert a repris le commandement de sa division et

M. Pelissier est général en chef. Une expédition est partie pour Kestch, a débarqué et a réussi complètement. Les Russes n'ont pas tenu, et on détruit tous leurs approvisionnements. D'un autre côté, on a fait ici un mouvement qui donne beaucoup plus d'espace au camp et qui menace d'envelopper la ville. Nous nous attendons d'ici à quelques jours à un engagement très sérieux qui sera, je l'espère, décisif. Si nous pouvions réussir à investir la ville, elle serait obligée de se rendre sans combattre, car la famine la réduirait.

. . . .

1er juin.

La chaleur commence à devenir forte ; mais on prend contre elle et les maladies qu'elle pourrait engendrer, toutes espèces de dispositions. Notre camp est d'une propreté remarquable quoique très serré, et l'on travaille beaucoup à conserver à l'armée son état de bonne santé, c'est un point bien important.

Hier, j'ai dirigé ma promenade du côté de la verdure. Arrivé dans l'herbe, j'ai été si heureux, que je me suis couché comme un mulet auquel on vient de retirer sa charge et qu'on lâche dans un pré. Il y avait si longtemps que je n'avais vu la verdure! J'ai poussé ensuite jusqu'à Bamara, village détruit, qui est occupé par une division de Savoyards. J'y ai vu d'anciens jardins négligés depuis la guerre, où les rosiers étaient tout en fleurs ; je me suis fait un bouquet magnifique que j'ai rapporté dans ma tente dont il fait le plus bel ornement. Tu vois que nos plaisirs ne sont pas variés, pas plus que ceux de toute l'armée.

Généralement, l'armée commence à se fatiguer de son repos, et a l'ennui de la France, ce qui est la source d'une foule de réflexions qui ne sont pas compatibles avec la discipline. Ensuite les premières chaleurs aidant et influant sur les cerveaux, il y a beaucoup d'actes d'insubordination.

7 juin 1855.

. . . .

Prie bien pour moi, ma chère maman, car nous allons monter à l'assaut du Mamelon vert. Ce ne sera pas je crois une opération facile. Mais demain je penserai à toi au moment de partir, et je suis sûr que cette pensée là seule me préservera. Je te verrai comme je te vois toujours au milieu du feu des balles et de la bataille, calme, la figure sereine, comme lorsque tu adresses une prière à Dieu. Tu es pour moi ce qu'était son drapeau pour Constantin : *In hoc signo Vinces.*

Voici mon projet pour demain : au moment où l'on criera en avant, je penserai à toi, je crierai « vive la France, en avant mes amis », et nous prendrons la parallèle russe — aussi facilement qu'un verre d'absinthe, et la première compagnie du premier bataillon, que je commande, plantera son drapeau la première sur le Mamelon vert. Adieu, ma chère maman. Embrasse bien ma grand'mère, mon oncle et ma tante. Demain ou après demain je finirai ma lettre.

. . . .

PRISE DU MAMELON VERT

Mardi 12 juin (suite à ma lettre du 7).

Voilà cinq jours et cinq nuits que nous passons soit à nous battre, soit de tranchée, soit de réserve ; nous sommes éreintés, je n'en puis plus et je vais dormir.

Je veux te dire auparavant que nous avons pris le Mamelon vert, qu'il a été repris par les Russes et presque aussitôt repris par nous. Nous avons perdu beaucoup de monde ; pour moi, rien, et tes prières m'ont protégé ; je n'ai rien, mais je suis tellement fatigué que je dors debout.

C'est un beau succès, il nous a coûté cher, mais les Russes sont épouvantés de notre audace.

Sous Sébastopol, 13 juin 1855.

. . . .

Vous avez lu dans les journaux que nous avions pris la redoute du Mamelon vert, les ouvrages blancs, etc. Nous avons eu un très beau succès, et nous nous sommes montré à nous mêmes que nous pouvions enlever avec de l'infanterie des ouvrages en terre très bien fortifiés, qui étaient loin d'être éteints et détériorés par l'artillerie.

Nous étions depuis longtemps déjà (8 mois) dans cette absurde position, qui a été rimée par un officier du régiment.

La tranchée ne s'avançant ni d'un côté ni de l'autre, le statu quo était exprimé de cette façon. Le Russe, dans sa tranchée pendant ses moments d'hilarité, se livrait à notre égard à ce geste :

> Ce geste qui consiste à se frapper la nuque,
> A l'endroit où l'habit se joint à la perruque,
>   Par un prompt mouvement.
> Tandis que l'autre main vers l'homme qu'on méprise,
> Tous les doigts réunis, à plus d'une reprise
>   S'élance vivement.

Et nous, de notre côté, recevant ces boulets, obus, etc., nous lui répondions de cette façon :

> Moi je lui répondais par un geste identique.
> J'aligne mes deux mains comme un flûteur antique.
>   Au devant de mon nez.
> Et puis avec vigueur déployant leurs phalanges,
> J'exécute dans l'air des mouvements étranges,
>   Sous ses yeux consternés.

Et bien, avouez que des militaires qui se livrent à des passe-temps aussi gais à la tranchée, étaient dignes de prendre le Mamelon vert aussi gaiement, aussi spirituellement, etc., etc. (comme Mme de Sévigné) qu'ils l'ont enlevé. Ça a été en plein jour, à cinq heures du soir ; l'on s'était lancé dessus ; les deux fusées qui devaient servir de signal à l'attaque, n'étaient pas arrivées dans Sébastopol que nous étions maîtres du Mamelon vert. Les Russes l'appelaient lunette de Kamschatka. Je pourrais dire comme le marquis de Mascarille, que c'était bien une lune tout entière (il n'y avait que 42 ou 43 pièces de marine, outre les petits obusiers de montagne).

Mais, aussi brillants nous avons été à attaquer, aussi rapides nous avons été à fuir. Les Russes ont repris le Mamelon vert, mais ils ne l'ont pas gardé cinq minutes ; la honte nous a monté à la figure, et nous l'avons repris et gardé cette fois pour tout de bon. Nous nous sommes mis à travailler à retourner tous ces ouvrages ; ça n'a pas été une petite besogne, car nous y avons passé depuis le 7 au soir jusqu'au 11 au matin (cinq nuits). Je t'ai écrit en rentrant au camp. Ce devait être une lettre bien incohérente, et je ne me souviens plus de ce que je t'ai dit ; mais avant de m'endormir j'ai voulu t'annoncer que je n'étais ni blessé, ni détérioré le moins du monde.....

Ma lettre est bien un peu incohérente, mais après une fatigue aussi grande, le repos est difficile ; c'est une espèce de fièvre, moitié bonheur, moitié abrutissement, et l'on ne revient bien sincèrement à soi-même qu'après s'être de nouveau dégourdi à un travail quelconque. Du reste, je le reprends demain, puisque nous remontons à la tranchée.

Sous Sébastopol, 18 juin 1855.

Je t'écris pour te rassurer, car bien certainement personne ici n'a envie d'annoncer à sa famille les tristes nouvelles que j'ai à te dire.

Après l'assaut et l'occupation du Mamelon vert, qui se sont passés les 7-8-9, etc., on a jugé que notre régiment avait trop souffert, et le 16, on nous a retirés du siège.

Nous sommes dans la plaine, disposés à attaquer l'armée en admettant que l'assaut de Sébastopol eût réussi.

Aujourd'hui, 18 juin, on a donné un assaut, deux assauts, trois assauts à Malakoff. Rien n'est pris; nous avons perdu beaucoup de monde. Peut-être aujourd'hui, peut-être demain, réussira-t-on ! Nous y mettons une énergie et une persévérance qui doivent aboutir à bien.....

Au camp de Traktir, le 2 juillet 1855.

. . . .

J'ai été paresseux, j'en conviens, mais en partant du siège j'étais tellement éreinté, abîmé, que voilà quinze jours que je dors, et d'un sommeil aussi profond que la Belle au bois dormant. J'étais resté longtemps privé de repos, depuis les derniers jours de mai jusque au 15 juin, j'avais complètement perdu l'habitude du sommeil et je sentais tout de même que si cela avait duré, je serais tombé malade. Depuis que nous sommes arrivés au camp, je me suis bien vengé de notre activité forcée. Je dormais la nuit, au point du jour j'étais sous les armes, pour observer les manœuvres des Russes ; après être restés une demi-heure sous les armes, nous rentrions sous nos tentes où je redormais jusqu'à l'heure du déjeûner ; après déjeûner, je me remettais sur mon lit jusqu'au dîner, et après dîner je rentrais encore me coucher. A peine si dans ces quinze jours de sommeil j'ai pris le temps d'aller deux ou trois fois à la mer me baigner et me débarbouiller à fond.

Maintenant me voilà réveillé, prêt à retourner au siège ou à tenir la campagne, suivant la destination qu'on donnera à la division ; mais réellement j'avais besoin de ces quelques jours de repos. Tu sais qu'après notre combat du Mamelon vert, dans lequel nous avons réussi, mais où nous avons perdu ce qui nous restait en fait de bons et énergiques soldats, nous avons quitté ce terrain tout arrosé de nos sueurs et de notre sang. Nous y sommes restés jusqu'au 15 juin.

Le 16, des divisions fraîches ont donné l'assaut à Malakoff, mais soit faute de troupes, soit faute de généraux, soit encore qu'il fût impossible de prévoir les éventualités, Malakoff n'a pas été pris.

On a perdu beaucoup de monde à cette attaque, entre autres deux généraux de division ; jugez du reste, et tout cela pour arriver à pareil résultat. On a pris plusieurs fois Malakoff, mais sans pouvoir y tenir à cause de la grande quantité de projectiles envoyés par la marine russe.

On essaie maintenant un autre moyen : on chemine sur Malakoff et on établit en même temps une batterie pour éloigner les vaisseaux au moment de la prise ; bref, on se donne le plus possible des chances de réussite. Puisse la victoire protéger ces divisions comme elle a protégé la nôtre. Du reste, je crois que le dénouement ne peut tarder et que d'ici à quelques jours, demain peut-être, le feu recommencera. Quant à nous, nous restons inactifs, et je ne crois pas que l'intention du général en chef soit de nous renvoyer au siège.

Je suis très heureux du bon souvenir du général de Monnet, il m'avait dit qu'il viendrait te voir à Paris, et je vois qu'il n'a pas oublié sa promesse. Il doit avoir un commandement en France, car il a besoin de repos et il l'a bien gagné. Tu me parles des séductions que sa Majesté l'Impératrice a opéré sur ce vieux militaire, ça m'étonne, à son âge.

CORVÉE D'ENTERREMENT
LETTRE D'UN VIEUX SOLDAT

Au camp de Traktir, le 7 août 1855.

Depuis le revers que nous avons eu à Malakoff, il ne se passe plus rien de nouveau au siège. Nous cheminons toujours afin d'arriver le plus près possible des fossés de

Malakoff et n'avoir plus qu'à sauter dedans. Mais tous les jours le feu de l'ennemi nous fait perdre beaucoup de monde, tous les jours c'est 120, 130, 140 hommes hors de combat, et comme ce métier dure depuis le 12 juin, cela fait un chiffre fort respectable..... Beaucoup d'officiers supérieurs sont tués ou blessés.

Nous, nous sommes toujours au repos. J'ai été détaché pendant une quinzaine de jours, avec ma compagnie, pour aller enterrer toutes les charognes qui étaient dans la vallée de Baïdar. Notre troupeau avait perdu beaucoup de bêtes par la maladie, et comme on avait négligé de les enterrer jour par jour, il en résultait que le pays était infesté de charognes. Je me suis livré à l'enterrement de toutes ces infections; j'avais, comme compensation à cette corvée, d'être dans un pays magnifique; j'avais les bois et la verdure, et une foule d'autres agréments : lièvres, perdrix, cailles, poisson excellent, carpes, truites et écrevisses. Je ne me privais de rien, aussi ai-je engraissé, et les soldats de ma compagnie en avaient tout autant; ils revenaient, l'un avec une pêche magnifique, l'autre avec du gibier, un autre avec de la volaille. Enfin au lieu de rejoindre mon bataillon avec des hommes malades comme j'y comptais, après le métier de croque-morts que nous avons fait, j'ai ramené une compagnie où tout le monde, depuis le capitaine jusqu'au clairon, était gras, luisant, superbe.

J'étais pourtant obligé de faire changer souvent de camp à ma compagnie, lorsque j'avais enterré les charognes dans un certain périmètre, et je campais en général loin de toutes ces émanations, trouvant que c'était déjà bien assez d'être infesté le jour sans l'être encore à l'heure du repos.

Enfin cette corvée s'est terminée, et j'en ai été bien aise. Je suis revenu à mon camp où j'ai pu reprendre mon papier à lettre et t'écrire de nouveau.

Nous redoutons tous de remonter un jour au siège. Quand une division sera bien fatiguée, c'est nous alors qui irons la remplacer.

Prendrons-nous Sébastopol avant l'hiver. Voilà la question ??? S'il nous fallait de nouveau passer un hiver en plein air, cela deviendrait grave. Dans tous les cas, j'espère que l'on retirerait de Crimée le plus de troupes possible et que l'on y laisserait seulement les divisions nécessaires au service du siège. On ne trouverait plus de bois dans les environs ; nous avons gratté la terre autant que nous l'avons pu : après la tige, les racines ; de sorte que sur tout le plateau et dans la vallée de Balaklava, il ne reste plus ni arbre, ni une souche ! La forêt de Baïdar est énorme, je le sais, mais elle est loin, et s'il fallait y aller chercher du bois par des temps de neige et de grand froid (juste au moment où l'on en a le plus besoin) on risquerait fort d'être obligé de s'en passer.

Le 2ᵉ bataillon de notre régiment est détaché très loin de nous, à 7 lieues en avant de la vallée de Baïdar et sert d'avant-garde à la cavalerie, qui fait ses fourrages.

J'ai pris la copie d'une lettre adressée au colonel Saint-Pol par le père d'un officier de zouaves tué à l'ennemi, dans la nuit du 22 au 23 mars, la première fois qu'il allait au feu. Il sortait de l'école de Saint-Cyr depuis deux mois ! Cette lettre est tellement romaine que j'ai voulu la conserver et je l'en envoie la copie. C'est réellement beaucoup plus beau que le mot des Spartiates.

Le colonel Saint-Pol avait écrit au père du jeune homme pour lui apprendre son malheur, et le père alors lui répondit : « En vous remerciant du désir de soulager ma
« peine par l'éloge que vous faites de la conduite de mon
« pauvre fils tombé plein d'honneur, au début de sa car-
« rière, je vous prie d'ajouter à ma reconnaissance, en
« faisant s'il se peut retrouver les armes dont il s'est servi
« sur le champ de bataille ; c'est un trophée que je dois à
« ses jeunes frères, et le souvenir auquel ils attachent le
« plus de prix, destinés eux-mêmes à la vie militaire,
« comme leur grand-oncle, le lieutenant-général Albert,
« leur grand'père, chef de bataillon, aide-de-camp du
« maréchal Augereau, etc., etc. Dieu n'a pas voulu laisser

« au jeune le temps de cueillir quelques lauriers et d'être
« plus utile à sa patrie, pas même d'être apprécié de ses
« frères d'armes ! Ce sont là mes regrets les plus vifs, ma
« douleur la plus sensible ; les rêves de gloire de mon fils
« et les miens sont effacés !! Puissent-ils se réaliser un
« jour par les services des enfants qui me restent !! »

Comment trouves-tu cela ? et surtout la fin ? Ce deuil résigné d'un père, vieux soldat, se consolant par l'espérance d'offrir à la Patrie les services des enfants qui lui restent. Les bras m'en sont tombés quand j'ai lu cela. J'ai reçu moi-même une lettre d'un pauvre vieux brave homme de paysan auquel j'avais annoncé la mort de son fils tué le 7 juin ; c'était aussi beau que cela, mais dans un autre genre. Cela prouve que le sentiment patriotique existe encore fortement en France.

Si cette lettre là était sous les yeux de l'Empereur, il est évident qu'il prendrait de l'intérêt aux enfants qui restent à ce vieux militaire, et que s'il n'était pas assez riche pour les faire élever convenablement, il les ferait entrer dans un collège au compte de l'Etat.

Mon oncle me parle dans une lettre qu'il m'a écrite dernièrement, de nos *bons* alliés les Anglais. Je les déteste ces braves gens-là ; ils sont fiers, orgueilleux, désagréables à voir, paresseux pour les travaux de la guerre, bons soldats s'ils ont du bœuf, du brandry et du porto, mais ne sachant pas plus supporter les privations, ni se débrouiller par les temps difficiles ; il leur faudrait, je crois, un domestique à chacun.

Je ne peux pas les voir en peinture et je taperais bien volontiers sur eux. Je ne sais pas si c'est l'impression générale de l'armée française, mais à nous autres zouaves qui les ramassions cet hiver dans la neige, et les réchauffions autour de nos feux, c'est certainement notre idée bien arrêtée. Ils sont maintenant superbes, gras, luisants, propres et boutonnés jusqu'au menton, et nous regardent du haut de leur grandeur ; mais vienne l'hiver !!.....

Une jolie armée, qui est avec nous, ce sont les Sardes.

Les Savoyards et Piémontais sont de jolis soldats, je ne sais pas s'ils seront brillants au feu, mais leur allure est leste, dégagée; ils sont en général instruits beaucoup plus que nos soldats, savent lire et écrire, et ont reçu une instruction première,.... Leurs officiers viennent beaucoup au-devant de nous, ils sont très bien élevés, mais l'on voit que c'est toujours une armée aristocratique : elle fait de la popularité en se liant avec nous.

Heureusement que, comme disent messieurs les militaires, nous nous moquons de cela.

Tous ces messieurs les officiers anglais et sardes sont très mal installés; mais si nous avions seulement la moitié de leur solde, nous serions des richards. Eh bien, tous ces gaillards-là, qui ont tout pour bien vivre et qui sont si amoureux du confortable, mangent très mal, sont mal couchés et mal logés. Tous ceux qui sont un peu bien installés, ce sont ceux dont les gourbis ont été établis par nos soldats qui revenaient boire au camp leur argent en se moquant d'eux.

Je me laisse entraîner à te parler de mes charmants alliés, mais ce n'est pas tout encore, nous en avons encore d'autres, les Yoks (prononcez Turcs). Ils ont été surnommés ainsi, parce que toutes les fois qu'on leur adresse la parole ils répondent yok, ce qui veut dire non.

Tu vois par conséquent la bonne volonté qu'ils mettent à nous rendre service. L'on passe à côté d'un de ces gredins-là, qui est accroupi et fume sa pipe. L'on a envie d'allumer sa cigarette, monsieur répond yok si on lui demande du feu. J'en ai vu aussi quelques-uns bien rossés après ce yok là. Voilà ce que sont nos alliés les Turcs. Yok exprime tout ce qu'ils savent faire !

Il faut que je termine ma lettre, le courrier va partir.

Adieu, ma chère maman, je t'embrasse comme je t'aime.

P. S. — J'ai été un peu malade il y a une quinzaine de jours, je crois que c'est parce que je ne pouvais plus prendre de bains de mer, auxquels je m'étais habitué. J'ai eu la diarrhée, mais je l'ai arrêtée au bout de huit jours en me mettant à la diète, buvant de l'eau de riz et prenant des pilules d'opium. Maintenant, depuis mon retour du pays des charognes, je prends tous les jours de bains. Dans quelle mer veux-tu que je les prenne si ce n'est dans la mer Noire? C'est à Balaklava que je vais me précipiter dans l'onde amère, au milieu de rochers superbes et vis-à-vis d'assez belles ruines, deux anciens forts génois qui dressent une tour assez belle, au-dessus du rocher le plus élevé de l'entrée du port.

Au camp de Traktir, le 8 août 1855.

On s'avance tous les jours sur Malakoff, et l'on construit à la pointe des ouvrages blancs pris aux Russes le 7 juin, une très forte batterie blindée qui doit enfiler la rade et incendier la flotte. L'on espère, disent les uns, arriver à ce résultat; d'autres disent que les vaisseaux russes, quoique bien ennuyés, auront encore place où se réfugier. Dans tous les cas cette batterie les éloignera suffisamment pour que Malakoff, une fois pris, l'on puisse y tenir et ne pas être balayé par le feu d'une flotte. Les Russes ont construit derrière Malakoff des travaux et des batteries successives qu'il faudra enlever. Enfin, ce n'est pas chose facile. Tous les jours à ce travail, nous perdons 100, 120, 130, jusqu'à 160 hommes mis hors de combat, et toujours par de mauvaises blessures : éclats d'obus, grenades et autres projectiles agréables, et depuis le 7 juin c'est la même chose; ajoutez à cela l'échec du 12 avec ses pertes, et vous pouvez déduire de là un chiffre qui ne sera pas exagéré et qui vous représentera nos pertes depuis deux mois; si vous joignez à cela le choléra, un peu de typhus, de la dyssenterie, le scorbut, vous aurez la somme des jouissances qu'éprouve l'armée française. Nous sommes au 3e zouaves un peu en dehors de ces plaisirs, parce qu'on nous fait reposer et engraisser. Nous ne prenons plus part au siège qu'en envoyant une corvée tous les jours dans la forêt, construire des gabions, fascines et autres ustensiles à l'usage de l'artillerie et du génie. — Comme autre service de guerre nous avons tous les jours une compagnie de grand'garde par bataillon et une de piquet ; vous voyez que maintenant notre service n'est pas pénible. Tous les jours je vais prendre un bain de mer à Balaklava qui est à 6 kilomètres de notre camp.

Combien de temps cela pourra-t-il durer ? nous fera-t-on remonter au siège ? Irons-nous relever une division fatiguée ? — Je le crains. — C'est honteux à dire, mais le jour où l'on nous a retirés du siège, nous avons été tous contents, et je crois que le jour où l'on nous y renverra, cela ne nous fera pas plaisir. — C'est une si sotte guerre que cette guerre de siège, on est tué aussi bêtement que possible, quelquefois en dormant et rêvant à tout autre chose qu'à la guerre. — Cela ne va pas avec le caractère français, et si l'énergie qui est dépensée au siège de Sébastopol par l'armée française était employée dans un autre genre de guerre nous aurions fait merveille. Il résulte de cette guerre-ci que les Russes travaillent beaucoup mieux la terre que nous et que le knout est un bon moyen d'impulsion pour faire faire des batteries. Nous ne pouvons encourager nos hommes que par les bons sentiments, et ils les sentent tous, mais il est difficile d'employer ce moyen quand on leur donne une pelle et une pioche. Il n'y a plus alors de mobile que l'argent s'ils sont à la tâche, et quelquefois la conservation personnelle, quand la tranchée ou l'épaulement ne sont pas assez épais ni assez profonds pour les mettre à l'abri. Si le knout existait, entre deux maux, ils choisiraient le moindre. Offrez leur un travail très dangereux, ils le feront bien par vanité, mais une fois qu'ils auront montré que ce n'est pas la peur qui les empêche de faire ce travail, ils feront les fainéants, et on ne peut plus rien en tirer.

AFFAIRE DU PONT DE TRAKTIR
BATAILLE DE LA TCHERNAÏA

18 août.

J'ai interrompu bien longtemps ma lettre, j'avais été malade, je ne pouvais plus rien digérer, je vomissais de la bile indéfiniment et j'avais la fièvre. Enfin avec deux vomitifs et de la quinine je m'en suis tiré, et je suis sur pied depuis quelques jours.

Nous avons eu une bataille le 16 juin, mais là une vraie bataille. Messieurs les Russes se sont présentés au nombre de 60 à 70,000 devant nous qui sommes ici deux malheureuses petites divisions, j'ose à peine dire le chiffre de 7,000 baïonnettes.

Les gaillards se sont levés matin ; ils avaient passé la Tchernaïa, le petit canal qui fournissait autrefois de l'eau à Sébastopol, et ma foi ils étaient déjà presque sur nous sans que nous nous en doutassions.

Ils ont été vivement repoussés à la baïonnette, puis notre artillerie s'est mise en batterie et les a empêchés de passer de nouveau. — L'affaire principale a été au pont de Traktir, qui a été pris et repris trois fois. Les Russes ont éprouvé là des pertes énormes de notre artillerie surtout.

Pendant ce temps-là, du plateau de Sébastopol, il nous arrivait des divisions de renfort et de l'artillerie, de sorte que nous les avons vus se replier devant nous. Ils ont été bien près du succès. — Si leurs soldats avaient été aussi intelligents que les nôtres, il est clair que du premier coup ils nous auraient enlevés, étant arrivés aussi près de nous sans que nous en fussions prévenus, et que nous eussions pris la moindre mesure pour les repousser. — Ils ont enterré leurs morts pendant deux jours, c'est effrayant ce qu'il y en avait. Le lendemain le champ de bataille était épouvantable. Beaucoup de blessés, en essayant de passer la rivière, se sont noyés ; l'on en a retrouvé des masses dans le lit de la Tchernaïa. Nous avons été obligés de déblayer de suite le canal dans lequel nous puisions de l'eau pour notre consommation, car l'eau serait devenue malsaine.

Nos pertes à nous s'évaluent de 1000 à 1100 tués ou blessés ; on évalue celles des Russes à 8 ou 9000, tués ou blessés.

Nous avons 2000 et quelques prisonniers. Au régiment, nous n'avons pas eu beaucoup de pertes, 24 tués et 60 blessés — 1 Capitaine tué ; 1 Lieutenant, dont vous avez vu le frère en congé à Rennes, Pierron, a eu le pied cassé ; les autres blessures sont très légères.

Les Russes doivent recommencer un de ces jours.

Dans l'armistice qui a eu lieu pour enterrer les morts, nous nous sommes avancés en dehors de nos avant-postes, nous avons traversé la Tchernaïa, nous avons causé avec des officiers russes qui étaient très nombreux ; ils nous aiment beaucoup comme nation, ce sont nos plus profonds admirateurs, ils ont du regret de faire la guerre avec nous, mais les gens qu'ils détestent ce sont les Anglais. Un officier d'un grade assez élevé, disait devant moi avec un geste de dégoût : « Les Anglais, je les méprise, je les déteste, j'en mangerais tout cru. » Pour un homme qui paraissait du monde et bien élevé, c'était assez scabreux, mais il avait l'air de mettre assez de franchise dans son goût : cannibales pour messieurs les Anglais.

Vous allez jouir des splendeurs de Paris pour l'Exposition, vous verrez tous les types étrangers qui se promènent au milieu de toutes ces magnificences. Cela doit être magnifique et en même temps très divertissant.

DÉTAILS SUR LA BATAILLE DU 16 AOUT

Camp de Traktir, le 24 août 1855.

J'ai été un peu malade ces derniers temps; j'ai subi comme tout le monde l'influence de cette saison sous la tente. J'ai eu la fièvre avec un peu de diarrhée; la quinine, l'opium et l'eau de riz m'ont guéri; mais pendant quelque temps j'ai été très affaibli. Maintenant c'est fini, je reprends petit à petit mes forces et le meilleur signe qui m'annonce la guérison, c'est que l'appétit revient. Aussi ne soit pas inquiète de ma santé.

Dans nos positions, les distances des divers points du camp sont très grandes entre eux, et comme le service retient à peu près tout le monde dans les environs de son propre camp, il en résulte des choses incroyables : quelquefois la droite du siège ne sait ce que fait la gauche que par les journaux de France, et nous qui sommes éloignés du siège, nous ne savons que très rarement ce qui s'y passe.

Tu sais que nous avons eu une bataille le 16. Je n'étais pas très bien portant; mes forces m'ont trahi, et j'ai été obligé de quitter presque au commencement de l'action. Du reste cela n'a pas duré longtemps et pour mon bataillon il n'y a eu qu'une charge à la baïonnette, par laquelle nous avons rejeté les Russes au delà du canal; puis notre artillerie les a mitraillés et les a rejetés au delà de la Tchernaïa, qu'ils n'ont plus envie de repasser. — Leur artillerie ne nous a pas fait beaucoup de mal, elle a été abîmée de suite par la nôtre. Le bataillon a eu 90 hommes hors de combat, dont 21 tués. Au pont de Traktir ça a été beaucoup plus grave. C'était la 3me division qui le défendait ; il a été pris et repris trois fois, puis des réserves sont arrivées du plateau de Sébastopol et les Russes, quoique très nombreux, n'ont plus osé venir attaquer. Ils ont perdu beaucoup de monde, et ont certainement laissé de 4 à 5000 cadavres sur le terrain. C'est notre artillerie qui a fait ce dégât en tirant à mitraille dans les masses ; nous avons fait 2000 et quelques centaines de prisonniers, enfin en comptant les blessés et les morts qu'ils ont dû emporter, je porte le chiffre des hommes hors de combat, de leur côté, à 8 ou 9000 environ, c'est énorme ! Car c'est à peine si nous, au commencement de l'action, nous étions plus de 10 à 11,000 hommes, et les Piémontais à peu près autant. Nous avons perdu à peu près 1000 à 1100 hommes ; les Piémontais de 150 à 200. Leurs positions sont si difficiles que les Russes n'ont fait qu'une fausse attaque sur eux, tandis que toutes leurs forces se portaient sur nous. Au commencement de l'action, nous ne voyions pas bien les mouvements des Russes, les brouillards de la Tchernaïa ainsi que la fumée du canon et de la fusillade qui restaient stationnaires sur le champ de bataille, tout cela nous empêchait de voir tous ces mouvements. Tout à coup une brise s'est élevée et a dissipé ce voile comme par enchantement. Nous avons pu tout voir, et alors notre artillerie a tonné sur les masses russes qui se sont dispersées comme les feuilles poussées par le vent d'automne. Le spectacle était magnifique : une armée en déroute ; un beau soleil, de la fumée et du bruit !

Du côté du siège les opérations vont bien, dit-on, quoique lentement. Depuis quelques jours nous tirons beaucoup, et quoique nous n'ayons pas encore démasqué la moitié de nos batteries, nous avons eu paraît-il une supériorité évidente sur les Russes. Ils ont fait dernièrement une sortie, mais ils ont été repoussés avec vigueur, et ils ont perdu beaucoup de monde.

Ainsi, tu le vois, tout va bien des deux côtés, du côté du siège et sur la Tchernaïa ; mais malheureusement tous les jours on perd du monde, soit par le feu, soit par les maladies. On nous a appris une nouvelle très heureuse, c'est que nous devions rentrer en France : ce n'est qu'un bruit. — Plût à Dieu que ce soit exact !

Au camp de Traktir, le 31 août 1855.

Nous ne bougeons pas encore de place, depuis cette bataille du 16 ; nous attendons toujours une nouvelle attaque de messieurs les Russes, mais la dernière les a tellement échaudés qu'ils doivent tirer des plans pour tâcher d'être plus heureux. Nous, de notre côté, nous renforçons nos lignes par quelques travaux de fortification passagère et par quelques batteries ; et notre position qui n'était que bonne le 16, devient maintenant formidable. Il est peu probable maintenant que les Russes réussissent dans leurs futures attaques.

Le siège va toujours son petit train-train ; on perd toujours du monde, mais les Russes doivent en perdre beaucoup plus que nous. Ils doivent commencer à être un peu écœurés. — La perspective de l'hiver ne doit pas non plus leur faire très plaisir. Si pour nous, qui sommes bien approvisionnés, cette perspective est peu agréable, à plus forte raison pour ces messieurs, qui doivent être peu à leur aise sous le rapport des vivres depuis qu'on leur a coupé la route principale des convois par la mer d'Azoff.

Du reste, il faut leur rendre justice : ils défendent leur ville admirablement ! Il est vrai de dire aussi que nous l'avons attaquée comme des imbéciles ; c'est seulement depuis que le général Pélissier est là qu'on déploie une très grande activité.

Mais assez causé des affaires de la guerre, je veux te parler un peu de mes futurs besoins pour cet hiver.

Je n'ai plus de tente ; celle que j'avais achetée quand je suis passé capitaine, ne tient plus à rien, et au premier ouragan je compte la voir s'envoler et me laisser sans maison ni abri. Je viens donc te prier d'aller ou chez

M. Aroudel ou au bazar des Voyages, et de m'acheter une tente. Comme c'est là-dessous que probablement je passerai l'hiver prochain, je voudrais qu'elle fût bien solide, bien doublée, qu'enfin elle pût résister aux intempéries de la saison. En outre, je voudrais qu'elle fût assez grande pour que je puisse cet hiver me retourner un peu dedans quand le mauvais temps nous empêchera de sortir, et y établir aussi un poêle. Ainsi, tu vois, ma chère maman, que tout cela se résume dans une tente carrée de 2^{m}50 ou 2^{m}30 au moins de côté, en forte toile et bien doublée.

Pour que la tente puisse voyager et que les frottements ne l'abîment pas trop quand elle est chargée sur le mulet, elle est en général roulée dans une espèce de sac ou de bâche que le marchand vend avec la tente, ses montants et ses piquets.

Je m'adresse à toi, parce qu'il m'est impossible de m'en procurer une ici. Je ne pourrais acheter que la tente d'un officier tué; mais bien que ces occasions ne soient pas rares du tout, les tentes qui ont déjà passé un hiver ici sont très mauvaises. Leur toile est brûlée d'un côté par la neige qu'elles ont reçue pendant trois ou quatre mois, et de l'autre par la fumée du poêle ou de la cheminée qui servait à chauffer leur propriétaire. — Les tentes qui n'ont pas passé l'hiver ici et qui appartiennent à des officiers venus nouvellement, et qui ont été forcés de partir pour cause de blessures ou tout autre motif, ces tentes, dis-je, vendues aux enchères, atteignent des prix fabuleux, plus chères que si elles étaient neuves. Ensuite, franchement, je n'ai pas l'argent nécessaire pour en acheter une.

Je ne suis pas encore très bien portant; mes forces ne reviennent que petit à petit à cause de ma diarrhée qui ne veut pas se couper définitivement, de sorte que je suis forcé de me nourrir d'une manière particulière, qui est très coûteuse ici (poisson et volailles). Heureusement pour ma bourse, je ne mange que peu; quand l'appétit reviendra tout à fait, alors je pourrai manger le bœuf et le mouton des distributions. D'un autre côté, je fais des économies, je ne bois plus ni café, ni cognac, et très peu de vin. Je prends seulement du thé deux fois par jour. Je bois aussi pendant la journée de la tisane composée de moitié eau de riz et moitié limonade.

Tu vois que je me soigne bien ; heureusement, notre service n'est pas très dur et c'est pour cela que je peux le continuer, sinon j'aurais été obligé de l'interrompre. Tous les jours je sens que cela va mieux, mais je suis forcé de continuer encore ce régime pendant au moins une quinzaine de jours.

Le capitaine qui fait division avec moi et qui est le neveu de M. Cuvier, le pasteur protestant de Paris, ce capitaine est un excellent homme. Il a eu la même maladie que moi, l'année dernière à la même époque, de sorte qu'il sait compatir à mon malheur. Maintenant il se porte très bien et son appétit me fait bien souvent envie à table.

Je te demanderai en outre, ma chère maman, d'ajouter à l'envoi de cette tente, celui d'un sac servant à se coucher. Ce sac est en peau de mouton ou peau de chèvre ; l'hiver on se fourre là-dedans et de quelque côté que vienne le vent-coulis, on est à l'abri ; tu trouveras cela au même endroit que la tente. Les chaussettes de laine que tu as eu la bonté de m'envoyer sont aussi à moitié usées, je n'ai plus de serviettes non plus, ce ne sont que des lambeaux. Des chemises, mouchoirs, et de tout le reste, j'en ai encore de quoi parfaitement passer l'hiver prochain.

J'attends du maître cordonnier d'Afrique une paire de bottes fortes de marais, qui me permettront de faire mon service au milieu de la neige.

Je prends mes précautions d'avance, tu le vois, ma chère maman, car la perspective de passer l'hiver prochain sous la tente ne réjouit aucun de nous, et tout le monde commence à faire des préparatifs en conséquence. Le mois d'août est fini, septembre va commencer avec ses nuits fraîches, puis viendra le mois d'octobre avec son accompagnement de pluies et de gelées blanches, etc., etc. Si la guerre pouvait être finie, du moins en Crimée, avant ce temps!!! mais je ne l'espère pas. Si nous avons un morceau de Sébastopol, nous n'en aurons dans tous les cas que la moitié, tout ce qui est à gauche de la rade. Mais le corps d'observation n'en continuera pas moins son jeu!

Je m'attends donc à passer l'hiver ici, quoiqu'on en dise. Il a paru de très beaux ordres disant que les régiments les plus fatigués seraient relevés avant l'hiver par des régiments de France, mais je crois que c'est un leurre et que dans tous les cas les régiments de zouaves ne quitteront pas le théâtre de la guerre avant sa fin. Quoique ces régiments aient perdu beaucoup d'hommes, d'officiers et de sous-officiers, on peut encore les considérer comme les meilleurs de l'armée d'Orient, par conséquent il n'est pas probable qu'on s'en défasse.

Je t'ai demandé bien des choses, ma chère maman, mais sois bien sûre, que c'est parce que je suis dans l'impossibilité de me les procurer autrement. Fais mettre tout cela dans une caisse et sur cette caisse ne mets pas une adresse volante, que ce soit écrit sur le bois de la caisse lui-même. Prends avec les messageries toutes les précautions possibles, car il y a un peu de négligence dans le service de Crimée. J'ai peut-être tort de qualifier cela de négligence, peut-être sont-ce les difficultés nombreuses d'exécution qui rendent ce service inexact; toujours est-il qu'il s'est perdu quelques colis adressés à des officiers de l'armée.

Vous avez encore un mois à passer à la campagne, car je crois que c'est le 1er octobre que ma grand'mère plie bagage et revient à Paris. Tu vas donc retourner dans ton cher Paris! Que je voudrais y être avec vous et y passer l'hiver au lieu d'aller grelotter devant les Russes. Le gouvernement me devrait bien cela, voilà bientôt 11 ans de services que j'ai faits et j'en ai passé plus de 7 en campagne.

Mon oncle et ma tante doivent être à Paris dans ce moment-ci, l'Exposition est, dit-on, magnifique ; les Anglais qui sont ici nous en parlent avec admiration (d'après leurs journaux). Il a dû y avoir des fêtes superbes à Paris en raison de l'arrivée de la reine Victoria. C'est une preuve de grande amitié que les Anglais nous donnent en nous confiant pour quelque temps leur Reine ; ils l'adorent tous et ne prononcent jamais son nom qu'avec le plus grand respect. Et puis la nouvelle de la bataille de la Tchernaïa a dû égayer tout cela.

PRISE DE MALAKOFF

Au camp de Traktir, le 11 septembre 1855.

Nous avons pris Malakoff ! On avait encore fait remonter le régiment pour cet assaut. J'en suis quitte pour une blessure légère, mais remercie Dieu, car j'ai échappé à un danger terrible.

J'étais appuyé contre une traverse et je lisais *l'Illustration* racontant les magnifiques fêtes de Paris. Arrivent deux obus énormes, l'un m'enlève mon journal de la main et va se fixer dans la traverse à 25 centimètres de ma tête ; l'autre m'enlève le dos de mon caban et va se fixer de même dans le parapet. Ils éclatent tous les deux ensemble, me déchirent ma tunique, mon caban, mon caoutchouc, la couverture sur laquelle j'étais à moitié étendu, et met tout cela en loques, et moi je n'ai rien. Je me trouve enterré sous quatre ou cinq gabions et 200 kilogs de terre ; ma compagnie vient me déblayer, me croyant mort, mais je n'ai pas de mal, je me secoue et me tâte : rien que des écorchures très légères. C'est fabuleux, c'est à ne pas y croire, mais le fait s'est passé devant toute ma compagnie.

Au camp de Traktir, le 21 septembre 1855.

Rien de nouveau depuis quelque temps, nous sommes toujours au même camp. Les Russes ont abandonné tout le côté gauche de Sébastopol, ils sont sur la rive droite de la Tchernaïa, en face de nous. Je ne sais pas si nous allons les attaquer pour les chasser de Crimée.

Ma santé est complètement remise depuis déjà quelque temps, mes forces sont revenues en même temps que l'appétit et maintenant ça va comme le Pont-Neuf. Ma légère blessure est aussi guérie et me voilà prêt à recommencer une nouvelle campagne. Mais le temps ne s'y prête pas, il est mauvais depuis déjà une quinzaine de jours et je crois que l'hiver commence de bonne heure.

Il y a sept ou huit jours je me suis mis sur mon trente-et-un, en grande tenue, et j'ai été présenter mes respects au général Mac-Mahon qui m'a très bien reçu.

Il a été très heureux, arrivé depuis quelques jours seulement, d'être chargé de la prise de Malakoff. Il a réussi, et est maintenant nommé commandant en chef du corps de réserve.

Il m'a raconté comme quoi c'est par miracle que nous n'avons pas tous sauté à Malakoff. En arrivant dans Malakoff il y avait un petit réduit dans lequel s'étaient réfugiés des Russes qui tiraient sur nous à coup sûr. Voyant cela, le général Mac-Mahon fait porter des fascines et du bois sec autour du réduit et ordonne d'y mettre le feu pour enfumer un peu les Russes et les empêcher de tirer. Mais le feu allumé se développe avec beaucoup de rapidité, et au milieu de toutes ces poudres dont l'emplacement nous était inconnu, le général Mac-Mahon s'aperçoit qu'il a fait une bêtise (c'est le mot dont il s'est servi en me racontant son histoire). Aussitôt il donne l'ordre d'éteindre ce feu en jetant force terre dessus. Les gens chargés de ce travail prennent naturellement la terre déjà remuée parce que c'était plus facile, et arrivent en piochant à découvrir un fil ; l'on fait vite une tranchée perpendiculaire à ce fil et l'on finit par trouver six fils conducteurs de l'électricité devant communiquer le feu à six cents barils de poudre. Aussi tu conçois, ma chère maman, quelle danse nous aurions faite aux yeux des Russes enchantés, peut-être cinq minutes, peut-être une heure plus tard.

Le général Mac-Mahon était radieux ; il me disait : « C'est un miracle. Concevez-vous, ajouta-t-il, une bêtise, une stupidité de ma part qui aurait pu nous faire sauter tous. Eh bien c'est cela qui nous a sauvés. » Il était radieux. C'est un homme bien simple, bien bon, et un militaire extrêmement remarquable. Avec tout cela je n'ai pas encore pu voir Sébastopol, le service et le temps m'en ont empêché ; j'y vais aujourd'hui et vais y consacrer toute ma journée. Si le courrier ne partait pas ce matin, je ne t'enverrais pas ma lettre sans te communiquer les impressions que cette vue produira sur moi.

Mais ce sera pour ma prochaine lettre, je ne veux pas te faire attendre. Cependant voilà déjà longtemps que je n'ai reçu de lettre de toi. Au milieu de tous les à-coups de la vie militaire, au milieu des joies rares qu'elle présente et des nombreux ennuis et fatigues, songe que mon seul plaisir réel est de recevoir tes lettres, aussi, écris-moi le plus souvent possible.

. . . .

Au camp de Traktir, le 28 septembre 1855.

J'espère que ma lettre écrite après l'affaire de Malakoff sera arrivée assez tôt pour te rassurer. Pourtant une négligence de mon ordonnance l'a fait partir quatre jours après qu'elle a été écrite. J'étais de grand'garde le jour du courrier et j'avais dit à mon ordonnance de prendre cette lettre et de la porter à la poste ; il l'a oubliée, de sorte qu'il se pourrait que tu restasses quatre jours de plus dans l'inquiétude. — Je suis très bien remis, mes forces sont revenues, je crois que c'est le froid de l'automne qui m'a rétabli bien plus que toutes les tisanes. Cet air des marais, pernicieux en été, devient respirable à l'automne. Et puis, je ne sais d'où me vient ce goût, mais j'aime le brouillard ; quand on est chaudement vêtu et chaudement chaussé, c'est un plaisir de circuler dans un brouillard mi-épais. La vapeur donne un certain air vague et aérien aux arbres et aux formes, et l'imagination voit à travers cela des choses bizarres, de la réalité desquelles il faut aller s'assurer quand on est de grand'garde ; mais quand on n'a pas à craindre l'ennemi et qu'on n'est pas chargé de la tranquillité des autres personnellement, c'est une distraction, et les distractions ici sont rares.

Je viens de m'apercevoir que je viens de faire un feuilleton sur le brouillard, c'est probablement parce qu'il en fait ce matin pendant que j'écris, et à travers l'ouverture de ma tente, j'aperçois mon mulet qui lève majestueusement ses deux immenses oreilles. Rien ne m'empêcherait si je n'avais pas l'habitude de voir cet intéressant animal qui occupe constamment cet emplacement de le prendre pour toute autre chose et de me livrer à toute espèce de conjectures bizarres.

Maintenant que nous sommes assez tranquilles, nous nous permettons quelques distractions : dans la journée, quelques promenades ; dans la soirée, une partie de whist. Ces messieurs l'ont mise à 5 sous la fiche, c'est assez cher, mais comme nous jouons toujours les mêmes ensemble, il en résulte qu'au bout d'un mois il n'y a pas de pertes sensibles...

Sais-tu que petit à petit je me fais vieux militaire. Le 5 décembre prochain j'aurai onze ans de services, et à la fin de février prochain, je commencerai ma dix-septième campagne. Je commence aussi à me faire vieux, je vais avoir trente ans ; la raison est venue un peu tard, mais enfin elle est venue ; la tente y est pour quelque chose. On y est plus seul que dans une maison et l'on y fait des réflexions qui, pour manquer quelquefois de gaieté, ne manquent pas de justesse.

Les bruits les plus contradictoires circulent au camp. Moi je ne me base que sur l'ordre de l'Empereur qui dit qu'il fera remplacer successivement les plus anciens régiments par d'autres. Mais d'un autre côté, quel est le régiment qui aura la prétention de remplacer un régiment de zouaves? Ils se sont fait ici une telle réputation qu'il sera difficile de les faire partir de Crimée, les Russes les redoutent, et il faudra toujours les leur présenter; nous resterons donc en Crimée jusqu'à la fin de la guerre, c'est pour moi évident. Nos troupiers peuvent dire comme autrefois les Montmorency ou tout autre Baron chrétien : « Noblesse oblige! » C'est embêtant, mais que veux-tu y faire ?

Si on nous donne du repos, ce sera probablement pour nous faire passer l'hiver dans un camp des environs de Constantinople, afin de pouvoir être prêt à recommencer la campagne au printemps. Dans ce cas là, je tâcherais d'obtenir un congé de convalescence et d'aller passer les mois d'hiver près de toi. On accordera probablement plusieurs de ces congés...

Au camp de Traktir, le 9 octobre 1855.

Voilà pas mal de temps que je ne reçois pas de lettres de toi. Écris-moi souvent, je l'ai dit que les lettres étaient mes seules distractions au camp.

Nous ne faisons plus rien depuis quelque temps, nous restons dans nos positions en face des Russes, et bien sûr d'ici à quinze jours ou trois semaines, le mauvais temps nous prendra et les routes deviendront impraticables. Qu'attend le général Pélissier? Personne n'en sais rien. Du reste, c'est une de ses qualités de ne rien dire à personne de ses intentions. Quand il a envie de faire un mouvement il ne donne ses ordres aux troupes qu'au moment de partir. — C'est très ennuyeux, parce qu'on n'a le temps de rien préparer, mais aussi les Russes n'ont pas le temps d'être prévenus par les nombreux espions qu'il est si difficile de reconnaître au milieu d'une armée aussi hétérogène que la nôtre; au milieu de Turcs, d'Anglais, de Piémontais, comment reconnaître un espion ? (Du temps du général Canrobert, les Russes savaient nos mouvements et nos ordres aussi vite que nous).

J'ai reçu le bon de 100 francs que tu as eu la bonté de m'envoyer, je t'en remercie bien, mais je t'en prie encore une fois, ma chère maman, ne te prive pas pour moi, je n'ai que peu besoin d'argent; j'avais dépensé pas mal à cause de ma maladie, mais cependant j'étais très bien à hauteur de mes affaires.

J'ai vendu mon beau mulet 500 francs et avec cet argent j'en ai racheté un autre, assez laid, mais très fort, il est plus que suffisant pour mon service; il me reste 300 francs qui, joints aux 100 francs que tu m'as envoyés, me permettront, si nous nous mettons en marche, d'avoir un cheval. J'ai déjà la selle et la bride que j'ai achetées très bon marché après Malakoff, lorsqu'on vendait les effets d'une foule d'officiers tués. J'ai plusieurs chevaux en vue, mais je ne me déciderai à en acheter un que lorsque j'aurai la certitude d'un départ.

Tu vois que je serai monté si nous partons. Je ne me suis pourtant décidé à vendre mon mulet qu'avec peine, c'était moi qui l'avais ressuscité, il était maigre, pelé, galeux, blessé de tous les côtés et méchant comme un animal qui a souffert depuis longtemps. Eh bien après quatre mois de soins et de travail, c'était devenu le plus beau mulet du régiment, gros, luisant, doux comme un mouton. Enfin c'est fait, j'en suis vexé quelquefois, surtout quand je vois devant ma tente mon nouvel animal velu qui grogne et qui rue toutes les fois que je viens lui dire des douceurs, tandis que l'autre me reconnaissait comme un chien reconnaît son maître.

Du reste d'ici à un an, j'aurai droit au cheval de l'Etat, je serai monté par le gouvernement, j'arriverai à être un des neuf plus anciens capitaines commandant des compagnies actives, et j'aurai droit au bucéphale ; c'est un grand avantage.

J'ai été voir le général de Mac-Mahon qui me reçoit toujours très bien ; il m'a invité à déjeuner dernièrement.

A propos du colonel Jannin, du 1er zouaves, il est passé colonel des zouaves de la garde et de là général, après l'affaire de Malakoff. Il est très bien à mon égard, mais je vais peu le voir n'étant pas très visiteur de mon naturel et n'ayant pas pour ce militaire une affection compensant l'ennui d'aller le voir. Quand je le rencontre par hasard, je vais lui présenter mes respects ; il me reçoit toujours très bien.

M. de Colhes, notre colonel, est passé colonel des zouaves de la garde impériale, et vient d'être remplacé à notre régiment par M. de Chabon. Ainsi te voilà fixée et renseignée sur tous ces Messieurs auxquels tu t'intéresses.

Nous ne savons pas plus notre destination que ces jours derniers, et la saison avance toujours de plus en plus. Nous voilà bientôt au milieu d'octobre et c'est bien dangereux de se mettre en route à cette époque ; tu me citeras peut-être la campagne d'Austerlitz, celle d'Eylau, mais c'est tout différent ici. Nous ne trouvons pas, dans le pays même notre subsistance, nous n'y trouvons pas de villes, pas de villages pour nous abriter, comme autrefois nos armées en ont trouvé en Allemagne et en Prusse. Ici l'on est forcé de bivouaquer et par les froids humides qu'il a fait l'hiver dernier, c'est très difficile et très dangereux. Et puis les moyens de transport nous manquent et je ne sais pas même si on ne sera pas forcé de les diminuer encore, à cause de la difficulté de la nourriture ; toutes ces raisons réunies, et d'autres plus sérieuses encore, font que si l'on tente quelque chose sur les Russes, ce sera par un mouvement rapide et de courte durée, pendant lequel nous n'emporterons que peu de chose. Nous laisserions nos camps en place sous la garde des invalides et des malades et nous pousserions une pointe en avant.

Mais tout ce que je te raconte là n'a peut-être ni queue, ni tête; ici nous n'en savons absolument rien, l'on sait mieux à Paris la position de l'armée de Crimée que nous-mêmes qui en faisons partie. Nous nous tenons toujours prêts à tout évènement ; si l'on nous fait partir, nous grognons pendant cinq minutes et une heure après l'on n'y pense plus. Si l'on nous fait rester, nous grognons de ne pas être partis, et ainsi de suite. Le général en chef se moque de tous ces grognements et nous du général en chef. Ainsi va le monde en Crimée, du reste, comme partout.

. . . .

Au camp de Traktir, le 15 décembre 1855.

Cette lettre t'arrivera vers l'époque de la nouvelle année; qu'elle serve à te la souhaiter bonne et heureuse, plus heureuse que celle qui nous a séparés. J'espère que celle-ci nous réunira et qu'au moins nous aurons tous deux quelques jours de bonheur et de vie de famille. Ils serviront de halte et de repos pour repartir de nouveau probablement à de nouvelles guerres, mais au moins je m'y serai retrempé à l'air de la famille. Car enfin nous tous qui sommes en Crimée, nous en arrivons à un point de lassitude et de découragement qui, à la longue, a gagné tout le monde. Deux hivers de suite sous la tente, sans avoir bougé de cet horrible plateau, toujours les mêmes horizons sous bois, les mêmes froids, les mêmes neiges, les mêmes gardes, la même viande, la même soupe, les mêmes conversations, le même esprit, la même bêtise. Ça finit par rendre fou l'homme le mieux trempé ; ça me fait l'effet d'une mouche que j'ai chassée de mon nez et qui vient s'y replacer cinquante fois de suite. Non pas que si les Russes venaient nous attaquer, nous agissions avec plus de mollesse, je crois le contraire. Ce serait une variante à notre vie monotone. Comme telle, elle serait acceptée avec plaisir. C'est une maladie qui règne dans l'air, c'est le spleen des Anglais qui déteint sur nous, c'est la maladie du pays et de la famille. Quand donc retournerons-nous en France ? C'est le refrain général.

Évacuerons-nous la Crimée pour attaquer la Russie sur un autre point ?

Tout le monde bâtit des châteaux en Espagne, l'un porte notre armée sur le Rhin, l'autre la veut en Suisse, enfin chacun fait son petit plan de campagne pour le printemps prochain. Le mien m'est indifférent, pourvu qu'il me fasse passer par Paris pour t'embrasser.

Pendant ces derniers temps j'ai eu la jaunisse, ce sont les fièvres que j'ai eues cet été qui me font leurs adieux. De la chaleur, de la rhubarbe et une tisane rafraîchissante m'ont guéri, ou à peu près ; j'ai encore les yeux un peu jaunes, mais je suis dans la période décroissante. — C'est une maladie très ennuyeuse sous plusieurs points de vue : 1º elle ne rend pas beau ; 2º elle ne donne pas de souffrances aiguës, mais un malaise très fatigant ; ensuite c'est fort ennuyeux de se purger en hiver, vu que les allées et venues dans la neige sont fort désagréables. — Car il faut que je te dise que depuis quelques jours il ne fait plus chaud du tout, nous avons eu hier 15 degrés de froid et un vent glacial qui nous gelait. Mais cette année-ci nous sommes au moins bien installés contre l'hiver, nous avons construit un cercle qui sert de point de réunion à tous les officiers du régiment, où l'on va le soir faire la partie, lire quelques journaux, enfin où tout le monde se réunit pour prendre le café après les repas. C'est une excellente chose. L'hiver dernier on restait quelquefois un mois sans se voir, l'on ne voyait que les officiers avec lesquels on vivait en popote et ceux de son bataillon quand tout le bataillon était de service en même temps et au même endroit ; quant à ceux de l'autre bataillon, on les rencontrait une fois tous les mois par hasard — maintenant tout le monde est réuni.

Ensuite nos pensions sont bien mieux organisées. J'ai

une maison qui a 6 mètres de long sur 4 de large, est divisée en deux compartiments, l'un où nous mangeons, l'autre où je me couche. Là nous sommes à peu près à l'abri. Excepté par des pluies extraordinaires, nous sommes au sec. De plus, notre cuisine est bonne et bien couverte, de sorte que notre cuisinier ne peut pas venir dire un beau matin : « Je n'ai pas pu vous faire à déjeuner, parce qu'il faisait mauvais temps. » Nous avons donc la pâture et l'abri assurés. Nous vivons six ensemble et en bonne intelligence; quoique l'ennui nous rende quelquefois le caractère un peu aigre, jamais nous n'avons de discussions, ni disputes. La guerre a cela de bon, que ceux qui ont combattu ensemble, qui se sont vus et appréciés, ne peuvent plus se piquer l'un contre l'autre pour des riens comme il arrive en France, dans les pensions d'officiers. Ainsi nous pouvons nous dire entre nous des vérités souvent choquantes, mais qui passent tout de même, car lorsqu'on s'est embrassé au Mamelon vert et à Malakoff après être monté à l'assaut, il n'y a plus de danger que l'amitié ou les bonnes relations se brisent.

Avant de terminer, je te remercierai encore de tout l'envoi que tu m'as fait. Dans ma dernière lettre je n'avais pas pu te dire combien le sac de peau de mouton m'avait été utile. Ces derniers froids me l'ont bien prouvé et je suis là dedans aussi bien que possible. C'est surtout pour ma jaunisse qu'il m'a préservé du froid. Je n'ai pas pu encore expérimenter ma tente, mais je l'ai fait dresser, elle est excellente et très bien entendue comme fermeture et disposition. La toile en est très forte, je crois qu'elle peut résister à toute espèce de mauvais temps.

Elle est renfermée dans son étui et me servira au printemps prochain. Le gouvernement nous a fourni pour l'hiver de grandes tentes, et outre cela je me suis fait construire cette maison dont je t'ai parlé.

Je t'ai déjà remercié de tes confitures, c'est avec elles et de la soupe que je me suis nourri pendant ma jaunisse.

Pendant quelque temps j'avais cru qu'une cheminée

suffirait dans ma maison, mais par ces derniers froids nous avons été obligés d'y mettre le poêle. C'est moins agréable comme coup d'œil, mais par les grands mauvais temps c'est aussi beaucoup plus chaud. De sorte que nous avons cette gradation : par les temps assez doux, la cheminée ; par les mauvais temps, le poêle ; par les très mauvais temps, les deux ; tu conçois que nous finissons toujours par avoir chaud.

Adieu, ma bonne maman, je t'embrasse ; je finis ma lettre en renouvelant les souhaits que je fais pour ta bonne santé et notre réunion pendant la nouvelle année.

AFRIQUE

NOUVEAU SÉJOUR EN ALGÉRIE

Philippeville, le 22 juin 1856.

J'ai quitté Lyon comme je te l'ai dit et suis arrivé à Marseille le 15 au soir. — J'ai réglé toutes mes affaires à l'intendance et à la Place. Seulement ils ne sont pas aussi larges que je l'aurais cru. Au lieu de considérer mon congé comme congé de convalescence, et par conséquent me payer ma solde de route, ils l'ont considéré comme prolongation d'un congé temporaire, et au lieu de me payer, ils m'ont fait rembourser ma nourriture à bord du bâtiment qui devait me porter en Afrique. C'est un procédé médiocre.

Le 18, je me suis embarqué par une mer douce comme de l'huile (expression marseillaise). La traversée a été très bonne et je suis arrivé à Philippeville le 20 à huit heures du matin. Je m'arrête deux jours ici, et ce soir je pars rejoindre la colonne. C'est une bêtise du major, commandant notre dépôt, de me faire faire cette corvée, car la colonne va rentrer d'ici quelques jours : elle est terminée à la plus grande joie de tous, sans presque aucun coup de fusil.

J'ai retrouvé ici tous mes effets de Crimée, même mon poêle : il passe à l'état de meuble de luxe. — Ainsi demain matin je serai enfin arrivé à Constantine, le but de mon voyage.

ACCIDENT DE VOITURE SUR LA GRANDE ROUTE

Constantine, le 2 juillet 1856.

Tu dois avoir reçu ma lettre de Philippeville, dans laquelle je t'annonçais que le Major m'envoyait rejoindre l'expédition.

Arrivé à Constantine, je suis allé trouver le général Perrégaux qui commande momentanément en l'absence de M. M... — Il m'a dit qu'il était inutile de rejoindre l'expédition, que tout était terminé, que les troupes allaient rentrer, qu'il était préférable d'attendre à Constantine la rentrée de la colonne. Je suis donc à m'installer ici en attendant que le régiment vienne se reformer et prendre du repos.

En voilà un régiment dont on abuse ! Aussitôt débarqué d'Orient, vite en route pour une expédition. Les hommes qui avaient désappris la marche ont dû fatiguer énormément, et beaucoup rester en route. Les officiers qui n'avaient plus ni mulets, ni chevaux, se sont trouvés au dépourvu pour les vivres, et ont été obligés d'acheter des rosses très cher, car les mercantis et maquignons profitent toujours de ces occasions là pour se défaire de toutes leurs vilaines et mauvaises bêtes. — Je cherche dans ce moment-ci un cheval, par quelques amis employés à la remonte, qui doivent me prévenir quand on leur présentera quelque chose de bien. — Un de mes camarades des chasseurs d'Afrique, excellent écuyer, se charge de le dresser quand je l'aurai.

Mais j'oublie de te raconter mon voyage de Philippeville à Constantine. J'avais pris la voiture du soir pour ne pas voyager par la chaleur du jour. Arrivé à cinq ou six lieues de Philippeville, à trois kilomètres de St-Charles, à peu près, l'essieu a cassé, la voiture a versé et tout cela sans accident. Nous voilà plantés au beau milieu de la route, obligés d'attendre une voiture qu'on va rechercher à Philippeville. Nous prenons la décision d'aller à St-Charles, attendre, et nous voilà voyageant au milieu de la nuit, en plein pays des lions; car c'est là leur contrée favorite. Ils n'attaquent jamais la diligence, car ses deux grandes lanternes qui circulent au milieu de la nuit, et qui ressemblent aux deux yeux d'une énorme bête, leur font probablement très peur.

Nous sommes arrivés gaiement à St-Charles où nous avons passé la nuit, et nous avons bien fait de ne pas rester sur la route, car le lion ne voyant pas les lanternes est venu rendre une visite polie à la diligence. — Du reste il n'a fait de mal à personne : on s'était prudemment renfermé dans l'intérieur. — Tu vois que les voyages peuvent présenter, en Afrique, un côté pittoresque. — Il y avait avec moi un monsieur et une dame touristes qui ne croyaient pas au lion africain, et qui maintenant aiment mieux y croire que d'y aller voir.

Constantine, 15 août 1856.

J'ai acheté ces jours derniers un très beau cheval, 825 francs; avec les faux-frais, il me revient à 850. Là-dessus, j'en ai payé 525 et j'ai fait à un de mes amis un emprunt de 325 francs, payable au 1er janvier de l'année prochaine. A cette époque, j'aurai mes 250 francs de croix, je pourrai lui compléter facilement le reste de la somme.

J'ai mieux aimé me monter de suite très bien, d'abord parce qu'un capitaine de zouaves doit être très bien monté pour pouvoir suivre ou précéder les soldats dans toute sorte de terrains accidentés. Ensuite, comme je suis grand et lourd, il me faut un cheval grand et fort. Je suis assez bien tombé, et quand mon cheval aura mangé de l'orge, sa force augmentera. Il était à un Arabe qui ne lui donnait presque que du fourrage, de sorte qu'il était lourd et avait un ventre de vache. — Depuis seulement quinze jours que je l'ai, je lui ai fait tomber ce ventre-là, et il est très chic.

J'ai fait ensuite un autre marché très bon. J'ai acheté à la criée un lot des effets de campagne d'un officier mort : deux cantines très bien ferrées, deux tabourets de campagne, une table de campagne en X, un lit-cantine, trois oreillers, tout cela pour 25 francs. Personne n'a surenchéri, et tout cet attirail qui m'aurait certes bien coûté une centaine de francs à faire faire neuf, je l'ai eu là presque pour rien. — Mes cantines étaient usées et ne valaient plus rien du tout ; je les avais depuis 1852 ; elles étaient dans un état déplorable !

Je suis toujours très occupé avec ce détachement de 600 hommes, et 2 sous-officiers seulement! C'est dur à conduire. Tous les jours je les mène à la promenade militaire, le matin pendant trois ou quatre heures ; je ne les fais pas manœuvrer, car on ne peut faire aucun mouvement sans guide, par conséquent sans sous-officiers.

En revenant, je fais mon rapport ; j'ai tous les matins quelques punitions assez sérieuses à administrer, puis je vais déjeûner. En revenant, je fais ma sieste depuis 11 h. 1/2 jusqu'à 4 heures. Je monte à cheval de 4 heures à 6 heures. — Le soir, après dîner, nous allons, deux ou trois camarades, nous promener au clair de la lune jusqu'à 11 heures. — Mais ce qu'il y a d'ennuyeux, c'est l'heure de la sieste. — Je ne peux pas dormir cinq minutes tranquille. Tantôt c'est un ordre de la subdivision, tantôt un ordre de la division, tantôt c'est un zouave qui vient demander une permission ou m'adresser une réclamation. J'ai pris le parti, depuis quelques jours, de m'enfermer chez moi, et je refuse ma porte à tout le monde.

Puis j'ai le conseil de guerre, ce qui n'est pas une occupation agréable. Il y a un Procureur impérial qui est ennuyeux à périr et qui a la manie de parler pendant je ne sais combien de temps : ça n'est pas réjouissant à entendre. — Les causes militaires sont en général si simples que le jugement est formé après l'audition des témoins et que le procureur et le défenseur, avec toute l'éloquence possible, ne font pas varier l'opinion.

Adresse-moi ta prochaine lettre à Philippeville, le régiment va camper aux environs pour prendre des bains de mer, et je vais le rejoindre avec mon détachement.

Philippeville, 26 août 1856.

Tu vas lire dans les journaux que Philippeville et Constantine, etc., sont démolies par le tremblement de terre qui vient de nous secouer depuis deux jours et qui nous secoue encore. — Tu pourrais croire par ma dernière lettre que j'ai pu être exposé à quelques dangers. Il n'en est rien.

Nous sommes partis de Constantine le 19, et depuis ce temps nous sommes sous la tente. Si le tremblement démolit quelque chose, ce ne sera que notre tente. Nous n'avons pas encore de détails sur les désastres.

Philippeville, 12 septembre 1856.

Nous recevons de suite l'ordre de partir pour une expédition dans les Zouaoua qui se sont révoltés. C'est le même pays que j'ai parcouru en 1854, et où nous avons reçu une si belle pile. J'ai un cheval et pas de mulet : je suis obligé d'en acheter un de suite pour pouvoir voyager. C'est une nécessité absolue. J'en suis malheureux d'être obligé de te demander une avance ; mais c'est impossible autrement. Tous les officiers du régiment en sont réduits à la même extrémité. — Je viens à Philippeville exprès pour trouver cette somme qu'un banquier me prête. — Il est question de mon avancement, de ma santé ; c'est pour cela que j'ai recours à toi.

Constantine, le 24 septembre 1856.

Nous sommes partis du camp à côté de Philippeville, comme je te l'avais annoncé. Nous sommes arrivés à Constantine le 14, et là on nous a annoncé que nous devions partir le 17 pour aller en expédition. Dans les journées des 15 et 16, nous avons assisté aux courses de Constantine qui ont lieu tous les ans à cette époque, et qui rassemblent dans cette fête tous les chefs arabes de la province. J'y ai vu M. Lefèvre, qui est toujours au bureau arabe de Batna, et qui m'a annoncé officiellement qu'il allait se marier avec sa belle-sœur.

Le 16 au soir, au moment où tout le monde était prêt à partir, on nous annonce au bataillon qu'il va rester, et que le 3ᵉ bataillon, celui qui n'est pas venu en Orient, partait seul et qu'il ne ferait qu'une simple colonne d'observation. — Le général nous fait en même temps un petit speech dans lequel il nous dit que le repos que nous avons si bien gagné va enfin nous être accordé, et que nous passerons l'hiver à Constantine.

Nous sommes donc rentrés en caserne le 21. Il y avait des hommes au bataillon qui n'avaient pas couché dans un lit depuis trois ans. C'était pour eux un véritable plaisir que de se reposer sur un matelas.

Mais il ne faut pas compter sur toutes ces promesses. En Afrique il faut toujours être prêt à partir. Les cantines doivent toujours être prêtes à être chargées, et l'attirail de campagne toujours en bon état.

Le général a certainement l'intention de nous faire reposer cet hiver ; mais il compte sans les Arabes. Une insurrection est si vite mise en train par un fou religieux ! On a toujours un pied dans l'étrier. — De sorte que je me suis mis en mesure de faire colonne. — Le 16, j'avais acheté un mulet de 375 francs ; il était dans un piètre état. Mais avec des soins et de la nourriture, j'espère le remplumer et arriver à un bon résultat. C'est une forte bête, très maigre ; mais ils sont toujours comme cela quand ils sortent des mains des Arabes.

Me voilà donc réinstallé à Constantine, mais dans de bien meilleures conditions que la première fois. Je n'ai plus à diriger que ma compagnie ; mais c'est peu de chose ! Nous avons quelques exercices et théories qui sont très nécessaires au régiment, car tous les officiers nommés en Orient ne sont pas forts sur les règlements, et ont besoin de les apprendre beaucoup.

En somme nous n'avons pas grand'chose à faire, et je vais me créer des occupations, dessiner et faire de l'histoire militaire. — Il y a peu de livres à Constantine, mais enfin je veux lire ce qu'il y a. — On m'a dit que j'étais proposé pour adjudant-major à la dernière inspection générale. Je ne sais pas au juste si cette nouvelle est bien exacte, mais j'en suis enchanté. J'aime mieux le service d'adjudant-major que celui de commandant de compagnie. — Dans tous les cas, si je suis proposé, je ne le serai pas le premier. — J'ai un concurrent très redoutable, ce serait de Tournamine, qui est le frère du général du même nom, ami du général Marulaz, qui nous a passé l'inspection. — J'espère savoir au juste ce qu'il en est d'ici à peu de temps.

C'est une fonction qui vous fait ressortir en Afrique, en ce sens qu'on est toujours avec ses chefs, qu'on va porter leurs ordres, etc., et qu'on est chargé de différents détails qui vous mettent en valeur.

Constantine, le 30 octobre 1856.

Je suis très occupé depuis quelques jours. — Nous avons deux séances de conseil de guerre chaque jour ; et non seulement c'est très endormant, mais très fatigant. Je ne suis pas habitué à passer les trois quarts de ma journée à entendre des avocats, et à ne m'en aller absolument que pour les heures des repas.

C'est dans l'intervalle des deux séances que je t'écris ; j'ai encore la tête tout ahurie des raisonnements plus ou moins faux, plus ou moins éloquents de M. le commissaire impérial et des avocats. — Je te demande donc pardon pour ma lettre qui doit être un peu décousue. On dit que nous en avons encore pour trois ou quatre jours, et voilà déjà six jours que nous siégeons. — Heureusement que la Toussaint arrive et que cela nous donnera deux jours de répit.

Constantine, le 28 novembre 1856.

Quel temps nous avons depuis quelques jours ! Je crois que toutes les cataractes du ciel nous tombent dessus ! J'étais parti pour la chasse par une belle matinée, il y a de cela sept à huit jours ; j'ai été avec mon cheval, mon mulet et mon garçon à 7 ou 8 lieues de Constantine, pour m'y installer sous la tente, et chasser. Mais j'avais compté sans la pluie. Il a fallu me réfugier dans une auberge assez lointaine, et rester au coin de la cheminée ; enfin, lassé par le mauvais temps et presque au bout de ma bourse, je me suis remis en route et suis arrivé, crotté et mouillé, jusqu'à Constantine. Depuis ce temps, il ne cesse de pleuvoir ; c'est bien heureux ! L'année dernière a été très sèche en Afrique ; il n'est pas trop tôt que la pluie tombe et tombe dru pour la récolte de l'année prochaine. Tout est très cher : blé, orge, fourrage ; mais les pluies vont faire diminuer toutes ces denrées.

J'avais commencé cette lettre il y a déjà trois ou quatre jours ; nous recevons à l'instant l'ordre de partir de Constantine pour être détachés dans les villages des environs de Philippeville. Nous partons après-demain : j'ai mes malles et mes animaux à surveiller, et à régler toutes les affaires qui précèdent un départ.

Philippeville, 6 décembre 1856.

Nous voilà arrivés depuis quelques jours à Philippeville. Le mauvais temps a continué pendant notre voyage et nous avons reçu de l'eau continuellement depuis le matin jusqu'au soir. — C'est là que j'ai été heureux d'avoir une aussi bonne tente que celle que tu m'as envoyée : le vent, la pluie, ne lui ont rien fait ; elle a supporté tout cela sans se laisser entamer, ni enlever.

Philippeville, 25 décembre 1856.

Je n'avais jamais été en garnison en hiver dans un port de mer ; mais depuis que je suis ici, voici déjà le troisième bateau de commerce que je vois perdu. La côte de Philippeville est très mauvaise ; les navires du gouvernement peuvent échapper, parce qu'ils sont beaucoup mieux agencés que ceux du commerce ; mais les navires à voile sont très sujets aux accidents. Le 14 novembre 1854, il s'en est perdu 32 dans le port de Philippeville.....

Je trouve que tu es bien ambitieuse pour moi ! — En relisant ta dernière lettre, je trouve : « S'il reste de la place dans la caisse où tu mettras les oranges, il faut mettre seulement quelques *grades*, très peu, et une demi-douzaine de citrons. » Tu pensais encore au grade que tu ambitionnes pour moi, lorsque tu as écrit ce malheureux « grade » que je devais mettre en caisse, au lieu des grenades promises.

Constantine, 6 janvier 1857.

Nous allons bientôt partir en expédition. On nous la promet longue et difficile. Elle doit durer plus d'une année ; nous créerons en Kabylie des points d'occupation et des établissements militaires autour desquels viendront se grouper petit à petit des colons. Pendant un an, en expédition, nous mettrons à peu près 100 francs par mois de côté, de sorte que l'année prochaine j'espère être riche.

Nous ne sommes pas habitués à rester si longtemps en garnison dans les villes d'Afrique, Constantine et Philippeville. Ordinairement, nous passons les trois quarts de notre hiver sur les routes, où nous sommes très à notre aise avec notre solde, tandis que dans les villes nous sommes horriblement pauvres !

Tous les Inspecteurs généraux ont demandé une augmentation de solde pour l'armée ; on dit qu'elle aura lieu le 1er janvier ; mais la nouvelle ne nous en est pas encore parvenue ici, et nous ne l'espérons guère.

En attendant, pour nous consoler, on dit qu'on va changer notre tenue et nous habiller en Arabes ! Il ne manque plus que cela pour nous rendre riches. Mais je n'y crois pas encore, quoique les bruits qui nous soient arrivés de ce changement de tenue nous viennent des officiers de la Garde impériale, qui sont en général très bien informés.

Philippeville, 7 février 1857.

..... Je pars demain en détachement avec deux compagnies que je commande. — C'est à Jemmapes, à 8 lieues de Philippeville que je vais. — J'en suis enchanté, car je vais pouvoir chasser, dessiner, faire ma cuisine, etc., etc., et surtout des économies !...

Jemmapes, le 27 février 1857.

Me voici installé depuis une quinzaine de jours à Jemmapes, et très heureux d'y être. — Tous mes hommes travaillent à la terre pendant quatre jours de la semaine ; les autres jours, samedi, dimanche et lundi, il y a repos et exercices militaires. — J'ai donc quatre jours à me promener et aller à la chasse.

Je m'exerce beaucoup à la marche, et je suis heureux de t'annoncer que j'ai repris toutes mes forces, absolument comme avant ma maladie. Je supporte la fatigue comme autrefois ; l'autre jour, je suis parti de Jemmapes sur mon mulet ; j'ai été à Bône (22 lieues). Le lendemain j'ai visité Bône et le surlemain je suis revenu. — Tu vois que c'est une bonne course. Je n'étais pas précisément bien fatigué en arrivant. J'avais seulement besoin d'un certain repos.

UNE CHASSE AU LION

Jemmapes, le 6 mars 1857.

Tu as cherché sur la carte la position de ce fameux Jemmapes, et tu n'as rien trouvé. — Cela ne t'étonnera pas beaucoup quand tu sauras que le fameux village que j'habite est créé depuis 1848. Il est situé à 8 lieues S.-Est de Philippeville et à 22 lieues S.-Ouest de Bône ; il est à peu près à l'embranchement des routes de Bône, Philippeville, Guelma. C'est un des seuls villages qui ait réellement prospéré en Afrique.

Les habitants travaillent et cultivent la terre au lieu de vendre la goutte et de chasser. Un homme laborieux et qui ne tombe pas malade, doit au bout de cinq ou six années, se créer une honnête aisance avec la concession que lui accorde le gouvernement.

Dernièrement, je causais avec un cultivateur de l'endroit, qui me disait : « Je suis arrivé ici il y a trois ans, avec 10 francs ; je n'y ai fait aucun commerce, et rien qu'avec la culture de la terre (blé, tabac, sorgho) j'en suis arrivé à être très à mon aise ; j'ai deux paires de bœufs, des moutons, des chèvres, et enfin je ne céderais pas ma position pour 4 ou 5 mille francs. »

Tu vois donc bien que cette terre d'Afrique, tant calomniée, est bonne à quelque chose. Il faut seulement avoir la chance de bien se porter ; pour cela, il faut être bien nourri et ne pas trop s'éreinter au travail au soleil.

..... Il y a à Jemmapes, un ostrogoth très original. C'est un prince allemand, *M. le duc Maximilien de Wurtemberg*, qui est ici depuis dix-huit mois, dans l'espérance de tuer le lion. Il va tous les soirs à l'affût ; il fait quelquefois des absences de sept ou huit jours ; on ne sait ce qu'il est devenu (à ce qu'il paraît, il poursuit le lion). J'ai été hier à l'affût avec lui ; je croyais que c'était sérieux, et il m'avait dit qu'il me ferait voir le lion.

J'avais donc pris mes précautions. Mon fusil était bien chargé, et je m'étais perché sur un arbre assez élevé pour échapper à toute espèce de représailles de la part de cet animal. Mon ordonnance était de plus perché sur un autre arbre, en face de moi. Je croyais à un affût sérieux. L'animal observé passait, m'avait-il dit, tous les soirs à cet endroit. — Nous étions donc lestés d'un verre de cognac et perchés de façon à pouvoir attendre en sécurité la terrible bête. Une heure se passe !... Pas de lion ; je commençais à bâiller et à avoir froid aux pieds. Deux heures arrivent, je perds patience ! J'avais les jambes engourdies de ma position sur une branche. J'appelle mon illustre Allemand : pas de réponse. — Je descends, je vais à son arbre qui était voisin du mien ; je l'aperçois couché au pied et ronflant du meilleur de son cœur à côté d'une bouteille de cognac qui lui avait servi à prendre patience.

Je l'ai laissé là et m'en suis allé très tranquillement me coucher dans mon lit. Voilà l'histoire de mon affût d'hier au soir : j'en suis corrigé pour quelque temps !

Ce prince ivrogne n'est pourtant pas un mythe. Il s'appelle Maximilien de Wurtemberg ; il a des armes qui ne peuvent appartenir qu'à un individu très titré, des carabines faites exprès pour lui, avec les armes de sa famille, gravées sur les canons (et des canons de Cutschmrester). C'est un vrai prince, mais très ennuyeux. Il est recommandé ici par tous les généraux qui ont reçu des lettres de haut lieu à son égard. Il faut croire que sa famille espère le voir manger par un lion et qu'elle emploie le moyen de se débarrasser de cet ivrogne qui doit gêner quelquefois la représentation. Du reste, je suis extrêmement froid avec lui, et toutes les fois qu'il veut me faire la moindre plaisanterie, plus ou moins tudesque, je le rembarre très vigoureusement.

Mais assez sur le compte de cet original ; il est retourné encore ce soir à l'affût et il n'est pas dangereux pour le lion : il n'y a à plaindre que ceux qui ont la bonhomie de l'accompagner. Si j'y vais encore, j'emporterai avec moi deux lampions pour mettre à sa droite et à sa gauche, afin de faire peur aux bêtes féroces lorsque l'aimable prince sera arrivé au pied de son arbre, à l'état de bête brute, mais non féroce.

ÉTABLISSEMENT DE ROUTES EN KABYLIE

Au camp de la Fontaine-du-Figuier,
31 mars 1857.

Tu dois avoir reçu ma dernière lettre datée de Jemmapes. Je te racontais ma manière de vivre, les avantages et les ennuis de cette localité. Le 25, j'ai été obligé de lui dire adieu, car nous avons reçu l'ordre de partir pour Constantine où nous sommes arrivés le 27. Là, s'est formée une espèce de petite colonne composée de quatre bataillons, et destinée à aller travailler sur les routes, aux alentours des pays douteux dont on veut compléter la soumission en les faisant traverser par des voies de communication. — Nous allons faire la route de Sétif à Djijelli, à travers le pâté de montagnes qui sépare ces deux points.

Nous serons placés au col le plus élevé, au-dessus du Djurjurah. Nous serons à peu près à 15 lieues de Djijelli et à 15 lieues aussi de Sétif. Nous n'aurons probablement rien à faire comme coups de fusil, mais nous serons obligés de nous garder militairement, car le pays que nous habiterons est toujours remuant et sa soumission n'est que très superficielle. Au premier récit de revers, ils se soulèveraient tous et nous aurions une très forte affaire sur les bras.

La grande expédition de Kabylie ne se fait pas cette année ; on dit que les raisons qui empêchent de l'entreprendre sont de différentes sortes. Les uns parlent du manque d'argent. (Il faudrait, dit-on, une quarantaine de millions pour la bien faire.) Les autres disent que tant que M. Randon commandera l'Afrique, nous ne nous risquerons pas à la faire, à cause des talents militaires reconnus complètement négatifs du maréchal en question. Les autres enfin prétendent que les questions européennes s'embrouillent assez pour que nous ne fassions pas dans ce moment de nouvelles entreprises en Afrique. Il faut, dit-on, tâcher de coloniser ce que nous avons pour y maintenir la paix et la tranquillité, et donner de la confiance aux entreprises et aux capitaux français jusqu'à ce qu'arrive le moment opportun d'en finir avec ce pâté de montagnes des Zouaoua et des Beni-Milikenet qui sont toujours le refuge de tous nos ennemis.

Pour le moment, nous travaillons tout bonnement aux routes, et puis quand viendra le milieu du mois de mai, nous voyagerons probablement à travers tous ces pays de montagnes, depuis Djijelli jusqu'au Sébaou pour montrer nos forces et faire comprendre aux Kabyles que si l'expédition ne se fait pas maintenant, elle n'est qu'ajournée et que nous n'abandonnons pas nos projets contre les Zouaoua et leurs amis.

Voilà, je crois, tous les projets jusqu'au mois d'août prochain, à moins que la brouille ne s'élève de nouveau en Europe. L'Afrique se civilise tous les jours. Le projet du chemin de fer de Philippeville à Constantine est terminé. Le train des ingénieurs anglais est fait aux trois quarts. On dit que les fonds seront réunis, et le travail commencé pour l'automne prochain. Nous aurons là un travail sérieux à faire, car il est certain à mes yeux que le régiment y sera employé plus tard.

Il fait très mauvais actuellement; tous nos voyages se font par des pluies effrayantes ; j'ai failli être arrêté dernièrement par l'Oued Saf-Saf, à la première étape que je faisais en sortant de Jemmapes, lorsque j'allais rejoindre le bataillon à El-Arrouet. J'ai heureusement trouvé un gué où les hommes n'avaient de l'eau que jusqu'à la ceinture.

Les trois jours de marche de Jemmapes à Constantine, ont été très durs : pluie battante tout le temps ; ce matin, quand nous sommes partis, il faisait un très beau soleil, et au moment où je l'écris, ce soir, sous ma tente, à huit heures, il pleut à verse. J'entends mon mulet et mon cheval qui ne sont pas à leur aise sous leurs couvertures ; mais ils y sont habitués, et il faut espérer qu'ils n'en tomberont pas malades. Ils sont tous les deux en bon état, et un jour ou deux de mauvais temps ne sont pas suffisants pour les inquiéter.

Je vais me coucher pour repartir demain à 5 h. 1/2 du matin, et par conséquent me lever à 4 h. 1/2 ; mais avant de m'endormir, je vais lire une fable ou deux de La Fontaine (un volume que j'ai toujours, le seul héritage de mon ami Gérard, tué au Mamelon vert, et dont je rapportais la croix, en France, à mon dernier congé).

Sétif, le 2 avril 1857.

Nous voici arrivés à Sétif, déjà depuis trois jours. Mais nous avons été tellement occupés par les préparatifs de la colonne que je n'ai pas pu terminer ma lettre comme je te l'avais promis. Nous partons demain à 5 h. 1/2 du matin. Je n'ai que le temps de fermer cette épitre en t'embrassant.

Dimanche des Rameaux, 5 avril 1857.

Nous voici arrivés à destination. Nous sommes en ce moment au sommet des montagnes qui séparent Sétif et Djijelli. A 150 mètres de notre camp, et au-dessus nous avons encore de la neige ; mais dans le col où nous sommes, il fait une température assez douce. Trop de bise seulement.

Nous voici installés à la même place pour une vingtaine de jours, tant que notre route ne sera pas terminée dans les passages avoisinant le camp. C'est un pays fort sauvage, au milieu de tribus peu nombreuses et très sur l'œil ; il nous est défendu de nous éloigner beaucoup de notre camp ; nous ne devons aller à la chasse qu'accompagnés de deux zouaves armés, etc., toute espèce de précautions qu'on prend en pareil cas et qui n'ont jamais servi à rien.

Mes bêtes se sont très bien comportées en route. Les chemins étaient difficiles, pierreux, très ravinés ; les routes tout à fait primitives, puisque nous arrivons dans ce pays pour les créer : j'ai été très content d'elles. Elles représentent en ce moment un fort capital, puisque mon cheval vaut haut le nez 800 francs, et que dernièrement encore on m'offrait de mon mulet 700 francs. Mon mulet a doublé de valeur depuis que je le possède ; du reste il n'y a rien d'étonnant, puisque les bêtes ont considérablement augmenté de prix.

Lundi 6 avril 1857.

Aujourd'hui j'ai travaillé à me bien installer pour les quinze jours ou trois semaines que j'ai à passer dans le camp.

La nuit dernière il a fait un vent affreux, mais ma tente a résisté à tout. Tu conçois bien qu'à la hauteur où nous sommes, ce qui est brise légère dans la plaine devient tout de suite tempête. Le vent est très froid : il donne un appétit féroce et nos soldats ont tout juste ce qu'il faut pour manger. Aussi, je te réponds qu'ils ne laissent rien !...

DÉPART POUR LA PLAINE

Au camp, le 15 avril 1857.

Tu me parles de ta tristesse à cause de cette campagne en perspective. Tu dois bien y être habituée ! Moi, au contraire, je ne puis pas m'empêcher d'en être gai ! J'ai retrouvé d'ailleurs ma compagnie, où il y a beaucoup de braves gens que je connais et qui me connaissent déjà depuis longtemps, et quelques nouveaux arrivés qui ont besoin de se former. Nous avons besoin d'une campagne pour nous remettre en haleine. Sois tranquille : quand on a échappé à la nuit du 22 au 23 mars, au Mamelon vert, à Traktir, à Malakoff, et à la maladie de l'année dernière, ce ne sera pas une misérable balle kabyle qui viendra me trouer la peau.

Il n'y a qu'une chose qui m'ennuie : c'est qu'outre ma peau, j'ai encore celle de mon quadrupède, et je serais infiniment vexé de lui voir arriver un accident, d'autant plus que cet animal présente une surface plus considérable que la mienne, et que naturellement il a plus de chance de gober des éclaboussures que moi qui, sans être mince, suis pourtant moins gros que lui. Dans tous les cas, je t'écrirai jour par jour les nouvelles, plaisirs ou fatigues que nous aurons trouvés.

Nous avons reçu l'ordre de partir après-demain 17 avril pour Sétif. Nous arriverons le 20 dans cette ville ; le jour de notre départ de Sétif n'est pas encore indiqué, mais nous resterons là deux ou trois jours seulement. Du reste je ne fermerai ma lettre que le jour du courrier, et je te donnerai des nouvelles plus fraîches et plus positives. Dans tous les cas je suis enchanté de quitter le camp où nous sommes : il est insupportable et me déplaît souverainement. Figure-toi que nous sommes perchés au sommet du massif des montagnes (dans un col pourtant !) qui sépare Sétif de Djijelli. C'est un courant d'air constant, un vent à décorner les bœufs et à enlever les tentes. Nous avons été obligés de construire des murs de un mètre d'élévation autour de nos tentes pour les préserver du vent, et puis il n'y a rien qui donne autant sur les nerfs que d'avoir constamment quelque chose qui vous souffle de la poussière dans la figure. On se garantit de tout, du froid avec du feu quand on a du bois, de la boue avec des sabots, de la chaleur avec du feuillage, mais du vent avec rien du tout.

Enfin, nous allons quitter cet affreux camp où il gèle le matin et le soir, où l'on est obligé de se chauffer en abattant des arbres entiers. Nous allons retrouver la plaine, du vert et de la bonne nourriture pour nos animaux, et pour nous une température agréable.

La chasse, ici, est très fatigante. Il faut toujours grimper et descendre, et si l'on trouvait encore quelque chose ! Mais rien ! Le gibier est comme nous : il aime mieux être dans la plaine, où il fait bon, qu'au sommet des montagnes où il est poursuivi par le vent et par le froid. J'en suis réduit à repasser à outrance les évolutions de ligne et mes théories.

Nous n'avons, ici, à contempler que des aigles, des vautours et des milans ! Ainsi donc après-demain, nous nous mettons en route, et très heureux de descendre.

Drah-El-Mizan, le 7 mai 1857.

Je ne t'ai pas écrit depuis Sétif, et pourtant nous en voilà à une quinzaine de jours de marche, en comptant nos séjours. De Sétif, nous avons été en deux jours à Bordj-bou-Arréridj ; de là, à Aumale en cinq jours. A Aumale, nous avons séjourné deux jours. J'espérais t'écrire, mais j'ai été de garde et de distribution ; enfin j'ai été occupé beaucoup et ennuyé par mon cheval qui était un peu malade. Nous voici maintenant à trois jours de marche d'Aumale, à Drah El-Mizan, où l'on a établi une maison de commandement, autour de laquelle s'est groupé un petit village. Nous y faisons séjour et c'est pendant ce jour de repos que je t'écris.

Nous commencerons demain à nous trouver au milieu de populations très douteuses. Nous n'aurons pas encore de coups de fusil ; mais les hommes isolés pourraient bien commencer à être assassinés. Il y a toujours au commencement des colonnes de ces accidents qui donnent de la prudence pour le restant de l'expédition, mais trop tard pour les malheureux qui en sont victimes.

Nous devons, m'a-t-on dit, rester une dizaine de jours à Tizi-Ouzou pour faire des routes et faciliter aussi notre arrivée en pays ennemi ; puis enfin, nous entrerons en opérations. Je vais encore me trouver sous les ordres du général Mac-Mahon. C'est lui qui doit commander notre division. Nous en sommes tous très enchantés, moi surtout qui n'ai jamais eu qu'à me louer d'avoir été sous ses ordres et qui suis connu de lui. Je n'ai encore rien à espérer comme récompense dans ce moment-ci, mais c'est toujours quelque chose de faire campagne avec M. de Mac-Mahon qui pourra me faire du bien un peu plus tard.

EXPÉDITION CONTRE LES BENI-RATEN

Au camp sur le Sébaou, le 20 mai 1857.

Voici enfin le gouverneur et le général de Mac-Mahon arrivés depuis deux jours. Nous venons de passer une revue du gouverneur. Toute l'armée, composée de trois divisions, Renaud, Mac-Mahon et Yusuf, est en ce moment campée sur les bords du Sébaou. Chaque division a son bivouac aux pieds de la position qu'elle doit enlever. La nôtre, considérée par toute l'armée comme division d'élite, est campée vis-à-vis la gauche des Beni-Raten, et l'on suppose qu'elle a la besogne la plus difficile à faire.

Nous sommes tous enchantés d'avoir pour divisionnaire M. de Mac-Mahon. Les deux brigades de sa division, l'une tirée de la province d'Oran, est sous les ordres du général Bourbaki ; l'autre, tirée de la province de Constantine, est sous les ordres du général Perrégaux, c'est celle dont je fais partie. Je n'ai pas encore été rendre visite à M. le général de Mac-Mahon, il est encore trop occupé ; il n'y a que deux jours qu'il a pris son commandement, et j'attends un moment plus calme ou une circonstance favorable pour aller lui présenter mes respects.

C'est demain matin, 21 mai, que nous allons aborder les positions des Beni-Raten. Je crois qu'elles seront rapidement enlevées ; ce n'est pas là le difficile de la chose ! On dit que ces messieurs sont décidés à se défendre jusqu'à la dernière extrémité ; mais cet énorme déploiement de troupes et d'artillerie qu'ils peuvent voir de leurs hauteurs, doit leur donner beaucoup à réfléchir.

Il est impossible que les affaires durent plus de quatre ou cinq jours. Le pays que nous avons à soumettre est très petit et réellement, je suis très étonné de tous les préparatifs que l'on fait pour cette conquête. Il est vrai qu'on a déjà échoué plusieurs fois ; mais cette fois-ci, on a pris tellement de précautions, que le succès ne peut manquer. Et puis on connaît assez bien le pays : on sait les difficultés que l'on a à vaincre et on a tous les renseignements possibles à ce sujet.

Demain, nous aurons un beau coup d'œil ; je ne sais pas si notre brigade sera fortement engagée ; je crois que l'honneur de la journée sera plutôt pour la brigade Bourbaki.

Les derniers jours que nous venons de passer ont été assez ennuyeux. Nos soldats travaillent aux routes pour faciliter les transports de l'armée jusqu'aux pieds des Beni-Raten. Depuis le jour où nous sommes arrivés à Tizi-Ouzou, voilà notre métier ; de plus, la chasse était défendue. Nous ne pouvions y aller que lorsque nous étions de corvée de vert, c'est-à-dire chargés de protéger la corvée de fourrages verts du train et de l'artillerie.

Nous avons vu nos camarades des 1er et 2e zouaves : il y a eu grande réunion, punch, sous la tente, auquel assistaient tous nos généraux. La soirée a eu lieu hier : c'était très gai ; elle n'a pas pu dégénérer en orgies, vu que les consommations étaient limitées par suite de l'éloignement des points de ravitaillement ; mais enfin elle a duré jusqu'à deux heures du matin ; c'était déjà très honnête.

Au camp de Sébaou, 21 mai 1857.

Nous ne montons pas encore aujourd'hui aux Beni-Raten ; le contre-ordre a été donné ce matin, à cause du brouillard qui nous empêchait de voir à vingt pas de nous. On veut y voir clair pour opérer notre ascension.

A propos d'ascension, c'est aujourd'hui 21 mai, son jour. Nous n'avons pas pu opérer la nôtre, et cela a été cause d'une foule de mauvais calembours faits dans le camp. Il est probable que si elle avait eu lieu, personne n'aurait pensé à ce rapprochement, mais cette journée d'oisiveté a excité l'esprit de ceux qui font courir leurs mots, et le malheureux public est victime d'une mauvaise plaisanterie de plus.

A propos de mauvaise plaisanterie, il faut que je t'en raconte une qui nous est arrivée aujourd'hui à notre dîner. Nous avons changé de cuisinier il y a deux jours, vu que l'autre faisait danser l'anse du panier. Celui que nous avons pris a l'air fort honnête homme, et ne fait pas trop mal son affaire. Mais ce soir, voulant nous faire une surprise, il nous apporta des beignets de morue. Je voyais sur la surface de ces beignets une poudre blanche en assez grande quantité : je croyais que c'était du sel et je me disais que notre vin allait diminuer beaucoup. Mais pas du tout ! C'était du sucre ! J'en suis encore ébahi ! Je n'aurais jamais imaginé un plat semblable et, pendant ce temps, notre cuisinier nous observait du coin de l'œil pour voir si nous allions approuver le régal qu'il nous avait offert. Le pauvre malheureux a été agonisé de sottises, d'autant plus que le dîner était déjà court avec la morue et que ce plat manquant, il devenait par trop mesquin ! — Je ris encore de la mine de ce brave garçon qui nous a rogné notre dîner en croyant nous faire plaisir ! C'est très beau d'avoir de l'imagination en cuisine, mais trop d'imagination nuit, surtout avec nos pauvres moyens.

Au camp sur le Sébaou, 25 mai 1857.

Hier 24, nous sommes enfin montés aux Beni-Raten. Les trois divisions ensemble montant sur trois points différents. De notre côté, la résistance a été assez vive, mais nous leur avons donné une telle poursuite qu'ils en ont encore le feu au derrière. A côté de nous, d'autres corps ont eu plus à souffrir, et tiraillent encore toute la nuit avec les Arabes. Quant à nous, ils nous laissent tranquilles et nous regardent à distance.

Ainsi, je suis de grand'garde en ce moment ; il ne nous en est pas encore arrivé à portée de fusil. Ils ont laissé tranquille la grand'garde la nuit dernière ; j'espère que cette nuit ils nous laisseront tranquilles encore. Ceux que nous voyons, ne viennent pas je crois pour nous inquiéter, ils viennent chercher leurs cadavres qu'ils n'ont pas eu le temps d'emporter et qu'ils ont cachés au fond des ravins.

La grand'garde a cela d'ennuyeux, c'est qu'on ne peut pas dormir de toute la nuit. Si l'on se laissait aller au sommeil, les soldats en feraient autant et la face du camp que l'on protège ne serait plus en sûreté.

Aux Beni-Raten, 30 mai 1857.

La paix est faite ! du moins pour les Beni-Raten qui ont fait leur soumission ; depuis ma dernière lettre, nous n'avons plus rien eu. — Du reste, il y a une justice à rendre aux Beni-Raten : c'est qu'ils craignent les zouaves comme le feu. On nous avait mis, comme toujours, aux endroits les plus difficiles. Ils ont fui partout devant nous ; aussi dans nos engagements, nous avons eu une quinzaine de tués ou blessés, dont un seul officier blessé, pas très dangereusement. Cela prouve énormément en faveur de l'intelligence des Beni-Raten. Tous les autres corps ont souffert beaucoup plus que nous. Les chasseurs à pied ont eu dans un seul bataillon, 64 hommes hors de combat. Le 54e en a eu 150 ; la légion étrangère à peu près le même nombre, tandis que nous nous n'en avons que 15 dans deux bataillons présents, et pourtant nous leur avons donné une poursuite bien plus allongée que les autres.

La nuit, tous les avant-postes des autres corps sont attaqués. Nous, jamais. C'est à peine s'ils viennent nous tirer de temps en temps un malheureux coup de fusil auquel on ne répond pas. Alors ces messieurs les Beni-Raten n'osent plus s'avancer, ne sachant pas où sont nos embuscades qui veillent tranquillement en les attendant à bout portant.

Tu vois que notre métier n'est pas difficile. Sitôt que nous paraissons, plus personne ! Quand nous rendons nos postes aux « Grandes Capotes », comme les appellent les Arabes, fussent-ils vingt fois supérieurs à nous en nombre, ils sont attaqués là où nous n'avons rien eu à faire. Tu vois que c'est très flatteur de servir dans notre corps. Seulement, on est jalousé de tout le monde. Il n'y a que le général de Mac-Mahon qui nous aime. Le gouverneur nous déteste ; mais pourtant il a été obligé de boire à la santé des zouaves le jour de l'ascension des Beni-Raten.

A tous ces gens qui nous détestent, nous disons comme M. Guizot : « Vos injures n'arrivent pas à la hauteur de notre dédain ! »

Mais cela n'arrive qu'en garnison, car ici on n'entend que : « Les zouaves en avant par-ci, en avant par-là, etc. »

Toutes les fois qu'un corps est dans le pétrin, tout de suite : « En avant, les zouaves ! »

Mais je vois que je me laisse entraîner à te faire notre propre apologie en quoi je te prouve que nous ne ressemblons pas à la modeste violette ; mais c'est l'impression de ces dernières journées qui arrive forcément à se faire jour sous ma plume, et je suis trop paresseux pour recommencer ma lettre, d'autant plus que j'ai veillé toute la nuit d'hier et que ce soir je vais me livrer à un sommeil que je prolongerai tant que je pourrai.

Si ma bonne grand'mère pouvait nous voir actuellement, nous lui ferions horreur ; nous avons passé ces dernières journées à tout détruire ce qui était sous notre main : villages, figuiers, oliviers, tous les beaux arbres des Beni-Raten sont passés par la hache ou la scie, du moins tous ceux qui étaient à notre portée. Elle qui aime tant les fleurs et les beaux arbres, aurait été scandalisée de notre

ardeur à la destruction, et pourtant c'est la seule manière
de venir à bout de ces gens-là. Ils sont insaisissables, et
nous ne pouvons les joindre que dans leur amour de leur
pays et de leur culture. Tout ce qu'ils ont pu enlever de
leurs richesses et de leurs propriétés, tout cela est envolé
et à l'abri, au loin, dans des repaires ignorés de tous.
Leurs femmes, leurs enfants, leurs douros, et tout ce qui
est précieux est recueilli, soit par des tribus amies, soit
caché dans les cavernes du Djurjurah, que nous avons
tout près de nous, mais encore couvert de neige. Nous
sommes donc obligés de nous rabattre sur ce que nous
avons à portée.

Aux Beni-Raten, le 18 juin 1857.

Voilà bientôt vingt jours que nous sommes établis dans
le camp sans bouger ! Nous travaillons à établir un fort et
une route carrossable servant à relier ce fort à Tizi-
Ouzou. Je croyais que ce travail durerait douze à quinze
jours au plus ; mais voilà vingt-deux ou vingt-trois jours
que nous nous ennuyons à ce métier, et cela menace de
devoir durer encore.

Le bataillon travaille très peu : il est chargé spéciale-
ment de la garde du camp, en avant du côté de l'ennemi.
Nous avons deux compagnies sur six, tous les jours, de
grand'garde, ce qui nous donne deux jours de repos sur
une nuit de fatigue.

Du reste, l'ennemi se fait apercevoir, mais très à distance, et aussitôt que nous paraîtrons dans son pays, il
viendra se soumettre. Nous sommes des forces tellement
imposantes, qu'aucune tribu, maintenant que la plus importante est soumise, n'osera résister. Il y aura tout au
plus quelques coups de fusil dans la marche ; mais aussitôt installés, les soumissions arrivent.

L'expédition se prolongera assez avant dans l'été et pour
rejoindre nos pénates, nous aurons de la chaleur ; voilà le

plus ennuyeux de notre histoire. Tout le monde ici se porte très bien à la hauteur où nous sommes. L'air est pur, l'eau saine et fraîche ; il y a de l'ombrage ; la nourriture est bonne, quoique très chère. — Pour ce dernier point, c'est toujours la même chose ! Tous ces marchands à la suite des armées, sont des gens qui ont fini de bien faire partout où ils ont été, et comme ils sont très peu nombreux, il n'y a pas une concurrence assez considérable, et c'est nous autres qui sommes les malheureuses victimes. C'est très malheureux, mais jamais on ne trouvera de remèdes à cet état de choses, tant que le gouvernement ne sera pas notre marchand et, comme d'un autre côté, ce même gouvernement cherche à favoriser les colons, il ne veut pas leur faire concurrence. Nous sommes donc volés, et très volés, et un peu empoisonnés.

Aux Beni-Raten, 25 juin 1857.

Je t'écris une lettre de deux lignes. Tu verras dans le *Moniteur*, que le capitaine Chapuis avec lequel je suis souvent confondu, du 2e régiment de zouaves, a été tué. Ne sois pas inquiète, il n'est pas question de moi.

Camp de Tamata, le 13 juillet 1857.

Cette fois-ci tout est bien fini. Toute la Kabylie est soumise en ce moment. Nous sommes ici encore pour quelques jours à attendre les contributions, puis nous allons filer chacun dans nos garnisons.

Nous sommes toujours très occupés à faire des routes pour nous ouvrir un passage plus facile pour la journée du lendemain. Cette expédition aura été bien inoffensive pour nous. Je n'ai pas eu seulement un homme blessé à ma compagnie ; il y en a eu un contusionné, voilà tout. J'ai eu beaucoup de bonheur ; j'ai monté des grand'gardes difficiles : pas eu un seul blessé.

On dit que mon bataillon va rentrer, soit à Philippeville, soit à Djijelli. Dans ces deux points, nous aurions la mer : ce serait bien agréable pour la fin de l'été !...

Sétif, le 5 août 1857.

Nous voici installés depuis ce matin à Sétif. Nous y sommes pour longtemps. L'expédition est terminée ; elle a été beaucoup plus longue que d'habitude, puisque voilà le 5 août arrivé avant notre rentrée en garnison. Ce dernier mois a été très pénible à cause de la grande chaleur. Quand on partait de bon matin, et que quelquefois le camp n'était pas formé avant une heure de l'après-midi, il arrivait qu'on était assez malheureux. Heureusement, nous avons eu assez souvent des arbres, excepté dans les dix derniers jours, et leur ombre nous a procuré quelques bons moments.....

Sétif, le 27 août 1857.

Les récompenses de la colonne viennent d'arriver. Santupéry est nommé chef de bataillon, et moi je ne serai pas nommé adjudant-major. Nous sommes au bout du monde, et les journaux ne sont pas arrivés. Je ne sais pas encore si j'ai lieu d'être joyeux ou de prendre ma philosophie pour oreiller : cet éloignement de Sétif est une chose fort ennuyeuse.

M. de Mac-Mahon n'est pas mon inspecteur général, c'est le général Valzyn-Esterhazy. — Notre vie ici est très monotone ; nous nous préparons à l'inspection générale avec un acharnement remarquable. Tous les jours que Dieu fait, nous nous levons à quatre et cinq heures du matin ; nous passons la matinée à l'exercice, enfin nous devenons très manœuvriers. L'après-midi, nous faisons un petit bout de sieste et le soir une promenade dans les environs de Sétif.

C'est une vie réglée comme les petits pâtés, mais assez fatigante et ennuyeuse. Notre commandant est un brave homme, qui m'aime beaucoup, et je le lui rends bien ; mais il est très ennuyeux et minutieux comme un ciel toujours bleu. Nous avons de temps en temps quelques discussions, mais cela ne sert qu'à rattacher l'amitié. Malheureusement, il va nous quitter et passer lieutenant-colonel, et je crois que nous perdrons certainement au change.

Nous vivons en popote, tous les capitaines chez moi. J'ai loué un logement de deux pièces avec cuisine, 40 francs. La popote en paie la moitié, moi l'autre, et je tiens cette popote. Du reste, je n'ai pas besoin de me fouler la rate pour la tenir : nous avons un cuisinier excellent et très économe. Cela marche tout seul. Il n'a que le défaut de se saoûler tous les quinze jours. Alors le dîner, ce jour-là, est assez médiocre; mais enfin il y a toujours de la soupe. Ici, les vivres sont très chers : le vin, 20 sols, et tout en proportion, excepté le pain.

NOMINATION AU GRADE D'ADJUDANT-MAJOR

Sétif, le 31 août 1857.

Je viens de recevoir, il y a à peine deux heures, ma nomination d'adjudant-major! Je t'écris de suite pour te l'annoncer! Mais il faut de suite que je fasse mes malles ; je vais à Philippeville au 3ᵉ bataillon. J'ai regret de quitter mon commandant qui m'aimait beaucoup et auquel je rendais la pareille ; mais je suis en bons termes avec celui du 3ᵉ bataillon, où je vais, et quoique son caractère ne me plaise pas énormément, je crois que je serai bien avec lui. C'est un nommé M. Becker, assez jeune homme et portant beau.

Je vais être obligé de faire quelques dépenses de sellerie et tenue ; j'espère pouvoir profiter de ce que me laissera mon prédécesseur Santupéry, si je puis facilement m'arranger avec lui. — Je t'écrirai pour cela dans une huitaine de jours, aussitôt que je serai sur les lieux.

Sétif, 16 septembre 1857.

Je t'écrivais il n'y a pas longtemps que j'étais nommé adjudant-major et que je devais rejoindre mon bataillon à Philippeville. Je pars donc de Sétif pour ce dernier point. A peine arrivé, mon bataillon reçoit l'ordre de partir pour aller sur les routes. Nous voilà en route par un sirocco brûlant pendant huit jours de marche, et de retour à Sétif ! C'était bien la peine d'en partir il y a quinze jours. Cela m'a fait dépenser de l'argent et de la fatigue assez inutilement.

Cette année ne pourra pas compter parmi les années de repos que j'aurai eues dans ma vie : détachement de Jemmapes, en février et mars ; expédition et route : mars, fin avril, mai, juin, juillet ; rentrée en garnison le 2 août, pour repartir le 6 septembre et recommencer ! Nous en avons en ce moment-ci, dit-on, pour jusqu'au 15 novembre. Nous allons faire des routes au pied du pays conquis au printemps dernier. C'est une façon d'expédition pour faire voir que nous ne négligeons pas notre conquête, et sous prétexte de construire une route, nous allons observer le pays, armés jusqu'aux dents. Il n'y aura pas de coups de fusil, mais en revanche je crois que nous verrons pas mal d'assassinats isolés.

Je suis bien content de ma nouvelle fonction, mais elle vient de m'obliger à pas mal de dépenses. J'arrive à Sétif au commencement du mois d'août ; je n'avais plus ni linge, ni chaussures, j'ai été obligé de m'en faire faire et au moment de partir, de payer.

J'arrive à Philippeville : l'adjudant-major que je remplaçais m'a cédé sa sellerie, ses épaulettes, enfin tout ce qui pouvait m'être utile dans le nouveau grade que j'allais occuper. J'ai acheté le tout bien moins cher que si je l'avais acheté neuf. Mais en revanche, il m'a fallu le payer de suite, car il avait besoin d'argent pour partir en France. Tout cela m'a ruiné, et à fond !

Mon chef de bataillon est un garçon très agréable à vivre et qui aime assez à ce que les autres lui fassent sa besogne ; il m'en fera faire beaucoup, mais je crois que je serai bien avec lui. Nous vivons ensemble et nous avons comme troisième convive, le docteur du bataillon. J'espère avoir avec eux deux de très bonnes relations.

Aïn-Mergoun, camp à 12 lieues de Sétif,
21 septembre 1857.

Nous revoilà donc à courir et à travailler sur les routes ; j'espérais me reposer plus longtemps, mais je suis destiné à me promener ! Promenons-nous donc sans ennui et sans rechigner.

Pour te donner une idée de la fatigue du régiment, dans le nouveau bataillon dans lequel je viens d'entrer, au lieu de 27 officiers qu'il devrait y avoir dans les compagnies actives, il n'y en a que 8, c'est-à-dire un seul par compagnie, plus le commandant, le docteur et moi. C'est assez te dire que les autres sont à l'hôpital ou aux eaux, ou en convalescence, ou en congé. Nous sommes en ce moment sur la route de Sétif à Bougie, à 12 lieues de Sétif, au milieu de montagnes où nous respirons un bon air ; nous sommes tout près du pays où, en 1849, avec le général de Saint-Arnaud, nous recevions une si belle pile. Mais depuis de temps, combien tout a changé ! Au lieu de sentiers abrupts, il y a maintenant une route superbe presque carrossable. Au lieu de coups de fusil, on reçoit le bonjour et l'hospitalité des habitants. Là, on peut chasser partout sans rien craindre, et si on s'est attardé à 4 ou 5 lieues du camp, on peut passer une nuit sans aucune crainte sous la tente ou le toit d'un kabyle. Et il y a à peine huit ou neuf ans on ne pouvait pas faire vingt pas en dehors du camp sans recevoir un coup de fusil. Et il y a des gens qui vous disent qu'il n'y a pas de progrès en Afrique, que la population est toujours hostile, etc.....

Je suis très content de ma santé. Toutes les fatigues de cette année, au lieu de l'altérer, n'ont fait que la raffermir. Je me porte très bien et suis très content d'être forcé de déployer de l'activité.

INSPECTION GÉNÉRALE

Au camp de Sidi-Raïch, 12 octobre 1857.

Nous voilà encore changés de camp ! Dernièrement j'étais sur la route de Bougie à Sétif; nous sommes maintenant sur celle de Bougie à Aumale, placés à 12 lieues de Bougie, dans la vallée de l'Oued-el-Kébir, que le tracé de la route suit depuis Aumale jusqu'à son embouchure à Bougie.

C'est un pays charmant, peut-être le plus beau et le plus riche pays d'Afrique, portant des figuiers, des oliviers, des montagnes cultivées presque jusqu'à leur sommet ; de beaux villages. Au milieu de la vallée, coule une des rivières les plus importantes de toute l'Afrique, l'Oued-el-Kébir, autrement appelée Oued-Sahel, ou encore Soummam. Tout cela était charmant jusqu'à ces derniers jours ; mais le mauvais temps vient de commencer et il continue avec une certaine persistance, de façon que nous ne sommes pas tout à fait à notre aise.

Le seul divertissement du camp, la chasse, nous est interdite depuis les pluies. On ne peut plus sortir de sa tente que par quelque éclaircie pendant laquelle on sèche l'humidité que l'on vient de recevoir, et on se prépare pour celle qui doit vous arriver.

Le général Desmarets, qui commande notre colonne, a été délégué par notre inspecteur général, Walsyn-Esterhazy, pour nous passer notre inspection générale. L'approche du mauvais temps avait décidé ce dernier à ne pas venir s'exposer à recevoir des ondées et à se faire remplacer par le général qui commande nos camps.

M. Desmarets a été charmant. Il a interrogé les sous-officiers de l'instruction desquels je suis chargé : il a paru être très content. De plus, il m'a fait commander l'école de bataillon et m'a fait compliment sur ma manière de commander, de façon qu'il ne résultera pour moi que de bonnes notes de cette inspection générale. C'est moins important pour moi que si M. Walsyn-Esterhazy était venu lui-même ; mais enfin M. Desmarets lui a fait son rapport qui doit m'être favorable. Je ne puis encore rien espérer d'ici trois ou quatre ans ; mais je me souhaite d'être aussi heureux à une inspection générale décisive.

Assez causé de tout cela. M. Desmarets s'est installé à notre camp ; sa tente est à dix pas de la mienne, et tous les soirs il nous réunit, le commandant Becker, moi et ses officiers d'ordonnance, pour faire son wihst. C'est un honneur assez ennuyeux parfois, lorsqu'on s'est fatigué pendant la journée, mais enfin je le subis et souvent avec plaisir.

M. Desmarets est un homme plein d'esprit, qui a été longtemps officier d'ordonnance de M. le prince Napoléon, qui a beaucoup vu, qui raconte avec beaucoup de finesse tout ce qu'il a vu et qui, le wisht terminé, cause très agréablement pendant une demi-heure en fumant son cigare.

Tu vois donc d'ici ma vie et mes soirées, du moins pendant que je suis en expédition. Je ne sais pas si en garnison j'aurais les mêmes fréquentations, mais alors elles seraient pour moi beaucoup plus corvées, car en définitive, je ne suis qu'un bon quatrième au wisht, rien de plus, obligé à l'exactitude et à être là quand il plaît au général...

Pendant que je t'écris, la pluie tombe à torrents et nous en avons encore jusqu'à la fin de la lune. — Notre position pourrait devenir très grave avec le mauvais temps... Les communications interrompues par les rivières, plus de vivres, et du froid ! Il faut espérer que nous n'aurons pas toutes ces calamités et que le beau temps se lèvera sur nous pour nous conduire jusqu'à Philippeville où nous devons passer notre hiver.

Constantine, 20 novembre 1857.

Voilà une dizaine de jours que je suis rentré, mais au lieu d'aller à Philippeville, nous passons notre hiver à Constantine. J'ai été assez dérangé de ce contre-temps. D'abord parce que la vie de Constantine est plus chère que celle de Philippeville, et puis que mon service est beaucoup plus compliqué à Constantine. Je suis sur pied depuis six heures du matin, tous les jours, jusqu'à une heure de l'après-midi : je n'ai pas une minute à moi. A partir de une heure, j'ai quelquefois mon après-midi, mais pas tous les jours. Aussi tous les soirs, vers huit heures ou huit heures et demie, je rentre chez moi, et j'ai besoin d'un bon somme.

Pendant les derniers temps que j'étais à Aklean, nous avons été faire une promenade aux Beni-Ménikesch, avec M. le général Desmarets. Nous avons été témoins d'une fête assez curieuse : une lutte très amusante ! J'ai envoyé le dessin à *l'Illustration*, avec prière au directeur de m'envoyer un abonnement gratuit. J'ai reçu l'abonnement, mais mon dessin n'a pas encore paru, et sous peu tu le verras : il te fera, je crois, plaisir.

M. Gastu est nommé général de division, commandant

la province de Constantine, et M. Jannin, mon ancien chef de bataillon est, dit-on, nommé au commandement de la brigade.

J'ai pu enfin réunir tous mes effets à Constantine ; ils s'étaient dispersés à Philippeville et Sétif ; mais tout réuni n'est pas considérable. Je voudrais que tu visites mon logement à Constantine, il ne brille pas par l'ameublement. Il a fallu travailler beaucoup d'imagination pour arriver à le meubler. J'ai un lit formé de deux lits de troupe réunis ; un canapé formé d'un matelas de soldat sur trois planches, le tout recouvert d'une housse que j'ai fait faire, et de deux coussins en foin ; une table de campagne, deux tabourets de campagne, mes armes et quelques fusils et pistolets arabes, réservés pour mon oncle ; avec des rideaux, voilà mon mobilier !...

EXPÉDITION DANS LE SAHARA

Biskra, 26 février 1858.

Me voilà depuis deux jours à Biskra, et nous partons demain matin plus au sud. Notre expédition va durer de trente à quarante jours pendant lesquels je ne peux pas te promettre des courriers très exacts.

Je pars dans toutes espèces de bonnes conditions : bien portant, bien monté, et avec 25° de chaleur ! Tu vois par là que tu n'as pas beaucoup de mauvais sang à te faire, ni à me plaindre beaucoup.

Nous avons eu assez mauvais temps jusqu'ici, mais nous voici dans le pays du soleil ; plus de froid, plus de 0° au thermomètre, plus de mal d'entrailles. Du mouvement,

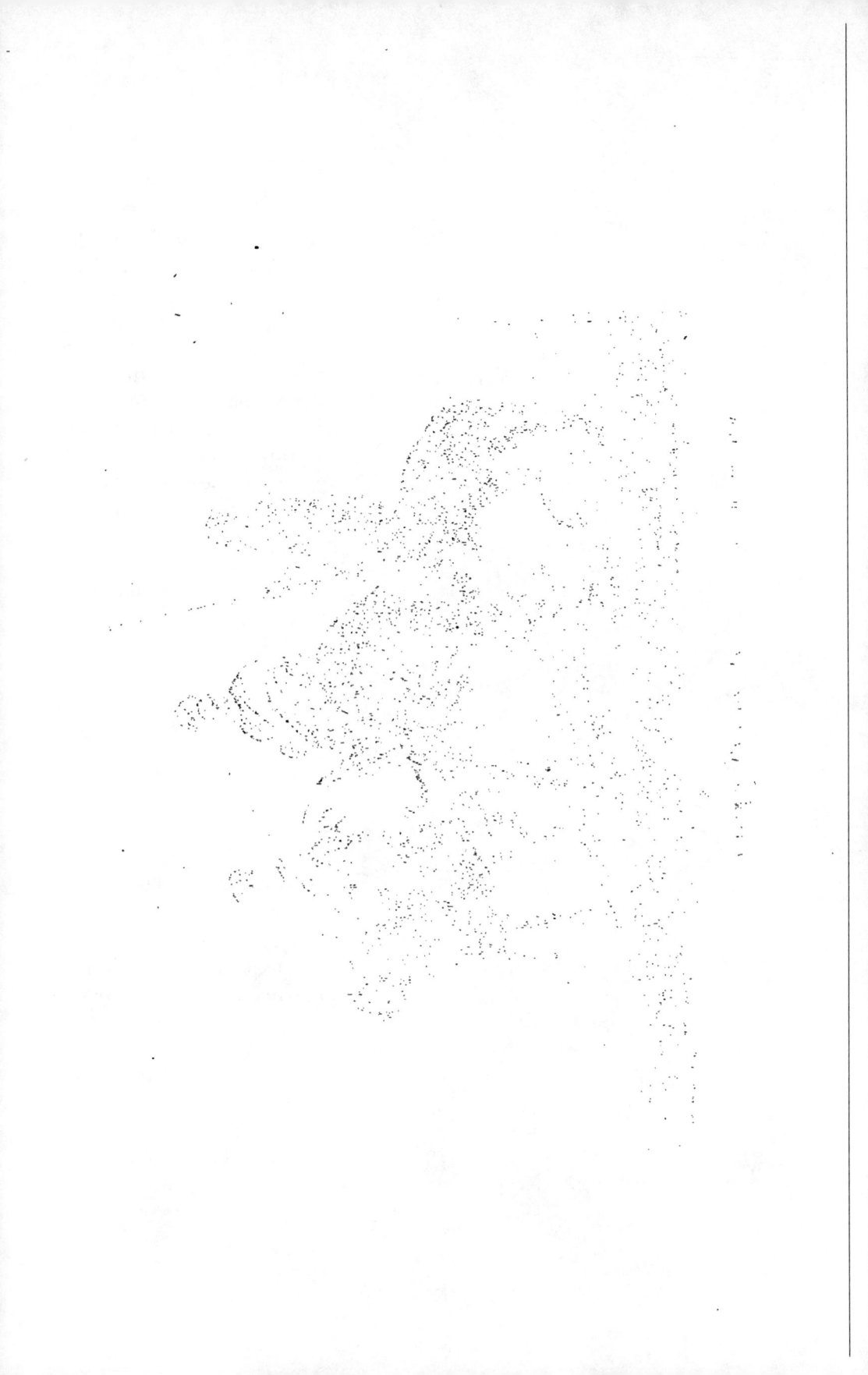

                                    mon ancien chef
                                     ment de la

                                Constantine ; ils
                                  mais tout réuni
                                que tu visites mon
                                 pas par l'ameuble-
                                d'imagination pour
                                orme de deux lits de
                                un matelas de soldat
                                d'une housse que j'ai
                                en foin ; une table de
                                campagne, mes armes et
                                arabes, reservés pour mon
                                voila mon mobilier !...

EXPLORATION DANS LE SAHARA

Biskra, 26 février 1858.

   depuis   jours à Biskra, et nous partons
demain matin   Notre expédition va durer de
trente à quarante   pendant lesquels je ne peux pas te
       très exacts.

   Je pars dans   de bonnes conditions : bien
portant, bien equipé   Quelle chaleur ! Tu vois par
la   pas   mauvais sang à te faire, ni
à me   .

   Nous   presqu'ici, mais nous
           plus de 0° au
         en mouvement.

CAMPAGNE D'ALGÉRIE. — AQUARELLE DU CAPITAINE JAPY, correspondant de l'Illustration.

de l'activité, se lever tous les jours à cinq heures du matin, se coucher presqu'avec le soleil, voilà la vie que j'aime.

Nous manquons un peu de bonne eau, mais en revanche nous emmenons un chameau chargé de vin, et nous aurons du liquide pendant tout le temps de la colonne.

Désert, 2 mars 1858.

Nous voici en plein désert ; nous ne voyons plus autour de nous que la plaine et le ciel. Ce n'est pas une plaine aride tout à fait. Il pousse sur le sable des plantes plus ou moins grandes que nos chevaux mangent avec assez d'appétit. Nos pauvres chevaux sont réduits à boire une fois par jour, et souvent ils n'ont pour satisfaire leur soif qu'une gamelle d'eau. Ils vont maigrir un peu, mais ils n'en acquerront que plus de qualités, et les chevaux qui ont été dans le Sahara sont plus estimés que les autres.

Je suis enchanté d'être arrivé assez à temps pour faire cette colonne. Au moins je commence à avoir chaud. Jusqu'à présent, la température a été très douce, un peu froide seulement la nuit. On dit que dans quelques jours, nous allons avoir 30 à 35°.

Le seul ennui du désert, c'est le vent ; quand il s'élève, tout s'emplit d'un sable impalpable qui finit par pénétrer partout, dans les yeux, dans les habits. On dit que tous les effets de drap qui ont servi pendant quelque temps dans le désert, sont tout à fait perdus.

Nous arrivons dans quelques jours au Souf ; on dit que c'est le plus curieux pays de l'Afrique. Je dessine toutes les fois que j'en ai le temps ; je te rapporterai une collection de dessins du pays ; je veux en avoir un bel album.

J'enverrai des dessins du Souf à *l'Illustration*, à laquelle je veux tenir ma promesse *de lui envoyer trois ou quatre dessins par an*. Cela fera plaisir en outre au général Desvaux qui commande notre colonne, et je n'en serai que mieux coté. Je suis bien avec ce général ; souvent j'ai des rapports avec lui qui sont infiniment agréables. Notre popote a fait les vivres pour trente jours. — Nous restons trente ou trente-deux jours dans le désert, puis nous rentrons à Biskra et de là à Constantine. Il s'est adjoint à nous l'Inspecteur des finances de Constantine, M. de Margerie, un homme charmant, qui veut voir le Souf, pour raconter plus tard au Ministère des Finances ses émotions et ses périls, et qui nous apporte beaucoup de gaîté.

El Oued, pays du Souf, 8 mars 1858.

Nous avons toujours continué à marcher au sud ; nous venons d'exécuter une marche très difficile : traverser un pays sans trouver, pendant cinq jours, un peu d'eau courante. Nous avons vu deux ou trois puits qui, au bout de deux ou trois heures, étaient épuisés. On vivait avec de l'eau qu'on transportait à notre suite sur des chameaux et on en distribuait 4 litres par homme et par jour ; en comptant ce que l'on en perdait, il n'y en avait pas trop, juste de quoi ne pas mourir de soif. Il fallait prélever sur ces 4 litres de quoi faire sa cuisine. Nos pauvres bêtes ont vécu avec 3 ou 4 litres d'eau par jour ; elles sont restées deux jours et demi sans boire. Je ne conçois pas comment elles n'en sont pas mortes ! Elles ont supporté cela admirablement ; mais il fallait les voir à la corde ! Quelle mine triste et allongée elles faisaient. J'avais beau partager mes 4 litres avec elles et leur mouiller la bouche de temps en temps, cela ne faisait que peu de chose... Elles revenaient pendant une heure de suite, me tendant un cou suppliant pour que je renouvelle ma générosité, mais il n'y avait pas moyen.

Pour surcroît de bonheur, nous avons eu une affreuse tempête de sable. Le vent du désert s'élevait avec une force extraordinaire et nous a tous couverts de sable. Si au lieu de durer dix heures, ce vent avait duré deux jours, nous aurions tous été enterrés sans fossoyeurs.

Nos tentes dont les piquets étaient dans le sable étaient enlevées à chaque instant ; enfin, ces dix heures à passer ont été peu agréables. Cela me remettait en mémoire l'armée de Cambyse, ensevelie dans le désert de Libye. Enfin, tout cela est passé.

Depuis deux jours, nous sommes arrivés au pays du Souf. C'est un pays très curieux et très peuplé. Les gens du Souf sont très industrieux et très intelligents ; ils se défendent contre le sable avec beaucoup d'adresse. Ils conquièrent sur lui tous leurs jardins qui sont entourés d'immenses dunes, de sorte que quand on arrive tout près, on commence à voir les palmiers par la cime ; tous leurs jardins sont une masse de petits entonnoirs au fond desquels sont les palmiers.

Leurs villages sont beaux et propres. Ils fabriquent beaucoup de burnous, de haïcks, soie et laine, enfin une quantité de produits considérables. Ils vont partout ; ils commercent du centre de l'Afrique aux côtes de la Méditerranée, de Tombouctou à Alger, Tunis, etc...

Du pays du Souf, nous irons à Tougourth, puis nous reviendrons par l'ouest, en suivant une ligne d'oasis qui va de Tougourth à Biskra par Zaatcha. Nous aurons de l'eau tous les jours et pas de sables. C'est un superbe voyage que nous faisons. Pas un coup de fusil ne vient troubler notre tranquillité. Les populations viennent avec beaucoup d'empressement au-devant de nous et payent l'impôt sans se faire prier. Nous leur avons donné des exemples tellement frappants de notre pouvoir et de notre générosité, qu'elles ne nous aiment pas précisément, parce que nous ne sommes pas musulmans ; mais elles vénèrent notre pouvoir.

Ainsi, il y a deux ans demain, les puits s'étaient taris ; l'oasis avait séché et était abandonnée de tout le monde. Nous y sommes venus avec notre brigade, chargée de creuser des puits artésiens. Nous y avons creusé un puits qui rapporte 40,000 litres à la minute, et qui a fait refleurir les palmiers et ramené toute une population qui avait été obligée de s'expatrier.

Dans quelques années, notre désert aura complètement changé d'aspect : il y aura partout des oasis et de l'eau, et le sable aura refoulé au loin.

Les gens du Souf qui ont été à Alger, ont rapporté la pomme de terre dans leur pays, avec la manière de la cultiver, et on en mange d'excellentes qui poussent dans ce pays sablonneux.

Tougourth, le 16 mars 1858.

Nous sommes en ce moment devant Tougourth qui est la limite sud de notre expédition. Nous allons y séjourner demain et après-demain nous reprenons la route de Biskra. Nous aurons quatorze jours de marche avant de rentrer. Après avoir traversé le pays du Souf dont je t'ai raconté en partie les merveilles, nous nous sommes dirigés vers le pays de l'Oued-Rhir. Le chemin, pour y arriver, n'est pas tout rose. On a à traverser des dunes de sable qui sont comme les vagues de la mer qu'on dirait fixées par une force magique. C'est très beau à regarder, mais ce n'est pas agréable à traverser, ni à pied, ni à cheval ; on tombe par terre très facilement, mais aussi très doucement, sur une couche de sable très épais.

J'ai eu plusieurs chutes, toutes plus amusantes les unes que les autres, parce qu'aussitôt par terre on se relevait tout aussi bien portant qu'auparavant.

Depuis hier, nous sommes dans le pays des belles oasis. *Si Soliman*, que nous avons traversé, périssait faute d'eau. De toutes les contrées de l'Oued-Rhir, où les habitants passent pour très habiles à faire des puits artésiens, il arrivait des ouvriers qui essayaient le forage d'un puits qui ressuscitât les palmiers de cette oasis. Tout échouait devant une couche de rochers qu'il fallait traverser pour arriver à la nappe d'eau. Enfin, nous y avons envoyé un atelier de foreurs avec les moyens en notre pouvoir. Au bout de seize jours, on est arrivé à la nappe d'eau, et le puits de Si-Soliman fournit maintenant 4.800 litres à la minute.

Voilà donc toute une population qui émigrait déjà depuis longtemps, qui vient se reconstituer autour de ce puits. Ce travail a plus fait comme effet moral dans ce pays que dix expéditions dans lesquelles nous aurions toujours été victorieux.

Cette brigade de foreurs parcourt le désert et creuse des puits, ou plutôt en creusera de tous les côtés. Il y en a déjà sept ou huit d'exécutés ; on ne sait pas où cela s'arrêtera et, dans cent ans, on ne peut pas prévoir ce que deviendra le désert.

Pour revenir à Biskra, nous n'avons plus qu'à suivre une ligne d'oasis parmi lesquelles il y en a de très intéressantes. Les quatorze étapes qui nous restent à faire sont marquées par des oasis. Cela répand une certaine gaîté sur la colonne, car il n'y a rien de si ennuyeux que de voyager plusieurs jours de suite sans rien rencontrer qui vous indique que vous avez changé de place. Toujours le ciel et le sable ; quelques touffes d'armoises et d'alfa ; tout cela finit par donner le spleen, absolument comme les brouillards de la triste Tamise.

A part le lever et le coucher du soleil, et quelques teintes excentriques qui viennent enflammer l'horizon, tout dans le désert est morne et triste.

Une oasis fait autant de plaisir à rencontrer qu'une île verdoyante au milieu d'une longue traversée en mer. Du reste, c'est incroyable, les nombreux rapprochements que l'on peut faire entre le désert et la mer. Depuis le chameau, qui a été comparé à juste titre par tous les poètes, au navire du désert, jusqu'à la manière de se diriger par les astres et par des directions prises sur la boussole, tout se rapproche. Les habitants du désert, comme les marins, sont très habitués à lire dans le ciel.

Je dessine toujours tant que je peux ! C'est la seule manière, avec la chasse, de passer son temps une fois qu'on est arrivé au bivouac. A propos de chasse, j'ai acheté à

El-Oued le plus beau lévrier qu'il soit possible de voir pour 15 francs. Il y en a une race particulière dans le Souf ; cette race, dressée à chasser la gazelle et l'autruche, est rapide comme le vent et d'une finesse à n'y pas croire. Je le destine à mon oncle, car je suis sûr qu'il lui fera plaisir : il tiendra compagnie à son autre chien.

Oum-el-Thiour, 24 mars 1858.

Nous sommes actuellement à cinq jours de marche de Biskra ; nous revenons sur nos pas, et le 29 nous serons arrivés. Nous n'aurons plus alors qu'une dizaine de journées de marche pour arriver à Constantine sans nous presser. Nous y serons rendus vers le 12 du mois prochain. Ce sera deux mois que nous aurons passés à nous promener et deux mois très agréables, avec une température très bonne et en grande partie dans un pays charmant à cette époque-ci...

Il n'y a qu'une chose très ennuyeuse dans ces colonnes du sud, c'est que souvent on ne trouve pas d'eau, et que toujours celle qu'on trouve sous une apparence de limpidité extraordinaire, cache une foule de qualités très purgatives, qu'elle doit au sel de magnésie qu'elle renferme en grande quantité, de façon que mon voyage n'est qu'un long régime dont je n'avais pas besoin.

Notre voyage, depuis quelques jours, est devenu charmant. Du pays du Souf, nous sommes passés dans l'Oued-Rhir ; nous voyageons constamment d'oasis en oasis. Pendant la journée, nous marchons dans le désert, par conséquent sans fatigue, puisque le terrain est uni comme une glace, et nous arrivons camper au bord d'une oasis. Là, nous trouvons des palmiers superbes, des orangers en fleurs ainsi que des rosiers portant des boutons. J'avais envie de mettre dans ma lettre un épi de blé pour te montrer à quel point en est la végétation dans ce pays de lumière et de soleil.

Enfin, tout est charmant, et je n'ai qu'un regret, c'est de rentrer si tôt, car on dit que dans le Tell et aux environs de Constantine, il fait un temps très désagréable et que l'hiver, qui a commencé très tard, se continue aussi très tard. Mais il faut espérer qu'il aura le temps de finir avant que nous arrivions.

Nous venons d'assister à une fête qui avait un cachet tout particulier. Tous les officiers de la colonne et tous les Arabes marquants à 50 lieues à la ronde, étaient réunis ce soir autour du général Desveaux, qui nous offrait un punch. Des torches, des feux énormes et une nuit superbe illuminaient notre réunion. Le général s'est levé et nous a tenu à peu près ce langage : « Messieurs, il y a dix mois une colonne campait ici au milieu d'un pays inhabité, sans eau et dans une complète solitude. Aujourd'hui vous voyez un village, des puits artésiens, une mosquée, une grande quantité de palmiers plantés. Tout cela est l'œuvre de l'eau, d'abord que nous avons tirée du sein de la terre, et du Cheick Aïssa-ben-Ahmed qui a vaincu les préjugés de ses coreligionnaires, qui a quitté les habitudes nomades, la tente et la vie errante si chère à ces populations, bravé les moqueries et les injures de tout le monde pour venir donner l'exemple des résultats que la civilisation européenne a remportés sur les Arabes, etc... » Là-dessus nous avons bu à la santé du Cheick, et la soirée s'est continuée quelques minutes encore, et nous nous sommes séparés très bons amis, le Cheick très honoré de nos éloges et nous très enchantés de notre soirée. Il n'y manquait que le complément de toutes les fêtes arabes, c'est-à-dire des danseuses. Mais notre général est un homme très moral qui veut prouver aux Arabes que nous sommes un peuple très chaste et qu'il n'y a pas de danseuses à l'Opéra.

C'est en revenant de cette soirée que je t'écris. Demain matin, nous partons : l'étape sera longue et les lettres doivent être remises à la poste demain avant quatre heures du soir, pour pouvoir partir.

CAMPAGNE D'ITALIE

Marseille, 11 avril 1859.

Depuis trois jours que je suis arrivé à Marseille, tout y est en révolution ; il y arrive des officiers de tous les corps d'Afrique, qui rejoignent leur régiment avec des nouvelles différentes plus ou moins.

On dit que les trois régiments de zouaves vont venir en France pour être placés chacun dans une des divisions qui doivent entrer en Italie. Il y a énormément de mouvement de troupes, en ce moment, depuis Besançon jusqu'à Marseille.

. . . .

Sidi-Mahouch, 26 avril 1859.

. . . .

J'ai rejoint le régiment campé sous les murs de Constantine, et depuis cinq jours je suis sous la tente, attendant avec tous mes camarades l'ordre de partir pour la France. Quand je dis pour la France, il est très probable au contraire que nous irons débarquer directement en Italie, et que je verrai Rome, Gênes et Venise, bien avant toi, malgré tes projets pour l'année prochaine.

On est très discret, probablement parce que l'on ne sait rien de nos futurs mouvements. Je crois que tout part directement du cabinet de l'Empereur et que le ministère de la guerre ne sert que de communication. En définitive, le seul ordre qui nous soit arrivé, est de former trois bataillons de guerre de six compagnies, de cent cinquante hommes chacune, et de les tenir prêts à être embarqués. Par le général de la Lande, tu pourrais savoir si nous faisons partie du corps d'armée qui va être commandé par le général de Mac-Mahon. Je l'espère bien pour mon compte.

J'ai réglé mes affaires d'argent, et si nous nous embarquons pour l'Italie, je n'aurai pas grand'chose dans ma ceinture, mais je quitterai l'Afrique sans rien laisser derrière moi.....

Dans un moment où tout le régiment est en train de faire des châteaux en Espagne, des plans de campagne en Italie, tout le monde repasse les campagnes de 1796 et chacun a des tendances à se croire un petit Napoléon. Jusqu'à présent je ne donne pas dans ce travers-là, mais j'espère bien que cela ne tardera pas à me venir.

Tu me dis qu'à Paris on est à la paix ; ici, on fait courir le bruit qu'une dépêche télégraphique annonce que les Autrichiens ont forcé la ligne du Tessin, tu vois que nous sommes loin de compte et que l'on ne s'entend guère entre Constantine et Paris.

DÉPART POUR L'ITALIE

Philippeville, 4 mai 1859.

Nous venons de recevoir l'ordre de départ ; nous avons voyagé de toute notre vitesse pour nous rendre à Philippeville et de là nous embarquer pour Gênes. Nous attendons en ce moment les frégates qui doivent venir nous chercher pour nous emporter vers l'Italie.

Nous craignons d'arriver en retard, car voilà bientôt dix jours que les Autrichiens ont dû passer le Tessin et le Pô, et on a dû certainement leur livrer une bataille.

Le régiment est dans une joie délirante depuis le premier soldat jusqu'au colonel. Il n'y a qu'une chose qui arrête la mienne, c'est de savoir combien la nouvelle que je t'annonce va te faire de peine. Mais la guerre que nous entreprenons ne sera ni aussi longue, ni aussi dangereuse que celle de Crimée ; j'en sortirai, tu verras, sain et sauf, et récompensé je l'espère.

Nous avons beaucoup à travailler ; on organise des bataillons de guerre, comme je te l'ai dit, à six compagnies de cent cinquante hommes chacune. Tu vois que nous présenterons aux Autrichiens une force respectable, et je plains ceux qui seront devant nous dans une bataille rangée. Si toute l'armée française est animée des mêmes sentiments que nos soldats, cela ira loin et vite surtout.

Je vais tâcher d'apprendre un peu l'italien, mais à l'âge respectable où je suis parvenu, ça commencera à être un peu dur à entrer dans la mémoire, mais enfin avec le latin qui me reste encore, j'espère en venir à bout.

J'ai réglé toutes mes affaires en Afrique ; il me reste encore à peu près 300 francs à payer, mais je vais partir pour l'Italie sans un sol. J'aviserai un moyen quelconque, je t'en ferai part dans ma prochaine lettre.

Tout ce que je sais de ma destination, c'est que nous faisons partie de la division Espinasse.

. . . . , ...

Philippeville, 5 mai 1859.

. . . .

Voici deux vaisseaux, le *Donauwerth* et le *Redoutable*, qui arrivent en rade et qui nous embarquent tout de suite ; il est dix heures maintenant et à deux heures nous dirons adieu à la terre d'Afrique. Je n'ai que le temps de t'écrire un mot. Dans deux jours nous serons à Gênes, et la lettre que j'écrirai en mer et qui partira de Gênes, t'arrivera probablement avant celle-ci.

Gênes, 10 mai 1859.

. . . .
Nous voici arrivés à Gênes depuis ce matin. Je suis parti de Philippeville embarqué sur le *Redoutable*, vaisseau de guerre. Un accident est arrivé à la machine à peu près à la hauteur d'Ajaccio, que nous avons été obligés de gagner à la voile ; d'Ajaccio, on a envoyé une dépêche télégraphique à Toulon, d'où l'on nous a envoyés chercher par *l'Indus*, bateau des Messageries impériales, et depuis ce matin nous sommes à Gênes. C'est une superbe ville ; je n'ai eu le temps que de lui jeter un coup d'œil, car depuis ce matin nous sommes occupés à nous installer.

Je ne sais pas ce que nous allons devenir : on dit que nous allons faire partie du 5e corps, qui sera commandé par le prince Napoléon et qui agira, dit-on, en dehors des autres, peut-être même dans l'Adriatique. Dans tous les cas, nous ne savons pas absolument ce que nous devenons, nous restons provisoirement à Gênes.

On attend l'Empereur ici tous les jours ; nous saurons alors notre destination.

Bobbio, le 19 mai 1859.

Depuis que je t'ai écrit de Gênes, il s'est passé du nouveau pour nous. Nous faisons partie du 5e corps, commandé par le prince Napoléon. Nous sommes de la division d'Autemare, brigade Nègre. Notre division et notre brigade ne sont pas encore organisées ; mais on nous fait partir de Gênes pour protéger Bobbio qui était menacé par les Autrichiens. Nous ne faisons pas partie en ce moment des mouvements offensifs de la grande armée ; on nous réserve des missions plus ou moins politiques. Je crois que nous irons soulever Parme, Plaisance, enfin toutes les populations de la rive droite du Pô.

Pour venir à Bobbio, nous avons eu du mal ; le temps était affreux, et pour traverser les Alpes par un mauvais temps, ce n'est pas gai. Nous n'avions pas de routes carrossables, c'était des sentiers abrupts avec des précipices plus ou moins profonds d'un côté et des crêtes surplombant la route de l'autre. Ça aurait été une promenade très agréable quoique un peu longue, si nous avions eu beau temps, mais par ce temps affreux qui nous a accompagnés pendant nos trois jours de marche, c'était une corvée indigne.

Les habitants des divers villages que nous traversions, nous recevaient avec enthousiasme : les cloches des églises sonnaient à toute volée, mais tout cela ne nous séchait pas. Le soir, nous logions chez l'habitant ; ces montagnards sont commes les Ecossais, très hospitaliers, mais ils sont aussi très pauvres ; ils nous offraient de bon cœur tout ce qu'ils avaient, nous n'acceptions que très peu. Et il faut dire, à la très grande louange de nos soldats, qu'ils ont été très réservés et que les habitants nous en faisaient les plus grands compliments. Nos pauvres soldats qui, dans les campagnes d'Afrique se suffisent partout à eux-mêmes, quand ils trouvent un peu d'aide et l'offre de temps en temps d'un verre de vin, sont enchantés et embrasseraient volontiers leur hôte, et même leur hôtesse ; nous n'avons qu'à nous en louer. Nous marchons depuis cinq heures du matin jusqu'à sept et huit heures du soir ; ils tombaient au besoin en arrivant étant chargés comme des bandits (leur charge était doublée par toute l'eau qu'elle contenait), eh bien nous n'en avons laissé que quatre en route, et dans ce moment-ci, sur 2,750 hommes, nous avons une vingtaine de malades seulement.

Hier, en poussant une reconnaissance, nous avons rencontré un corps nombreux d'Autrichiens qui venaient à Bobbio très probablement ; il nous a aperçu au moment où la reconnaissance débouchait sur une crête et s'est sauvé immédiatement tant qu'il avait des jambes ; il a été probablement très surpris de nous voir là.

Si tu cherches Bobbio sur la carte, tu le trouveras dans la vallée de la Trebbia : nous sommes à deux jours de marche de Plaisance.

Si tu avais vu la réception faite par les habitants de Bobbio au régiment, c'était un enthousiasme tenant du délire. Pour mon compte, moi qui n'ai pas une tête à recevoir beaucoup de couronnes de roses, je marchais en tête du régiment, j'en ai été criblé. Toutes les jeunes filles de l'endroit agitaient leur mouchoir et jetaient des fleurs, c'était pis qu'une procession de la fête Dieu. Je vois qu'ici il faut s'exercer à recevoir convenablement un bouquet. Si nous en avons comme cela, tout le long de notre route, et pas plus de balles et de boulets que nous n'en avons reçu jusqu'à présent, ce sera une guerre très agréable et très fleurie.

Enfin sans le mauvais temps, nous serions les gens les plus heureux du monde.

Codevilla, 27 mai 1859.

. . . .

Tu ne trouveras pas sur la carte le nom du village où nous nous trouvons. Nous sommes à une heure et demie en avant de Voghera, derrière la division Ladmirault qui menace Stradella.

On nous dit aujourd'hui que toute l'armée fait un mouvement général de retraite. C'est un présage que nous allons aller en avant et passer le Pô d'ici peu de jours.

Du reste, personne ne sait absolument rien. Hier, en allant porter un ordre, j'ai été jusqu'au village de Montebello : j'ai vu le champ de bataille de ces derniers jours. Eh bien, ici, la nature est tellement riche qu'il n'existe plus une seule trace de la bataille. Quelques maisons sont un peu abîmées, mais c'est tout.

Nous sommes dans un pays admirable de culture : pas un pouce de terrain n'est perdu ; tous les champs sont entremêlés d'une bande de blé, une bande de vigne et une allée de mûriers. Tout cela rend la guerre très difficile pour les grandes masses de troupes ; pour nous, au contraire, qui avons l'habitude de manœuvrer en tirailleurs, dans des pays très coupés, très difficiles, nous aurons un grand avantage.

. . . .

Pour mon avancement, j'espère qu'avec la guerre il ne tardera pas à se faire beau et que dans quelques mois j'ai des chances pour être chef de bataillon.

Je suis bien avec le colonel. Le général d'Autemare qui commande la division me connaît depuis longtemps. Il a commandé la brigade de Constantine, et à l'armée d'Orient j'étais encore de sa brigade. Hier j'ai été lui porter une lettre de la part du colonel, et je suis resté à causer longtemps avec lui, il m'a parfaitement reconnu et m'a parlé pendant une heure.....

BATAILLE DE PALESTRO

Palestro, 31 mai 1859.

. . . .

Depuis ma dernière lettre il s'est passé du nouveau, et beaucoup. Nous étions, je crois, à Codevilla quand je t'ai écrit. Nous avons quitté ce village pour Voghera, puis Tortoni. A Tortoni, nous avons pris avec tout le régiment le chemin de fer qui nous a conduits non sans encombre à Verceil.

A Verceil, nous avons été mis sous les ordres du roi Victor Emmanuel, et adjoints à l'armée piémontaise qui demandait un régiment de zouaves, probablement pour lui montrer la manière française de charger à la baïonnette.

De Verceil, nous avons été à un petit village dont je ne me rappelle plus le nom, et ce matin nous sommes arrivés à Palestro. Nous étions à déjeûner à neuf heures lorsque la division piémontaise, qui avait pris Palestro la veille, a été attaquée. De suite on nous envoie à son secours sur la droite où elle était débordée. Là, le régi- a été réuni tout entier dans les blés, il a laissé les Autrichiens avancer assez près, puis a fait une charge furieuse à la baïonnette, en leur faisant repasser deux rivières, en prenant 9 pièces de canon, 700 prisonniers : tout cela a été l'affaire de deux heures. C'est superbe pour le régiment !!! L'Empereur en personne (que l'on voit du reste partout où il le faut), l'Empereur, dis-je, et le roi Victor Emmanuel, nous ont témoigné leur profonde admiration. Les Autrichiens ont été tellement étourdis de notre charge, que nous avons pris leurs canons sans presque aucune résistance. Ton fils est arrivé en tête sur les canons ; il espère avoir au moins la croix de Victor Emmanuel. Je suis content de ma journée : le bataillon était en tête de colonne et a souffert plus que les autres. Nous avons eu 140 blessés dont 100 ont des blessures sérieuses sinon graves, qui les font entrer à l'ambulance. Je suis très fier d'avoir pris un peu d'artillerie à moi tout seul.

Pour excuser l'artillerie autrichienne, j'ajouterai que le pays est tellement coupé de tous les côtés, que nous n'avons pas pu établir de ligne de bataille et que nous avons fait la guerre comme en Afrique, en tirailleurs en grandes bandes, se précipitant à la baïonnette sur tout ce qu'elles trouvent, et que l'artillerie n'a pas eu le temps de se retirer.

Ce soir, le revers de la médaille : j'ai été à l'ambulance et j'ai vu amputer un zouave que j'aimais beaucoup. Aussitôt amputé, cet animal a dit devant tous les docteurs à son camarade : « Vois la chance que j'ai : j'avais mon soulier de cette jambe-là tout usé, l'autre était encore bon. » Tout le monde a ri, et pourtant ce n'était pas risible.

Verceil, 3 juin 1859.

. . . .

Je t'ai écrit le soir même de la bataille de Palestro, une lettre assez longue dans laquelle je te donnais de mes nouvelles toutes fraîches. J'étais encore sous l'impression de l'affaire et j'ai dû t'écrire une lettre un peu vive. Voici pour compléter les détails. L'Empereur est venu sur le champ de bataille et a été acclamé par tous les zouaves. Il était fortement ému, et cette figure inerte qu'on lui voit toujours à Paris, était rayonnante d'enthousiasme, de fierté, je pourrais dire aussi de bonté attendrie pour les pauvres morts et blessés, qu'il rencontrait partout sur son passage.

Voici un fait de lui qui mérite d'être raconté partout, et que je viens de recueillir de mes propres oreilles à l'ambulance. Un capitaine tyrolien, un de nos camarades de combat, comme les appellent maintenant les zouaves, avait été blessé et pris par nous. Il se rencontra avec l'Empereur qui accourait sur le lieu du combat. Il se présenta à l'Empereur et lui demanda comme faveur, ayant été fait prisonnier par des Français, de ne pas être livré aux Piémontais. L'Empereur l'assure qu'il sera conduit en France, le console sur le sort de la guerre, puis lui dit : « Vous ne devez pas être riche et avoir besoin d'argent », et lui fait donner deux ou trois cents francs par son officier d'ordonnance. Ce capitaine de Tyroliens était fortement ému de cette entrevue avec l'Empereur, et m'a fait le plus grand éloge de sa bonté. Du reste, il était en admiration devant les zouaves ; il avait été comme tous les prisonniers et blessés, très bien traité par nos hommes qui leur donnaient leurs vivres et tout ce qu'ils avaient sur eux. Il me disait : « Quels soldats ! Aussi bons après qu'ils étaient braves avant. » C'est un éloge assez beau de la part d'un ennemi.

Il faut dire que les Piémontais se montrent assez peu gentlemen, qu'ils insultent les prisonniers autrichiens qu'on leur amène. En arrivant à Verceil, ces derniers étaient conspués et vilipendés par toute la population, si bien qu'un sergent de zouaves blessé et qui marchait en tête des prisonniers sur une voiture, a interpellé la population en termes peu parlementaires, les appelant lâches, canailles, et autres épithètes ; puis armant son fusil, il les a menacés de faire feu s'ils ne se taisaient pas. C'est encore un prisonnier autrichien qui m'a raconté ce fait.

J'oubliais de te dire le principal : le régiment a été cité à l'ordre de l'armée piémontaise par le roi Victor Emmanuel, mais ce qu'il y a de mieux, c'est qu'il est cité en termes extrêmement flatteurs, à l'ordre de toute l'armée française par S. M. l'Empereur.

Le mouvement tournant de l'Empereur réussit parfaitement. Les Autrichiens sont au-delà du Tessin que nous avons traversé, et l'on pense qu'il va y avoir une grande bataille demain ou après-demain, entre Milan et le Tessin. Le succès n'est pas douteux, et je crois qu'ils recevront une pile du genre de celle qu'ils ont reçue à Palestro.

Quant à nous, nous nous reposons actuellement à Verceil, sur les derrières de l'armée ; je crois que notre division va être reformée et que d'ici à quelques jours, nous irons rejoindre le corps du prince Napoléon à Florence ou plus loin.

. . . .

Je suis logé à Verceil avec tout l'état-major du régiment dans un palais splendide, celui du comte Signoris. Mais tous ces palais sont assommants à habiter ; j'aime mieux une bonne petite maison qu'un palais superbe. Et puis je commence à me dégoûter très violemment des Piémontais qui sont un peuple ignoble, depuis ce que j'ai vu pour les prisonniers. Les femmes sont assez jolies, mais horriblement coquettes, avec des pieds comme des bateaux et peu de grâces. On dit qu'en Lombardie le type est bien plus beau.

Verceil, le 6 juin 1859.

. . . .

Nous sommes toujours à Verceil et fort ennuyés d'y être. Nous payons notre succès de Palestro en n'assistant pas à ceux que remporte l'armée française en avant de nous.

On dit, et nous ne savons absolument que des on-dit, que l'armée française a remporté de grands succès à Magenta, de l'autre côté du Tessin, et quelle les pousse par delà Milan. Mais quoique déjà les premières colonnes de blessés débouchent ici, à Verceil, on n'a aucune nouvelle précise. Les blessés que nous voyons sont ceux qui l'ont été au commencement de l'affaire et qui ne peuvent rien nous dire du résultat. A Paris, vous êtes bien mieux informés que nous qui sommes à 10 ou 15 lieues en arrière de l'armée.

La seule chose précise que je puisse te dire, c'est que nous quittons Verceil après-demain 8, pour marcher sur Novare et de là plus loin. Toute notre division (division d'Autemare) est réunie ici, à très peu de chose près, et nous allons rejoindre l'armée; mais j'ai bien peur que nous ne restions encore longtemps en seconde ligne.

. . . .

Ici, si ce n'était les convois de blessés et de prisonniers qui nous arrivent, on pourrait se croire en pleine paix; seulement je suis de semaine et j'ai un service de cheval : toute la journée je vais chez le colonel, à la caserne, de la caserne à la place, et de la place chez le général ; tous les soirs je rentre éreinté ; j'aime bien mieux être en marche que de faire le cheval de cabriolet en garnison.....

Abbiate-Grasso, 10 juin 1859.

. . . .

Ma dernière lettre est partie de Verceil et, depuis ce temps nous avons marché doucement, mais nous avons marché. Nous avons été à Novare, puis à Magenta où nous avons vu les traces de la bataille. Là, nous avions l'ordre de nous rendre à Milan, dont nous n'étions qu'à six lieues, lorsque tout à coup il est venu un contre-ordre. Nous avons dû nous passer de la vue de Milan et tourner à droite, vers Abbiate-Grasso où était autrefois le quartier général de Giualy, et où nous sommes installés aujourd'hui.

Aujourd'hui sont arrivés de Milan les récompenses du régiment, pour la bataille de Palestro. Le colonel, dans ses propositions, a suivi le tour de l'ancienneté : nous avons eu 2 chefs de bataillon nommés lieutenant-colonels, 2 capitaines faits chefs de bataillon, 2 décorations d'officier de la Légion d'honneur, 41 décorations de la Légion d'honneur, et 68 médailles militaires. L'Empereur était tellement enchanté du régiment qu'il a accordé plus qu'on ne lui avait demandé ; tous les amputés ont été décorés.

Moi je n'ai rien encore, mais mon tour va bientôt arriver. Encore deux ou trois à passer et ce sera mon tour ; j'espère être chef de bataillon à la fin de la campagne.

. . . .

Le pays est admirable de culture et de verdure, très joli comme détails, mais ce n'est pas du tout grandiose. L'on a toujours l'air d'être aux environs de Paris. Pas un pouce de terrain perdu nulle part. Les habitants sont très doux et très intelligents, mais je crois que la richesse de leur pays et le bien-être général qui en résulte, amollit complètement la fibre de la Patrie, et qu'il leur est complètement indifférent, excepté dans les grandes villes, d'être sous la domination de l'Autriche ou bien sous la domination de Victor Emmanuel. Ils travaillent admirablement la terre, et pourvu que leur terre soit toujours bonne, ils s'inquiètent fort peu de l'amour de la Patrie.

Pavie, 14 juin 1859.

. . . .

Je suis en ce moment à l'hôpital de Pavie, très bien portant, mais avec un impedimentum assez désagréable. Tu te rappelles ce clou assez mal situé que j'avais à mon départ de Constantine. Il s'est guéri, malgré sa situation et les courses à cheval de tous les jours ; mais sous ce clou, dernièrement, il m'en est repoussé un autre beaucoup plus douloureux ; il y a eu un petit décollement, et le docteur ainsi que le colonel, m'ont à peu près forcé d'entrer à l'hôpital de Pavie où je suis depuis avant-hier soir. Tu vois que ma position est parfaitement ridicule ; très bien portant, trop bien portant peut-être, me voici obligé de quitter pour quelques jours mes camarades qui vont peut-être se couvrir de gloire, et note bien dans quel moment, juste quand je suis en ligne pour passer chef de bataillon. Enfin il ne s'agit pas de se désoler ; je ne puis faire autrement. Le docteur m'a menacé d'un décollement général de toute la fesse si je continuais mes exploits. J'en ai pour une huitaine de jours ; pendant ce temps le régiment restera probablement à Plaisance, où il a dû arriver hier au soir.

Je l'ai quitté avant-hier soir ; le matin nous avions fait une entrée solennelle à Pavie où nous avions été reçus par une population ivre de joie. Je n'ai jamais vu d'enthousiasme pareil. Quatre jours auparavant, les Autrichiens réprimaient toute espèce d'élan patriotique ; aussi le jour de notre arrivée, nous avons été couverts de fleurs, de baisers, de rubans, de mouchoirs ; nous avons fait une halte de deux heures à Pavie. La municipalité a offert un déjeûner splendide aux officiers et une foule de rafraîchissements à la troupe. Enfin nous sommes partis au milieu de cet enthousiasme pour nous diriger le plus rapidement possible sur Plaisance que les Autrichiens abandonnaient. Nous arrivons le soir à un endroit appelé Corti-d'Olona, et je montre au docteur mon bobo. Le docteur m'effraye en me disant que si je ne me repose pas quelques jours, je puis en avoir pour très longtemps. Je lui refuse net ; il va trouver le colonel qui est venu lui-même à ma tente me dire d'entrer à l'hôpital.

Enfin mon parti est pris, mais c'est tout de même dur

d'entrer à l'hôpital pour un clou aux fesses par le temps qui court.

J'ai donc pris le soir même, à Corti-d'Olona, la première carriole que j'ai rencontrée, et j'ai fait le soir même ma rentrée à Pavie. L'enthousiasme était éteint et il pleuvait à torrents. Mon cocher m'a conduit à l'hôpital où je suis couché et très bien traité. Pavie est une ville savante où il y a une faculté de médecine, de droit et de mathématiques. Cette faculté a été fermée dernièrement par les Autrichiens, mais les professeurs sont restés. Je suis soigné par un professeur de la faculté, M. Loato, qu'on dit un homme très distingué et qui a l'honneur de voir la figure de mon ami tous les matins.....

Pavie, le 23 juin 1859.

Je suis toujours à l'hôpital de Pavie ; mon décollement s'améliore sensiblement, c'est long, très long, et il n'était que temps que j'entrasse à l'hôpital, sans cela j'en aurais eu pour un temps indéfini.

Le docteur qui me soigne est un très bon médecin, du reste, dans une ville de science comme Pavie, je devais évidemment tomber sur un bon docteur. Il me fait espérer que d'ici à quelques jours je pourrai sortir de l'hôpital. Ainsi j'espère avoir rejoint mon régiment le 30 juin ou le 1er juillet. J'ai bien peur d'arriver après la bataille, mais je ferai tout ce que je pourrai pour arriver avant.

Ce qui me fait rager, c'est que je me porte très bien et que le régime de la rue le Regrattier m'a fait le plus grand bien. — Je suis tes conseils quant à la nourriture. Ainsi le matin, je bois une grande tasse de lait avec du pain ; à midi, je mange la soupe, du rôti, un plat de légumes et une immense assiette de cerises, fraises ou framboises. Le soir, à six heures, la même assiette de fruit avec un morceau de pain. Voilà ma nourriture — très peu de vin, mais de la limonade à discrétion. Je suis au lit constamment.

Je me lève à peine une heure par jour, c'est une des conditions pour guérir vite. Quand on se sent de la force, c'est dur de rester au lit, mais qu'y faire ? Quant à mes occupations elles ne sont ni variées, ni nombreuses ; j'écris des lettres, je mets ma correspondance à jour, puis je tâche d'apprendre l'italien. J'ai un dictionnaire et une grammaire et je suis déjà de force à lire le journal. J'arriverai vite à lire et à bien comprendre. Quant à parler, c'est autre chose, je n'ai pas l'oreille juste et c'est une des choses qui rendent extrêmement difficile le parler des langues étrangères et surtout des langues accentuées. Je lis donc tous les jours mon journal italien, puis je tâche de me procurer quelques livres français, voilà toutes mes occupations. Quant à dessiner, c'est impossible au lit, j'en suis très fâché, car j'aurais quelques sujets à faire. Je suis à l'hôpital avec des blessés autrichiens de Magenta, des malades autrichiens ; je suis servi par un Autrichien qui est l'ordonnance d'un officier fou, qui est à l'hôpital à côté de moi. Cet officier est un très beau garçon, sous-lieutenant d'artillerie, de 24 à 25 ans, ne parlant pas, jamais un mot, ayant la figure hébétée. Autrement il a bon appétit, fume sa pipe toute la journée et se porte très bien. On devrait bien le renvoyer à sa famille s'il y avait moyen.

J'ai pour moi tout seul une immense chambre non meublée, avec des fenêtres énormes, mais pour regarder dehors il faut se tenir debout aux fenêtres tellement elles sont élevées au-dessus du plancher, ça donne un air extrêmement triste à la chambre.

Demain je vais essayer si une promenade n'aggrave pas mon affaire, et j'irai faire un tour dans Pavie. Il n'y a pas de troupes ici, tout est en avant, la ville est gardée par la municipalité, et la garde nationale qui s'organise — tous les jeunes gens sont partis comme volontaires chez Garibaldi. Si j'avais voulu j'aurais été une proie pour la curiosité des habitants ; plusieurs sont venus me voir, mais quand j'entendais venir je faisais semblant de dormir, de cette façon j'ai assez agréablement échappé à la curiosité de quelques messieurs et de quelques vieilles dames qui sont venus me rendre visite. L'enthousiasme se calme à ce qu'il paraît dans Pavie, et l'on commence à s'y disputer. Les récriminations commencent à paraître sur les murs pendant la nuit, elles sont effacées le matin, mais il n'en résulte pas moins qu'il y a eu un commencement de réaction contre les habitants accusés d'avoir été trop Autrichiens. Gare à la suite. Je crois qu'avant d'être les citoyens d'un grand peuple (comme l'a dit Napoléon), les Italiens ont encore une éducation assez longue à faire. Le sentiment de la Patrie ne leur manque pas, mais celui qu'ils ont surtout, c'est celui de leurs localités, de leurs villes. Du reste le gouvernement de leurs villes, leurs municipalités ont beaucoup plus de pouvoir qu'en France, et sont beaucoup plus fortement organisées et représentées.

Naturellement les journaux français doivent reproduire beaucoup d'articles de la *Gazette de Milan*, et autres journaux italiens. As-tu remarqué comme dans tous ces articles le journalisme italien s'est donné le mot pour faire mousser le roi Victor Emmanuel. Est-ce dans un but politique, pour donner un drapeau à l'Italie pendant la guerre et réunir tous les partis momentanément autour de Victor Emmanuel ? alors c'est un sentiment louable et le journalisme a raison. Mais il y a une chose qui me dépasse, c'est qu'à force de louer et de chanter les hautes qualités de Victor Emmanuel, ils finissent par en faire un héros.

A Palestro, ils le font charger en tête des zouaves, ils le font nommer caporal de zouaves, absolument comme le petit caporal d'autrefois auquel nos pères étonnés de son génie, donnaient ce glorieux sobriquet. Ils font tellement croire à un courage extraordinaire que toutes les villes à l'envie lui envoient des adresses pour le prier de se ménager. Enfin, de ce brave roi, ils font un profond politique. « C'est un homme qui depuis quinze ans médite la délivrance de l'Italie, ça a été son rêve de tous les jours, l'idée qui l'a poursuivi partout, même dans son sommeil, et maintenant que le temps est venu, il l'exécute avec héroïsme. »

Eh bien, de tout cela, il n'y a de vrai qu'une seule chose, c'est que ce brave roi Victor Emmanuel, a la plus *belle figure de crétin vaniteux et content de lui-même, qu'il soit possible de trouver* en ce monde. J'ai eu l'honneur de lui parler pendant quelques minutes, et son ramage correspond à son plumage. C'est Henri IV sous ses mauvais côtés : gascon, vantard, vaniteux, moins sa grandeur et ses vertus. Eh bien l'histoire, puisque le journal est le commencement de l'histoire, fera de cette grande figure de crétin, une figure de grand homme, de héros, de profond politique, quelque chose entre Henri IV et Richelieu. Et allez donc croire à l'histoire ! je n'y croyais déjà pas beaucoup, désormais c'est fini. Je ne le dirai pas à mes enfants, si j'en ai.

. . . . , ...

Pavie, le 25 juin 1859.

. . . .

Je suis toujours à l'hôpital, enrageant, mais suivant ponctuellement tout ce que me fait faire le docteur.

Aujourd'hui je vais sortir un peu après mon dîner, toujours avec la permission du docteur, et avant de fermer ma lettre je te dirai le résultat de ma promenade au point de vue de ma santé.

Cela va beaucoup mieux, les souffrances ne sont pas très fortes, mais je redoute tous les matins l'arrivée du docteur qui, quelquefois me fait une incision, d'autrefois m'injecte dans la poche formée par le décollement, du vin de quinquina ; alors j'en ai pour deux heures de cuisson et de picotement, absolument comme si j'étais sur le gril. Du reste, le décollement diminue très sensiblement, il n'y a plus qu'environ la grandeur d'une pièce de cent sous, je crois que je pourrais déjà sortir de l'hôpital et marcher, mais pas encore monter à cheval. Du reste, le docteur me fait espérer que je sortirai de l'hôpital à la fin du mois ; je louerai une voiture et j'irai en un jour à Crémone et plus loin si mon régiment est plus loin que Crémone. J'espère arriver assez à temps, quoique j'en doute.

Les Autrichiens ont abandonné toute la Lombardie, ils veulent nous attendre, à ce que l'on dit dans le quadrilatère que forment leurs quatre places fortes : Mantoue, Vérone, Peschiero et Legnago. Ils connaissent très bien ce terrain, l'ont préparé depuis longtemps, c'est une position très forte à enlever, mais nous y arriverons, non pas en un jour, mais assez rapidement. Ils ont contre eux toutes les populations ; ainsi les villes un peu peuplées, Vérone et Mantoue, par exemple, ne pourront pas faire une longue défense, travaillées d'un côté par la population et de l'autre par nous. Pourtant, on dit la population de Mantoue presque complètement autrichienne. Enfin, nous verrons bien.

Me voilà rentré de ma promenade, je n'ai été ni trop vite, ni très loin, mais enfin quand on est couché depuis une dizaine de jours, c'est toujours fatigant de faire une première promenade. L'air vous étourdit, vous grise presque, et l'on revient avec un peu de mal de tête, absolument comme si l'on avait trop bu. J'ai été tout bonnement jusqu'à un café qui est à cinq cents mètres à peu près de l'hôpital ; je me suis assis sans douleur, j'ai pris une limonade et j'ai regardé défiler les passants et les passantes, qui me regardaient comme une bête curieuse. Définitivement les femmes de Pavie ont peu de goût ; elles sont habillées avec des couleurs voyantes qui se déchirent les unes les autres. Il n'y a de bien que celles qui sont en noir. Elles portent sur la tête une espèce de mantille, qui fait un assez joli effet.

Et puis elles ont toutes des pieds à dormir debout, je ne sais pas si c'est leur manière de se chausser ou bien la nature, en tout cas les cordonniers ont été bien ingrats à leur égard.

. . . . , ...

Pavie, 29 juin 1859.

. . . .
Toujours à l'hôpital. Quel guignon !! Je vais mieux, beaucoup mieux ; mais avant de sortir, il faut que la cicatrisation soit complète. J'en ai encore pour cinq ou six jours. C'est long, très long, du reste ça avait été long à se former. Le décollement, qui autrefois était plus grand qu'une pièce de cent sous, est réduit maintenant à la grandeur d'une pièce de deux francs, et le pourtour est très sain et très beau, ce qui prouve que la peau a repris sa vitalité et sa force. Ainsi, ne m'écris plus à l'hôpital de Pavie, car dans cinq ou six jours je ne m'y trouverai plus, et serai en train de rejoindre mon régiment.

Je ne sais plus où il est, ce brave régiment. Les dernières nouvelles que j'en ai reçues venaient de Crémone où il était arrivé le 24. Par conséquent il n'a pas assisté à la bataille de Solférino qui a eu lieu à cette date. Cela me console un peu de mon absence. Depuis que je ne sais plus où il est, ni où le trouver, il aura probablement fait jonction avec le corps du prince Napoléon qui, le 25 est arrivé à Parme. Enfin j'irai à Milan pour m'informer de la direction, et de là je partirai pour rejoindre le plus vite possible et retrouver ma smala qui voyage sans moi.

. . . .

Pavie, le 6 juillet 1859.

Enfin, demain ou après-demain au plus tard, je sors de l'hôpital ; ma guérison est complète, et il ne reste plus à cicatriser que, gros comme trois ou quatre fois la tête d'une épingle. C'est fini, bien fini, et Dieu sait la patience que j'ai eue pour ne pas envoyer, déjà depuis huit jours, l'hôpital et les médecins au diable......

Je partirai pour Milan ; de Milan, où je ne passerai que le temps de prendre le chemin de fer, j'irai à Brescia, ou plus loin si le chemin de fer conduit plus loin. De là, je louerai une voiture pour aller jusqu'au quartier général, savoir où est mon régiment et le rejoindre au plus vite. Je suppose que maintenant il est près de Vérone.

. . . .

Ces derniers jours, j'ai été le soir prendre l'air. J'ai vu les fortifications dont les Autrichiens avaient orné Pavie. Ces fortifications ne leur ont pas servi à grand'chose ; il faut espérer que celles de Vérone, quoique beaucoup plus sérieuses, ne nous arrêteront pas bien longtemps et que dans quelques semaines nous serons à Venise et sur l'Isonzo. La Prusse alors, la Russie et l'Angleterre, interviendront et nous verrons notre diplomatie à l'œuvre. Il faut souhaiter qu'elle s'acquitte aussi bien de son rôle que l'armée. Ce sera alors une paix assurée pour quelque temps, ou une guerre générale qui ne finira pas d'ici longtemps. Du reste, je ne crois pas à des guerres très prolongées, car avec le déploiement de forces qu'exige, dans l'état actuel de l'Europe une guerre continentale, il n'est pas possible que les finances d'aucun peuple, même celles de l'Angleterre, puissent résister longtemps. C'est effrayant ce qu'une armée dépense !

Pavie, le 7 juillet 1859.

Me voilà rengagé encore à l'hôpital pour cinq ou six jours. Ce matin, en me pensant, le docteur s'est aperçu qu'il y avait un léger trajet fistuleux dans ma plaie. Tout de suite un coup de bistouri assez profond, et me voilà tenu pour jusqu'à lundi ou mardi à l'hôpital. Quel guignon ! Tout est contre moi ; mais cette fois-ci c'est bien la dernière opération que je subis : le docteur me l'a bien assuré, et dans très peu de temps la cicatrisation complète aura lieu. Mais pendant ce temps-là, mon régiment est dans le quadrilatère dont on parle tant et duquel les Autrichiens ont essayé de nous faire si peur. Quand donc le rejoindrai-je ? Voilà tous mes projets de départ à l'eau. Peut-être arriverai-je trop tard ! Je suis dans ce moment-ci exaspéré contre les médecins, la médecine, les décollements et l'hôpital. Qui me donnera de l'air, ma tente et mon cheval ?

Que ces Italiens sont fades et ennuyeux ! Tous les matins, le docteur vient, me panse et me dit son éternel « ça va multo beni ! » Est-ce pour me consoler ? Est-ce pour m'encourager ? Est-ce que j'ai besoin de ses consolations et de ses encouragements ? Est-ce que je ne sais pas mieux que lui si je vais bien ou mal ?

Et puis, cette éternelle manière de ne pouvoir prononcer le mot de Français, sans mettre à côté toutes les épithètes les plus fades et les plus louangeuses, tout cela me donne horriblement sur les nerfs ! J'aimerais mieux recevoir, je crois, des coups de bâton que d'entendre constamment des louanges et des fadeurs. Ça me fait l'effet d'une indigestion de crème fouettée : j'ai le caractère horriblement irrité dans ce moment et j'enverrais volontiers au diable, hôpital, docteur, et toute la boutique ! Mais enfin, il faut avoir de la patience, renfoncer dans son cœur toute cette indigestion de compliments et attendre dans son lit qu'il plaise à Dieu de me remettre sur pied.

Ma journée se passe assez tristement, et à travers mes persiennes je vois maintenant un beau soleil et un beau ciel ! Enfin, nous pouvons le voir ce fameux ciel d'Italie, il ne vaut pas celui d'Afrique ; il fait très chaud en ce moment, et une chaleur bien plus lourde que celle d'Afrique. Ce pays est malsain en été et si on fait des sièges, il y aura des maladies. Autour de Mantoue et de Legnago, il y a beaucoup de marais, et les exhalaisons de l'été donneront beaucoup de fièvres, mais les Africains sont à l'épreuve de ces maladies-là. Je parle pour le reste de l'armée et surtout pour les Autrichiens renfermés dans les places.....

Il est arrivé ce matin à l'hôpital, un convoi de soixante

à quatre-vingts malades et blessés français. Ce sont des blessures légères, les hommes venant de Solférino et ayant pu voyager. Tu conçois qu'on doit dégager le plus possible les hôpitaux les plus rapprochés du centre des opérations en prévision de nouvelles batailles, et par conséquent de nouveaux blessés. Ils vont me donner quelques détails sur la bataille de Solférino. Mais, en général, les faits que l'on récolte de cette manière, sont très inexacts et très exagérés.

LA PAIX SIGNÉE

Pavie, 18 juillet 1859.

. . . .
La paix est faite, tu dois être bien enchantée ; mais ne te fais pas d'illusion, elle ne sera ni longue, ni durable.

Ici, tout le monde est stupéfait ; l'on ne sait comment expliquer ce retour subit : tout le monde fait ses conjectures sur l'entrevue des deux empereurs. Les Lombards ont le nez très long, l'armée de Piémont est indignée, l'armée française est trop disciplinée pour faire paraître son mécontentement, mais je crois qu'il existe.

Voici les suppositions que je fais :

Toutes les puissances d'Europe ont été alarmées par ces révolutions rapides de tous les états d'Italie : Parme, Modène, la Toscane, la Romagne, et même Naples, révolutions qui se propagent même beaucoup plus loin, dit-on (Hongrie, Croatie). Ces puissances ont craint de voir propager cet esprit d'insurrection jusque dans leurs états, et se sont alliées contre la France.

Napoléon, averti de tous ces mouvements des puissances,

a cessé immédiatement la guerre avec l'Autriche et s'en est fait une alliée. Il doit y avoir des engagements secrets entre notre Empereur et l'Empereur d'Autriche, qui doit garder contre la Prusse une dent cruelle de la neutralité qu'elle vient d'observer, et des bâtons dans les roues quelle a mis à l'influence autrichienne en Allemagne.

Joins à cela quelques grosses sottises qu'a dû commettre le roi Victor Emmanuel vis-à-vis de l'Empereur des Français, ou bien quelques malices du comte de Cavour jouant au plus fin avec l'Empereur, et tu comprendras de suite pourquoi l'Empereur a fait la paix.

Maintenant, gare les explications avec la Prusse et l'Angleterre, gare les *frontières du Rhin, gare la guerre Européenne.*

Je ne voudrais pas être un oiseau de mauvais augure, mais je crois qu'avant un an, nous aurons la guerre avec la Prusse et peut-être avec l'Angleterre.

Tu dois concevoir que l'enthousiasme italien est complètement refroidi et que ces fleurs et autres amabilités dont nous étions accablés à notre arrivée, se changent petit à petit en injures, et que si ces bons Lombards avaient quelque chose à nous jeter, ce serait plutôt de la boue que des couronnes. « Il n'y a qu'un pas du Capitole à la roche Tarpéienne », c'est Mirabeau qui l'a dit. L'on dit même que dans les grandes villes il y a eu quelques démonstrations dans les cafés. Ici, à Pavie, tout le monde est bien tranquille. Pavie est une ville sage. A Milan et à Gênes l'on a arraché les drapeaux français, dont les habitants avaient pavoisé leurs maisons. Et l'on dit que dans certains endroits l'on a remplacé les portraits de l'Empereur par celui d'Orsini. Tu vois que l'enthousiasme italien est susceptible de revirement.

D'un autre côté, il y a les bandes de Garibaldi, qui sont inquiétantes pour le Piémont ; toute cette jeunesse lombarde qui s'est levée avec enthousiasme, a dû apprendre sur les champs de bataille le mépris de la mort, et a dû perdre toute espèce de goût autre que celui de se battre contre les Autrichiens. Que va-t-elle faire maintenant ? Rentrera-t-elle dans ses foyers ? Alors elle pourra produire plus d'un Orsini. Toutes ces réflexions ne sont positivement pas très gaies. Et puis les Lombards méprisant les Piémontais, ces jeunes gens se soumettent-ils volontiers à Victor Emmanuel ?

Il y aura encore longtemps des discussions et du tapage en Italie.

. . . .

Pavie, 27 juillet 1859.

Je pars demain pour Milan ! C'est fini, je suis guéri complètement et depuis quelques jours, j'ai fait de longues courses qui m'ont permis de reprendre tout à fait mes forces. De plus, j'ai fait quelques connaissances, et je vais dans quelques familles de l'endroit où je suis reçu avec beaucoup de bienveillance.

Ces pauvres Italiens ne sont pas contents de la paix ! Ils ont peur d'ici à quelques jours de voir revenir les Autrichiens, et réellement ils ont été assez maltraités par eux pour ne pas les aimer et les haïr du plus profond de leur cœur.

Je crois que Napoléon s'est un peu pressé de faire la paix et qu'il a eu très grand tort. Je crois même que c'est une grosse faute qu'il a commise. Malgré ça les Italiens nous reçoivent avec beaucoup de cordialité : c'est un peuple qui a beaucoup de bon, surtout les femmes qui ont beaucoup plus de franchise, de naturel et beaucoup moins d'affectation qu'en France.

J'ai fait beaucoup de courses dans les environs de Pavie ; je te les raconterai un jour.

Pour le moment, on dit que notre corps d'armée reste provisoirement en Italie ; j'en suis infiniment plus satisfait que de retourner de suite en Afrique ; j'aurai le temps de voir pas mal de choses que jusqu'à présent je n'avais fait qu'entrevoir, et surtout d'aller voir les tableaux et les curiosités de quelques villes. Et puis, il est probable que plus tard nous irons à Florence, peut-être à Rome, et alors je pourrai dire que j'ai vu l'Italie.....

SÉJOUR A MILAN

Milan, 31 juillet 1859.

. . . .

J'ai quitté Pavie ces derniers jours, et depuis ce temps je suis en garnison à Milan où le régiment était arrivé quelques jours avant moi.

Avant de quitter Pavie, j'ai voulu te faire un grand plaisir. Je ne sais pas si tu sais qu'une des principales merveilles de Pavie est le tombeau de saint Augustin. Ce tombeau est révéré très loin à l'entour. L'évêque d'Alger est venu en grande pompe il y a quelques années à Pavie, chercher, avec l'autorisation du pape, une partie des reliques de saint Augustin pour les transporter en Afrique, à Bône (Hippone), l'ancienne métropole de saint Augustin. Ceci serait pour moi une preuve assez sérieuse que c'est bien, en effet, à Pavie que sont les restes de saint Augustin. J'ai donc été à la cathédrale demander au curé de ces reliques, mais ce brave homme, me supposant probablement indigne, m'a repoussé avec vigueur malgré l'enthousiasme italien qui, par parenthèse, se refroidit considérablement. Nous avons pourtant laissé assez de reliques de braves gens en Italie pour avoir le droit d'en emporter quelques-unes.

Je contais le soir même ma malheureuse histoire à une dame chez laquelle, pendant mes derniers jours d'hôpital, j'allais passer mes soirées *al fresco* dans le jardin, et puis j'avais complètement oublié les reliques de saint Augustin et l'espérance de pouvoir faire plaisir à ma tante, lorsque ces jours derniers, au moment de mon départ de Pavie, j'ai été faire mes adieux à cette dame et à sa famille. Elle m'a donné en souvenir de mon séjour en Italie un petit paquet contenant un reliquaire de saint Augustin avec certificat authentique à l'appui. Le procédé était charmant. Je t'ai déjà dit dans ma dernière lettre que les Italiennes valaient mieux que les Françaises, je suis toujours de cet avis.....

Tu m'écris que tu n'as pas vu dans le journal que j'étais décoré de l'ordre de S. M. Victorio Emmanuele. Je le suis pourtant, j'ai appris cela en rentrant au régiment. C'est une assez jolie croix, à quatre branches émaillées, entourées d'une couronne de chêne et de laurier, et suspendue par un ruban gros bleu ayant au milieu une assez large raie amarante.

Je ne sais pas si je serai porté pour chef de bataillon à cette inspection générale, mais je l'espère.

Je n'ai pas encore eu le temps de visiter Milan, mais cette semaine je vais m'en donner ; de ma fenêtre, rue de la Passione, je vois le dôme de la cathédrale, c'est splendide. Elle est dentelée à jour d'une façon merveilleuse, et surmontée d'une foule de petits clochetons extrêmement élégants.

Je n'ai pas encore vu l'intérieur, mai j'irai demain ; puis j'irai voir le couvent où est la fresque de Léonard de Vinci, et Breva où est, dit-on, un tableau de Raphaël, intitulé « le Mariage de la Vierge », qui est un chef-d'œuvre de ce maître. Enfin, je verrai ce que je pourrai, afin de pouvoir te raconter plus tard toutes ces merveilles.

Demain je prends la semaine, et comme les courses sont longues dans Milan, je les fais toutes à cheval. De la rue où je loge à la citadelle où le régiment est caserné, il y a une demi-heure de chemin, de façon qu'on ne verra que moi à cheval dans les rues de Milan pendant toute cette semaine......

Milan, 16 août 1859.

Depuis que je suis à Milan, je suis de service, et constamment au château ; je ne connaissais pas la vie d'adjudant-major en France, et encore moins celle qu'on nous fait faire à Milan, où l'on fait à côté du service de guerre tout le service de garnison.

D'abord, j'ai été de petite semaine, puis la semaine suivante, de grande semaine, ce qui m'a occupé constamment. Je rentrais chez moi tous les soirs très fatigué. Joins à cela une chaleur tropicale et les fêtes de l'arrivée de Victor Emmanuel, et celles du 15 août, tu auras le programme de tout l'ennui que j'ai eu à subir.

Milan, le 23 août 1859.

J'ai fait un voyage assez long à travers les trois lacs, Majeur, Lugano et Como. C'est splendide ! Outre le paysage, qui est un des plus beaux du monde, il y a à visiter grand nombre de villes qui contiennent des œuvres d'art du premier mérite. Je suis revenu à Milan et de là je suis reparti pour le lac d'Iseo.

. . . .

On fait courir ici des bruits qui sont démentis le lendemain : tantôt nous rentrons en Afrique pour aller au Maroc, tantôt nous allons en Chine, tantôt nous rentrons tout bonnement à Constantine. J'espère que nous passerons tout simplement l'hiver à Milan, c'est ce qui pourrait nous arriver de plus agréable. Mais justement, à cause de cela, il n'y faut par compter.

Milan, 5 septembre 1859.

La semaine dernière, j'étais de semaine, et c'est un service fort pénible à Milan. On y complique tout autant qu'on peut, et l'adjudant-major de semaine n'a pas un moment de liberté : il est même obligé de coucher à la caserne.

La semaine précédente, j'ai voyagé beaucoup. J'ai parcouru tout le pays compris entre Milan et le Mincio, Brescia, Bergame, Castiglione, Solférino, Crémone, Pizzighetone ; je suis revenu à Milan pour prendre ma semaine. Demain je pars pour aller voir le lac de Côme, le lac de Lugano et le lac Majeur, et je reviendrai à Milan par Turin.

Il faut profiter du moment présent pour voir tout ce qu'il nous est possible en Lombardie. Quant à voir Parme, Bologne et Florence, il ne faut pas y penser. Par mesure politique on nous refuse toute espèce de permission pour les duchés. Je n'en ai pas demandé ; mais plusieurs permissions demandées par mes camarades, ont été refusées par le maréchal.

Milan, 5 octobre 1859.

Je reviens encore d'excursion ; mais je crois que celle-ci sera une des dernières que je ferai, pour beaucoup de raisons. La semaine prochaine je serai de service, et la saison qui s'avance, ne permettra plus beaucoup de voyager. Définitivement, je crois que nous sommes fixés à Milan pour quelque temps. Mais à ce propos, il circule toujours une foule de bruits très contradictoires. Toi qui est à Paris, au centre des nouvelles, tu dois savoir mieux que personne à quoi l'en tenir sur tous ces bruits...

C'est de Paris que partent tous les ordres qui nous feront faire mouvement. Prends des informations et écris-moi.

J'ai passé dernièrement quatre ou cinq jours à la campagne, à dix heures de Milan, chez mon ancien propriétaire qui m'avait prié si instamment de venir le voir, qu'un jour, après avoir pris mon courage à deux mains, je suis monté à cheval, et après avoir fait dix lieues, je suis arrivé à sa villa, qui est charmante ; c'est dans les environs de Trezzo, sur l'Adda. Il m'a fait visiter une quantité de choses curieuses dans les environs de sa villa, a été charmant pour moi, ainsi que sa femme ; enfin, j'ai passé là quelques jours fort agréables.

La vie italienne est extrêmement agréable ; ces braves gens-là vous mettent très rapidement à l'aise ; les femmes ont beaucoup plus de laisser-aller dans leur manière d'être, qu'elles n'en ont en France ; ce qui fait que tu peux être tranquille, jamais je n'épouserai une Italienne, car fût-elle aussi vertueuse que possible, et dans ce pays-ci il doit y en avoir tout autant que dans les autres, sa manière d'être facile fera toujours causer en France, et supposer mille choses auxquelles elles ne penseront même pas. On est beaucoup moins méchante langue dans ces pays-ci qu'en France, du moins on s'occupe infiniment moins les uns des autres.

J'ai visité bien des belles choses depuis que je suis arrivé à Milan, mais ce que j'ai vu de plus beau, c'est la Cène, de Léonard de Vinci ; voici au moins mille fois que je vais la voir, et plus j'y vais, plus je la trouve belle, et de beaucoup la plus belle chose en peinture que j'ai vue de ma vie.

Milan, 18 octobre 1859.

Je suis en ce moment-ci chez G... où je passe ma dernière soirée à Milan. Tout est emballé chez moi ; je n'ai plus ni plume, ni encre, ni papier. Je t'écris au dernier moment ayant eu beaucoup à faire depuis que l'ordre de départ nous est arrivé.

Faites donc des projets ! Bâtissez des châteaux en Espagne pour que du jour au lendemain, pouf ! une tuile vous tombe sur la tête et vienne détruire tous les édifices de votre imagination.

Nous partons pour le Maroc où il se fait, dit-on, une expédition sur une assez grande échelle. Je laisse à G... toutes les photographies que j'ai achetées pour mon oncle et pour toi ; dans le rouleau, tu trouveras aussi, devine quoi ? Un voile de dentelles ! J'ai à peine le temps de l'écrire que j'ai été à peu près forcé de l'acheter. C'est à la Dona *Petit* de la maison où je demeure à Milan, et qui prétend que depuis la guerre, elle est très malheureuse et ne vend plus rien ! De sorte que, moitié charité et moitié manque de réflexion, je lui ai acheté ce voile. Si toi, ni ma tante n'en vouliez, tu le garderas pour ma future femme !

RETOUR EN AFRIQUE

Oran, 26 octobre 1859.

Je débarque ce matin à Oran ; nous y restons pour le moment et jusqu'à nouvel ordre, pour des causes qu'il serait trop long et trop difficile de t'expliquer. Notre séjour n'y sera pas long. Dans tous les cas, écris-moi à Oran ; les lettres me suivront si nous sommes partis.

Quelle chute ! De Milan à Oran !

Nous sommes campés sous les murs d'Oran. Nos bagages sont encore à bord et ne seront débarqués que demain.

Je t'écris à la hâte, au café, au milieu de mes camarades qui m'empêchent de causer avec toi, et je termine en t'embrassant.

Oran, le 9 novembre 1859.

Encore un départ ! Nous venons de recevoir l'ordre de retourner dans notre province de Constantine ! Nous embarquons demain matin. Si cela continue, je deviendrai tout à fait marin. Je suis enchanté de quitter Oran où je ne connaissais personne, où je n'avais ni habitudes, ni espérance d'installation.

Je vais aller m'installer pour cet hiver, soit à Constantine, soit à Sétif, peut-être à Philippeville. Aussitôt débarqué, je t'écrirai.

Philippeville, 16 novembre 1859.

Nous voici arrivés à Philippeville depuis avant hier soir. Notre traversée a été assez pénible. Mais je n'ai pas été malade.

Nous partons demain pour Constantine : je suis dans les malles, emballage, déballage, etc.

Nous nous promenons beaucoup depuis quelque temps. J'attends le moment, qui ne peut tarder, où l'on nous laissera tranquilles pendant deux ou trois mois.

C'est le général Desvaux qui vient d'être nommé au commandement de la province de Constantine. Pour ma part, j'en suis fort enchanté ; je le connais depuis longtemps et j'espère que sa connaissance me sera utile.

Tes lettres doivent courir après moi à Oran ; je les recevrai Dieu sait quand ; écris-moi dans la province de Constantine.

Constantine, 20 novembre 1859.

Je suis arrivé hier à Constantine par un temps affreux, et une pluie qui nous a accompagnés pendant toute la route. Cette route ne me porte pas bonheur. Voilà bien souvent que je la fais et presque toujours par le mauvais temps.

J'ai renouvelé connaissance avec la tente sous laquelle je n'avais pas logé depuis quelque temps. Mon bataillon reste à Constantine où j'espère passer un hiver tranquille après toutes les pérégrinations que j'aurai faites cette année.

Constantine, 28 novembre 1859.

Je suis installé enfin, et pas sans peine ; j'ai fini par trouver logement et écurie dans une maison arabe, construite de la façon la plus bizarre. Enfin, je crois que je serai à peu près bien pour passer mon hiver. Je n'ai qu'une chambre, mais très grande, que je sépare en deux, chambre à coucher et salon, au moyen d'un rideau. Dans mon salon, j'ai une table et un canapé ; dans ma chambre à coucher, un lit ; tu vois qu'il y a loin de là à l'encombrement de l'île Saint-Louis, où les petites boîtes entrent dans les grandes, et ainsi de suite.....

(La mère du général habitait un petit appartement à l'île Saint-Louis, à Paris).

Dans ce moment, il fait un temps si exécrable qu'on ne peut ni monter à cheval, ni aller à la chasse. Les bagages sont déjà arrivés... J'ai enfin retrouvé mes malles et les effets que j'avais laissés à Constantine. Ce n'est pas sans plaisir qu'on rentre dans ses vieilles frusques, mais j'ai donné la retraite à pas mal de ces vieilles choses.

A propos de retraite, on dit que nous allons l'avoir à vingt-cinq ans de service ! Quelle chance ! plus que dix ans à faire !

Constantine, 7 décembre 1859.

Je suis installé et obligé de quitter mon logement où il pleut ! Toutes ces masures arabes sont construites sans aucune régularité, et le replâtrage à la française qu'elles ont subi ne les a pas rendues très solides pour l'hiver.

Le 15, je déménage et vais trouver un autre logement, dans une maison française...

Je mange avec le colonel, le lieutenant-colonel et leur état-major. Je lancerai un mot, un de ces jours à table, au sujet d'une permission, et si je vois que je n'ai pas trop d'obstacles à vaincre, je me déciderai à la demander sérieusement.

Le soir, je travaille à repasser mes campagnes et l'histoire militaire. Le matin, mon service m'appelle au quartier de bonne heure. Tu vois que ma journée est bien remplie. J'oublie un peu Milan ; ce n'est pas sans peine, car surtout maintenant, on y passerait un hiver extrêmement agréable, et l'hiver de Constantine ne se présente pas d'une façon bien engageante.

Je ne connais aucun colon et n'ai envie d'en connaître aucun. Le général n'est pas marié, de façon que cela ne présage pas beaucoup de soirées ni de bals pour cet hiver.

Philippeville, 19 décembre 1859.

Je pars demain pour Constantine. Tu vois d'après ma lettre que je suis à Philippeville. Le colonel m'a désigné pour y aller chercher des mulets pour le régiment, sous prétexte qu'étant toujours bien monté, je devais m'y connaître en animaux.

J'ai accepté cette corvée comme on est obligé de les accepter toutes dans ce bas monde, et suis parti avec un détachement de zouaves qui s'est mis en route à pied, et reviendra sur des mulets.

J'ai été pris par la neige entre Philippeville et Constantine, au milieu de la route, à l'endroit où l'on traverse les montagnes qui séparent cette première ville de la seconde. Jamais je n'avais vu autant de neige en Afrique. En vingt-quatre heures il en est tombé un mètre et demi au sommet de la montagne. J'ai donc traversé cette neige avec mon détachement, non sans difficultés assez grandes. Dans beaucoup d'endroits la route n'est pas bien marquée : couverte de neige comme elle l'était, j'avais peur de la perdre.

Si cet accident m'était arrivé, j'aurais eu du mal, mais avec un peu d'habitude, on s'en tire toujours.

J'ai touché à Philippeville mes mulets et je vais revenir avec un détachement de cavaliers. Ça va être une forte distraction de voir tous ces braves gens qui, la plupart ne savent pas monter à cheval, s'éparpiller sur la route et tomber à droite et à gauche ; mais ils sont jeunes et souples, et j'espère qu'il ne leur arrivera pas d'accident sérieux.

CAMPAGNE DU MEXIQUE

EN ROUTE POUR LE MEXIQUE
SÉJOUR EN ESPAGNE

Cadix, 17 septembre 1862.

Nous sommes depuis huit jours à Cadix à cause d'un accident qui est arrivé en mer, au *Fleurus*, au milieu du détroit de Gibraltar. Pendant la nuit, nous avons abordé et failli couper en deux la *Charente*: il en est résulté des avaries considérables pour la *Charente*, et pour nous des dommages beaucoup moins importants, mais pourtant assez graves pour que nous soyons obligés de quitter le *Fleurus*. Un autre vaisseau, le *Wagram* est venu de Brest nous chercher, et dans ce moment-ci nous déchargeons le *Fleurus* de nos vivres et de nos canons et matériel que nous embarquons à bord du *Wagram*.

Demain ou après-demain, nous partirons directement pour la Martinique, à moins que le mauvais temps ne nous oblige à toucher à Ténériffe.

Notre séjour à Cadix a été assez curieux. Nous avons pu aller à Séville et à Cordoue, qui sont sur la ligne du chemin de fer, mais tout ce que l'on voit d'habitude comme musées et monuments publics, était invisible pour nous. Dans toute l'Andalousie l'on blanchit les maisons, on les orne de toutes les façons pour recevoir la reine Isabelle, qui vient pour la première fois visiter l'Andalousie. Tu ne saurais croire tous les préparatifs faits pour cette visite. Les Espagnols, moins avancés en civilisation que les Français, ont encore la chance de croire à leur roi et à leur Dieu, aussi se privent-ils de tout ce qu'ils peuvent pour faire bon accueil à leur reine. On dit que la ville de Cadix seule dépense cent cinquante millions de réaux pour trois jours, c'est-à-dire à peu près quarante millions de francs. Cadix est une ville qui n'est ni espagnole, ni anglaise, ni française, c'est une ville qui, comme tous les grands ports de mer, n'a qu'un caractère, celui du commerce : un grand luxe sans art et sans architecture historique. Cadix est le Marseille de l'Espagne. Pas un monument, pas un souvenir, pas un tableau, pas une statue. Pour trouver tout cela, il faut aller plus loin, à Séville, car malgré l'encombrement de tous les monuments livrés aux ouvriers tapissiers et autres, on y voit encore assez de choses pour comprendre tout ce qu'il y aurait à admirer en temps ordinaire. J'ai vu à Séville un petit musée, le palais du duc de Montpensier, l'extérieur et quelques galeries intérieures de l'Alcazar, tout cela donne une idée de ce qu'on pourrait voir d'habitude. A Cordoue, il y a la cathédrale, ancienne mosquée des Califes qui est, après l'Alhambra, le triomphe de l'architecture orientale ; beaucoup de tableaux, beaucoup de statues, et une ville triste comme un bonnet de nuit, ou comme l'expédition du Mexique.

LA MARTINIQUE

Fort-de-France (Martinique).

Nous sommes arrivés ici dimanche (12 octobre 1862), et débarqués lundi matin pour faire reposer et nettoyer nos hommes et nos chevaux. Nous nous embarquerons aujourd'hui, samedi 18, pour la Vera-Cruz.

Notre traversée a été assez médiocre ; nous sommes mal installés à bord, manquant d'air et manquant d'eau, mais nous avons beaucoup moins souffert que d'autres bâtiments, *l'Aube* entre autres, qui a eu vingt ou trente chevaux noyés dans les batteries, et qui en a perdu en tout cinquante-six. Nous n'avons perdu, nous, que deux hommes de maladie et pas de chevaux.

La colonie de la Martinique est morte : une végétation superbe et pas de travail. Ainsi, à Alger nous n'avions acheté pour nos hommes ni sucre, ni café, croyant avec raison que tout cela coûterait bien meilleur marché à la Martinique ; mais pas du tout : ici le sucre coûte 1 fr. 70 le kilog. et le café 4 francs ; nous avons été fort désappointés.

Nous arriverons à la Vera-Cruz vers le commencement de novembre ; nous n'y resterons que le moins longtemps possible et nous filerons de suite sur Orizaba.

Qu'allons-nous faire au Mexique ? Voilà ce que tout le monde se demande, et personne ne peut répondre d'une façon sérieuse à cette question. On dit l'armée mexicaine détruite par les maladies et le manque d'argent ; ce qui n'est pas détruit est, dit-on, organisé en bandes de guérillas, j'ai bien peur que quand nous arriverons il n'y ait plus même de guérillas.

ARRIVÉE AU MEXIQUE

A bord du *Wagram*, 1er novembre 1862.

Nous arrivons demain matin à la Vera-Cruz. La traversée de la Martinique a été très heureuse ; toujours bon vent, toujours une mer à peu près calme ; si ce n'étaient les ennuis du bord, si ce n'était qu'on n'a pas un coin où l'on puisse être seul, même pour se débarbouiller, si ce n'était enfin le manque d'air, on pourrait se faire à la vie du bord. Mais je ne regretterai jamais de ne pas m'être fait marin.

Demain nous verrons ce fameux pays auquel nous pensons depuis quatre mois, sur lequel j'ai lu à peu près tout ce qu'il y avait à lire, enfin qui nous préoccupe tous tant que nous sommes. Demain enfin, nous verrons le fameux pic d'Orizaba. Ce soir tout le monde était sur la dunette au coucher du soleil pour tâcher de l'apercevoir, mais quoique nous soyons à moins de quarante lieues de terre, nous n'avons pu découvrir ce pic, et pourtant tous les livres disent que par un temps clair on le voit à cette distance.

LA VERA-CRUZ
DÉFECTUOSITÉ DES MOYENS DE TRANSPORT DE LA GUERRE

Casamata, 9 novembre 1862.

Nous sommes arrivés à la Vera-Cruz le 2 novembre, jour des morts, cela ne présage rien de bon. Nous sommes restés deux jours dans le port, et nous avons enfin touché terre le 4.

Dans cette saison il y a de très forts coups de vent du nord ; le dernier a détruit nos chalands, de façon que les débarquements sont difficiles, surtout pour les chevaux.

Une fois à la Vera-Cruz, on nous a fait camper à deux kilomètres de la ville dans un marais. Là, nous avons eu beaucoup à faire pour l'installation des magasins et du petit dépôt que le régiment laisse à la Vera-Cruz. Cette installation, une fois faite, le régiment est parti un peu plus loin tenir un poste qui est à quatre kilomètres, et qui est intitulé Casamata. Sous peu nous partirons ; notre deuxième bataillon est parti avec le colonel pour Medellin où il fait des incursions contre les guerillas, pour ramasser des troupeaux qui commencent à manquer à la Vera-Cruz.

Nous avons eu beaucoup de chance d'arriver en cette saison : les maladies sont devenues bien moins graves, et c'est à peine si l'on entend parler de fièvre jaune.

Je ne te parlerai pas beaucoup de l'expédition du Mexique, ça nous est à peu près défendu. Le général nous a engagés à ne pas donner nos appréciations « car, dit-il, vous pouvez mal comprendre ou ne pas comprendre du tout les opérations, qui sont moitié politiques, moitié militaires ». Il fait là peu d'honneur à notre intelligence, mais enfin c'est peut-être utile, et je me conformerai à ses conseils.

La seule chose que je te dirai, parce qu'elle doit être connue en France, c'est que nos moyens de transport sont aussi mal organisés que possible. Ainsi en quittant l'Afrique on nous a fait verser dans les magasins et vendre notre matériel de transport, pour nous donner des voitures que le ministre de la guerre avait inventées à lui tout seul. Ces voitures sont déjà hors de service. On nous a embarqués avec une imprudence qui n'a pas de nom, et si cette imprévoyance cause des accidents et des malheurs, il ne serait que juste qu'ils retombassent sur la tête de celui qui a mis autant de négligence dans une question où il s'agit de la vie des hommes et de leur santé. Aussi le nom de Randon, notre ministre de la guerre, est-il devenu le synonyme d'idiot.

Heureusement, le gouvernement nous donne une bonne solde, notre solde est augmentée de 9 francs par jour et on nous supprime seulement le logement. Mais cette augmentation de solde implique la cherté de la vie à la Vera-Cruz.

Une journée à l'hôtel, chambre, déjeûner et dîner, revient à vingt-cinq francs au minimum, et dans ce moment-ci, on est horriblement mal. Je suis dix fois mieux qu'ici sous ma tente, et avec ma cuisine de popote.

LES GUERILLEROS

Casamata, 14 novembre 1862.

Nous sommes toujours à Casamata au milieu des broussailles et des taillis inextricables. Notre second bataillon est à Medellin avec la moitié du nôtre ; il fait des sorties pacifiques pour forcer les propriétaires à nous vendre des mulets. Car au Mexique ce n'est pas tout rose d'être propriétaire. Juarez leur défend de nous vendre des chevaux ou des mulets, et comme il n'y a que nous qui achetions, ces braves propriétaires sont bien aises de nous vendre ; aussi ils demandent notre présence, de telle façon qu'ils ont l'air de céder à la force et que dans le fond ils sont enchantés de se débarrasser, à un très bon prix, de leurs chevaux, mulets et bétail.

Il y a quelques guérillas qui tiennent la campagne ; ces guérillas ne sont guère à craindre pour une troupe, mais elles sont réellement très dangereuses pour les individus isolés, qu'elles pillent et assassinent. D'un autre côté, ces guérillas sont très difficiles à prendre : elles ont pour elles moitié par la bonne volonté, moitié par la terreur, une grande partie des populations. Elles sont donc informées de nos mouvements et de nos forces dans chaque petit point. Outre cela, les guérilleros sont d'admirables cavaliers, merveilleux de rapidité, faisant facilement des traites de vingt-cinq lieues dans un jour, de sorte qu'il est à craindre que dans une poursuite, ils ne se portent en arrière et ne cherchent à nous couper nos convois de vivres et de munitions de guerre.

La plus grande souffrance, jusqu'à présent, ce sont les moustiques et autres bêtes, qui sont ici en grande quantité et ne nous laissent de trêve ni jour, ni nuit. Pas de sommeil, pas de tranquillité tout le jour, de petites lames qui vous entrent dans la chair en y laissant un principe de vésicatoire, c'est réellement une plaie. On la dit nécessaire, car dans ce pays où tout vient sans peine, on se laisserait aller à la somnolence et à l'inertie.

LA VIE AU MEXIQUE -- DESCRIPTION DU PAYS

Medellin, 25 novembre 1862.

Nous sommes dans ce moment-ci à Medellin, à cinq ou six lieues de Vera-Cruz. C'est un endroit extrêmement joli, entouré d'eau, de jardins, de bois, de choses charmantes enfin, mais tout cela dans un état affreux : les guerilleros ont passé là, toutes les maisons sont plus ou moins en désordre, les meubles cassés, les portes sans serrure, enfin tout ce qu'entraîne une bande de voleurs qui a séjourné quelque temps dans un pays. La maison ordinaire du pays est tout bonnement construite avec des bambous droits à claire-voie, et couverte d'un toit de chaume. C'est dans ces maisons-là que tous les gens de la Vera-Cruz, qui ne sont pas retenus par leurs affaires, viennent passer la saison des chaleurs, prendre des bains et échapper à leur climat meurtrier. De tous les côtés autour de Medellin, au milieu des bois, il y a des ranchos. Ce sont de petites fermes qui sont habitées par une seule famille de cultivateurs qui fournissent à Vera-Cruz du jardinage, des légumes, des volailles ; outre cela, dans chaque rancho, il y a chevaux, mules et bétail. Car dans ce beau pays, il y a si peu de routes que tous les transports se font à dos de mulet, et les voyages à cheval. Le Mexicain de la campagne ne va jamais à pied, il est toujours à cheval, les enfants à âne ou à mulet, les femmes à mulet. Tout ce monde-là vivrait heureux et content sans les voleurs et sans le gouvernement mexicain, qui est le général en chef des voleurs.

Les bois sont d'une végétation luxuriante dont il est impossible de donner une idée, moitié fleurs, moitié feuilles, toutes les fleurs des serres du jardin des plantes montant après des arbres. L'ananas pousse ici au milieu des bois, à l'état sauvage ; l'oranger, le bananier, enfin une foule d'arbres et de fruits qui n'ont pas de noms en français, la mangue, la zapote, la manilla, la pomme de cythère, l'avocat, etc., toutes espèces de fruits très beaux et très séduisants à l'œil ; mais à part l'ananas et la banane, dont je mange volontiers, aucun de ces fruits ne vaut ceux de France. On dit qu'on s'y fait, qu'on finit par les trouver excellents, moi, j'en doute beaucoup ; presque tous ont un goût de thérébentine ou bien des parfums très prononcés, trop concentrés, qui ne font pas grand plaisir.

Ces bois sont habités par des oiseaux ravissants, mais qui chantent mal ; plusieurs variétés de perroquets, le cardinal, l'oiseau mouche, le colibri. Outre cela, beaucoup de gibier, entre autres le cerf, mais il est fort difficile de tirer le gibier au milieu du fouillis de la mer de feuilles et de fleurs dont je te parle.

Le revers de la médaille, c'est le moustique, le maringouin et autres bêtes qui vous piquent toute la journée. Il y a bien encore les serpents, le serpent à sonnettes, le coralin, qui est ma foi le plus joli serpent qu'il soit possible de voir, et qui ferait à une femme le plus beau bracelet possible. On dit que la blessure de plusieurs de ces animaux est mortelle, mais jusqu'à présent nous n'avons pas encore eu d'exemple de morsure. Du reste, les docteurs prétendent qu'en brûlant et liant le membre immédiatement, on s'en tire très bien.

OPINION D'UN CURÉ MEXICAIN SUR JUAREZ

Medellin, 27 novembre 1862.

Le curé de Medellin est venu passer la soirée avec nous et prendre le café. C'est un prêtre espagnol instruit, il sait le français, l'anglais et assez bien l'histoire de l'Europe. Sa conversation est très intéressante en ce qu'il nous parle constamment du Mexique et de l'état affreux dans lequel le gouvernement mexicain a plongé ce beau pays. Il n'aime pas du tout Juarez, il appelle le gouvernement, gouvernement de voleurs, brigands, etc., il nous affirme que tout le monde est fatigué de ses rapines, de ses exactions et de ses cruautés et que, quand nous arriverons devant Puebla, il y aura un pronciamiento qui chassera Juarez et toute sa bande, et qui nous ouvrira les portes.

Il faut dire que cette grande haine du curé de Medellin contre Juarez, vient très probablement de ce que depuis quelques années, Juarez a mis la main sur tous les biens du clergé, fait fusiller pas mal de prêtres qui lui faisaient de l'opposition, et enfin qu'il leur a défendu de porter l'uniforme ecclésiastique en dehors de leurs fonctions; de plus, il leur a supprimé tout traitement et a proclamé la liberté des cultes. Dans ce pays, la liberté des cultes est une chose un peu trop avancée, car la majeure partie de la population est indienne, et notre curé prétend que les Indiens vont retourner à l'idolâtrie. Il avoue en même temps que les Indiens ne se sont faits chrétiens que sous la pression des épées espagnoles, et que cette pression doit continuer encore longtemps avant que cette population soit franchement chrétienne.

Le curé prétend encore qu'au Mexique les populations sont très religieuses en apparence, et dit que le culte a beaucoup trop de cérémonies, mais que la croyance et surtout la morale, sont peu étudiées et encore moins pratiquées, que chaque guerillero, chaque assassin porte à son cou des reliques ou quelque image qu'il invoque pour la réussite de son assassinat ou de son vol.

Tu vois que l'opinion qu'a ce brave curé de ses paroissiens n'est pas très édifiante ; il se déclare complètement pour nous et nous affirme que la grande majorité du clergé mexicain en fera autant ; il dit que tous les gens honnêtes seront aussi pour nous et que nous n'aurons à combattre qu'une bande de brigands. Pour moi cette bande de brigands me paraît assez difficile à combattre, parce qu'ils sont insaisissables, et qu'à peine nous venons de quitter un point quelconque, ils viennent s'y présenter au nom de la patrie, et assassinent les gens qui nous ont servi pendant l'occupation temporaire de ce point.

Pour nous, je crois que le colonel a l'ordre de diriger le régiment tout entier sur Jalapa pour gagner ensuite Puebla. Ce sera bien heureux pour le régiment d'aller sur des plateaux un peu élevés, car nous avons beaucoup d'hommes malades de fièvres intermittentes et de diarrhées. On dit que les fièvres disparaissent d'une façon absolue à Jalapa, et en général aussitôt que l'on s'élève au-dessus du niveau de la mer et des marais.

ESCARMOUCHE

Medellin, 29 novembre 1862.

Aujourd'hui nous avons été cerner, avec quelques cavaliers des chasseurs d'Afrique, un rancho signalé comme rendez-vous de guerilleros. Nous y avons trouvé cinq ou six guerilleros qui se sont enfuis au galop ; on les a poursuivis un instant, mais ils se sont jetés dans des fourrés impénétrables où l'on n'a pu les suivre. Seulement nous étions arrivés trop tôt, car il y avait un repas préparé pour une centaine d'individus qui n'étaient pas encore arrivés, et qui se sont donné de l'air quand ils ont su notre tournée. Nous sommes rentrés avec deux chevaux et un mulet de prise, après avoir cassé les marmites et mangé ce qu'il y avait de bon dans le dîner, et détruit le reste. J'espère que nous continuerons à peu près tous les jours que nous avons à rester encore ici ce petit système de taquinerie vis-à-vis des guerilleros, seulement une autre fois il faudra avoir soin d'arriver à l'heure du dîner.

DIFFICULTÉ DES TRANSPORTS

En route, 5 décembre 1862.

Nous sommes partis de Medellin le 2 décembre, nous avons passé la journée du 3 à la Vera-Cruz et nous voici depuis deux jours en route pour Jalapa.

Les marches que nous faisons en ce moment-ci ne sont pas longues, mais elles sont extrêmement fatigantes. On suit le bord de la mer et on enfonce dans le sable jusqu'à mi-jambe, puis on passe à travers des taillis inextricables toujours avec un fond de sable et par un soleil brûlant. Pour faire trois ou quatre lieues, en partant à cinq heures et demie du matin, nous arrivons à dix heures, mais les voitures et le convoi n'arrivent qu'à six heures du soir, et hier ils sont arrivés à neuf heures. Les roues des voitures et les mulets enfoncent au moins de cinquante à soixante centimètres.

Définitivement le peuple français est un noble peuple et un peuple de braves, mais il faut avouer qu'il est aussi bête que possible. Ce brave peuple français ne s'est pas douté que les voitures d'Italie n'iraient pas bien au Mexique ; pourtant elles sont envoyées à grands frais et ne servent à rien. Enfin l'expérience chez nous ne sert pas et il faudra toujours que nous partions en guerre avec une organisation impossible, justement parce qu'elle aura été inventée la dernière pour un but déterminé, et que l'on se figure que cela doit aller la même chose partout.

Les Américains, avec le général Scott, ont été bien plus intelligents que nous, parce qu'ils sont bien plus pratiques. Ils sont partis de la Vera-Cruz débarquant avec mille wagons attelés chacun de douze bœufs. Ces wagons avaient des roues et un essieu en fer, tout le reste en bois pouvant se réparer très facilement. Ils étaient chargés de vivres pour un an et servaient en route à protéger le camp. A mesure qu'un wagon était vide on abattait l'attelage, qui servait à nourrir la troupe. Eh bien, nous, nous sommes arrêtés dès le premier jour par le manque de moyens de transport. On dit qu'il en vient en grande quantité, mais gare aux contribuables ! Cette expédition coûtera cher à la France. Il faut espérer qu'elle rapportera, mais comment le Mexique pourra-t-il s'acquitter de la dette qu'il contractera avec nous ? Est-ce qu'il nous cédera, comme il l'a fait aux Etat-Unis, deux provinces ? Nous paiera-t-il aussi trois ou quatre cent millions au moins que nous coûtera cette guerre ?

DEUX COMBATS
EXPLOIT DU L^T-COLONEL MARGUERITTE
ENTRÉE A PEROTE

Jalapa, 16 décembre 1862.

Nous sommes depuis trois jours à Jalapa, très occupés, mais enfin tout est organisé. Nous avons laissé nos voitures de régiment pour toucher des mulets, et nous pouvons marcher plus rapidement et dans toute espèce de chemin.

Demain nous partons pour aller faire une excursion à Perote, qui est une petite ville à une douzaine de lieues de Jalapa ; l'on dit qu'il y a là une forteresse que les Mexicains ne défendront pas.

Maintenant nous allons aborder, après le pays de la fièvre, celui de la dysenterie et des maladies de poitrine. De Jalapa à Perote, nous montons de mille mètres. A Jalapa, nous sommes à treize cents mètres au-dessus du niveau de la mer. Il fait fort chaud dans la journée et les nuits sont extrêmement fraîches.

Perote, 20 décembre 1862.

Après bien des tribulations, du mauvais temps, du brouillard, de la pluie, nous sommes arrivés au bout de quatre jours de marche de Jalapa à Perote.

Dans la journée du 17, nous sommes tombés, au moment où nous nous y attendions le moins, dans une espèce d'embuscade. Nous étions au milieu des bois entourés de tous côtés de broussailles inextricables. Le général, sans défiance, marchait en tête de colonne, et comme nous allions arriver au bivouac, il avait réuni autour de lui les adjudants-majors pour leur donner le campement de leurs corps respectifs. Tout d'un coup, au coin d'un bois partent une centaine de coups de fusil qui, heureusement, n'ont pas fait grand mal ; un trompette et un capitaine d'état-major ont été blessés. Le capitaine est peut-être mort actuellement, c'est un nommé Fourgues, marié à Paris. Après cette décharge, ces braves gens ont fui, mais on les a poursuivis et ils ont laissé sept ou huit cadavres sur le terrain, entre autres un colonel mexicain (mais dans cet heureux pays tout le monde est colonel).

Dans la journée du 18, à Cerro de Leon, une grosse fraction de cavalerie nous a attendus. Il y a eu un léger combat de cavalerie, dans lequel le petit nombre de cavaliers français que nous avons avec nous s'est fort distingué, entre autres le lieutenant-colonel Margueritte. Ce combat était fort amusant à voir. Nous étions en plein brouillard, mais de temps en temps un coup de vent faisait des éclaircies et l'on voyait des cavaliers au galop, des chevaux sans cavaliers et des cavaliers sans chevaux, enfin un mouvement de Van der Meulen.

Nous avons passé la nuit à Cerro de Leon et le lendemain nous nous dirigions sur Perote, qui n'est éloigné de là que de deux lieues. Nous nous attendions à Perote à une grosse défense. Il y a à Perote une citadelle très forte, construite par les Espagnols; Vauban n'aurait pas fait mieux. Cette citadelle contenait des magasins, des casernes, des écuries. Les Mexicains ont tout fait sauter, mais leurs mines ont été impuissantes contre la solidité des remparts, qui sont tout au plus crevassés. Je ne conçois pas pourquoi ils ont fait sauter cette citadelle au lieu de la défendre; il est positif qu'avec mille hommes, ils nous auraient arrêtés aussi longtemps qu'ils l'auraient voulu. Je ne connais pas assez le pays pour savoir si on aurait pu tourner cet obstacle, mais dans tous les cas mille hommes de garnison auraient joliment gêné nos derrières et nos convois ne seraient pas arrivés facilement.

En somme, le 20, nous sommes entrés à Perote sans coup férir, mais notre position n'est pas bien assurée. J'ai peur que les Mexicains ne résistent à peu près nulle part, tiennent seulement la campagne avec la cavalerie pour empêcher les habitants du pays de nous ravitailler, et tous les ennemis de Juarez de venir se réunir à nous. C'est de la très bonne guerre s'ils la font, car ils nous gêneront souvent, et nous n'aurons pas souvent à manger du bœuf.

L'on dit ces guerilleros d'une audace incroyable, non pas devant le feu, mais pour toutes ces manœuvres tendant à nous ennuyer. Ainsi hier, nous sommes arrivés à Perote, ils y seraient revenus cette nuit en assez grand nombre, sans armes, mais menaçant les habitants restés à Perote de mauvais traitements s'ils nous fournissaient des secours, des vivres ou n'importe quoi. Ce sont tout simplement des voleurs et des assassins s'intitulant bravement libéraux, et avec ce mot malheureusement ils recrutent des gens convaincus et quelques cœurs généreux. Dans ce monde-ci les mots font beaucoup, en Italie comme au Mexique, le nom de Garibaldi comme celui de Juarez. Si avec le mot libéralisme il y a joint quelques idées généreuses, on fait aller beaucoup de moutons de Panurge.

DESCRIPTION DE PEROTE
LA VIE DE L'OFFICIER

Perote, 28 décembre 1862.

Nous sommes toujours à Perote depuis une huitaine de jours, et j'ai bien peur que nous n'y soyions encore pour longtemps. Perote est une ville très peu gracieuse et qui présente le moins possible de gaieté et de distractions. C'est une réunion de fermes ou bien de dépôts de grains ; les habitants sont fort peu aimables quoique réactionnaires, occupés de leur commerce ou de la culture de leurs terres, et pas du tout de celle de leur esprit. Outre cela, le climat est fort dur ; Perote est placé sur la ligne d'intersection des hauts plateaux avec les terres chaudes, de façon qu'on est constamment au milieu des variations de température, des vents, brouillards, pluies, etc. Le pays d'ailleurs est très joli, la vue est grandiose et offre plus d'ampleur et de majesté que les paysages que j'ai vus jusqu'à présent ; les montagnes sont plus hautes et plus coupées, le soleil plus perpendiculaire, cela a un cachet que n'a pas l'Europe. Et puis, le matin et le soir, les teintes sont plus vives et les ciels plus colorés qu'en France.

. . . .

Quelle vie que la nôtre quand on y pense bien ! A chaque instant les extrêmes se touchent, pour ce qui est de la vie matérielle aussi bien que pour la vie morale. Des fatigues continuelles ou bien un repos absolu ; l'abondance à côté de la privation ; des plaisirs et, quelques jours après, la solitude de la tente ; une tension très violente d'esprit contre le danger et l'ennemi, quelques moments après, l'inertie la plus complète. Enfin dans notre vie tout est excès.

Quand il arrive que dans une discussion on considère notre métier à un point de vue élevé, combien de fois ne rencontre-t-on pas de gens qui disent que l'on sert pour de l'argent, et qui cherchent à vous désillusionner sur quelques qualités que l'on peut avoir et qui font qu'à un moment donné l'on sent qu'il ne faut faire honte ni à sa patrie, ni à sa famille, et que l'on fait des choses qui ne peuvent être faites ni pour or, ni pour argent. Mais je ne crois pas qu'il faille aller chercher la générosité et les grandes qualités dans le haut de la hiérarchie. C'est malheureux à dire, mais c'est bien vrai.

ESPIONNAGE ET CONSEIL DE GUERRE

Perote, 4 janvier 1863.

Aujourd'hui il y a eu à Perote un conseil de guerre pour juger un nommé Floriani, accusé d'espionnage. J'ai trouvé cela bien bizarre. Pour moi l'espion est hors la loi, il est payé pour cela, et le général en chef doit avoir assez de caractère pour le faire fusiller sans jugement, quitte plus tard à avoir des nuits sans sommeil et des remords ; mais l'emploi de général en chef impose des devoirs graves dont il ne doit pas se décharger sur un conseil de guerre, qui n'a pas mission pour juger ce genre de personnage. On reprochait à ce Floriani d'avoir été la terreur de son pays et d'avoir commis tous les crimes possibles, mais enfin cela ne nous regardait pas, c'était affaire de linge sale mexicain qui aurait dû être lavé en famille par les Mexicains. Mais l'espion, pour moi, ne relève pas du conseil de guerre, il est payé très cher précisément parce qu'il est hors la loi des deux côtés, car en général un espion est espion des deux côtés, et reçoit de l'argent dans ses deux poches ; aussi malheur à lui s'il est pris, car on a sur lui, sans jugement, droit de vie et de mort.

Ce Floriani est peut-être un héros, mais un héros voleur ; nous en avons eu comme cela quelques-uns, il n'y a qu'à chercher même parmi les maréchaux de France. Rostopchine, à Moscou, est cité dans l'histoire comme un héros, et comme l'homme qui a sauvé la Russie. Eh bien, si l'Empereur n° 1 l'avait saisi, il aurait eu le droit de le faire fusiller, parce qu'il employait contre nous un moyen par trop énergique, mais il n'aurait pas eu le droit de le faire passer devant un conseil de guerre, car il faut espérer qu'à cette époque on l'aurait acquitté à l'unanimité, et j'ai honte de le dire pour l'armée, ce Floriani a été condamné aujourd'hui à l'unanimité.

Tant pis si les lettres sont décachetées en France quand elles arrivent du Mexique, mais ce soir j'éprouve le besoin de le dire mon opinion.

DESCRIPTION D'UNE HACIENDA

Tepetiplan, 23 janvier 1863.

Je t'écris sous la tente, car depuis trois jours nous avons quitté les maisons de Perote et nous nous sommes rapprochés du général Forey.

L'endroit d'où je t'écris se nomme Tepetiplan. Il n'y a dans cet endroit qu'une hacienda considérable, dans laquelle sont logés le général et l'ambulance; quant à nous, nous sommes sous la tente, un peu dans le sable, mais pourtant pas trop mal. Cette hacienda possède, comme presque toutes les haciendas, une église qui par hasard est assez jolie. Le portail est surmonté de deux étages de colonne torses, assez bien travaillées, en style mauresque. Le tout est surmonté d'une couronne et de l'écusson de la famille qui probablement a fait construire l'église et l'hacienda.

Mais tu ne sais peut-être pas ce que c'est qu'une hacienda ? C'est en général une immense propriété rurale. Au milieu de l'exploitation, il y a un bâtiment de maître, très solidement construit, comme savent construire les Espagnols; des écuries immenses pouvant souvent contenir trois à quatre cents chevaux, d'immenses cours pouvant donner asile à des troupeaux considérables, un très beau bassin ou abreuvoir pour faire boire tous ces bestiaux. A côté de la maison de maître, est souvent une église et autour de tout cela des cases d'Indiens, cultivateurs, qui sont ou étaient autrefois les esclaves de l'haciendero.

Le possesseur de l'hacienda était autrefois un Espagnol de grande famille, qui ne résidait jamais dans sa propriété, mais vivait à Mexico ou autre lieu. Depuis la Révolution de 1820, les haciendas ont changé de maîtres et appartiennent en général à des Mexicains.

L'origine de ces haciendas vient de Fernand Cortez et des gouverneurs qui lui ont succédé. Ils ont récompensé leurs serviteurs espagnols en leur donnant des concessions de terres immenses, de 10, 20, 30 et 40 lieues carrées. Ces gens-là ont asservi autour d'eux les tribus indiennes avec l'aide des jésuites, ce qui explique la construction des églises dans leurs haciendas. Les jésuites ont possédé au Mexique des terres immenses, qu'ils exploitaient et qui leur donnaient des revenus considérables ; tout le clergé du Mexique en possédait aussi. Juarez a confisqué tous ces biens et les a vendus à ses partisans, et tout ce monde est lié, les uns par la vente, les autres par l'acquisition des biens du clergé.

A LA RECHERCHE DU 51E

Ojo di Agua, 13 février 1863.

Encore une fois le proverbe a raison : « L'homme propose et Dieu dispose. » Nous nous tenions prêts à partir le 10 pour aller à San Antonio de Tamaris, mais nous sommes restés en place.

Le 11, nous sommes partis à deux heures de l'après-midi dans la direction de Perote. On disait le convoi du 51e attaqué vigoureusement. Nous avons posé notre camp à cinq heures et demie du soir, à Ojo di Agua. Après la soupe, nous sommes partis en reconnaissance et rentrés par une nuit noire à onze heures, sans avoir rencontré le 51e. Nous repartions le 12 au matin. Nous avons voyagé de huit heures à midi et nous sommes arrêtés à l'hacienda de San Ildefonso, ou San Alfonso, pour faire le café et déjeûner. Pendant ce temps la cavalerie continuait sa marche et arrivait à rejoindre deux lieues plus loin le 51e, dont elle entendait la fusillade. Le 51e était attaqué par les troupes d'Aureliano, et les mettait en fuite. Notre cavalerie, arrivée à la fin du combat, s'est mise à les poursuivre fort loin et s'est laissée entraîner jusqu'à San Juan de los llanos, en faisant quelques prisonniers et tuant quelques Mexicains. La plupart de ces braves gens, pour échapper à notre cavalerie, ont lâché leurs chevaux et se sont enfuis à pied dans des ravins où nos chevaux ne pouvaient les suivre. Pendant ce temps, nous restions toujours à notre hacienda, très inquiets de notre cavalerie que nous ne voyions plus. Vers quatre heures le colonel m'a envoyé à la découverte avec deux autres officiers ; nous avons piqué au galop sur l'hacienda la plus voisine (deux lieues), où nous avons trouvé le colonel Garnier et le 51e, qui nous a raconté ce que je viens de dire. Nous avons rapporté ces nouvelles à notre colonel qui, voyant le combat terminé sans nous, a donné l'ordre de départ et nous sommes rentrés le soir à minuit à notre hacienda de Ojo di Agua fatigués et furieux de n'avoir pris part à aucun combat.

LA SOLDE AU MEXIQUE -- LE PULQUE

San Antonio de Tamaris, 15 février 1863.

Le régiment se repose aujourd'hui. Il en a besoin après les courses désordonnées que nous avons faites avec la cavalerie et à la suite du général de Mirandol. L'infanterie n'aime pas en général voyager avec les généraux de cavalerie, pour deux raisons : d'abord elle fait trop de chemin, et ensuite s'il y a des affaires, c'est pour la cavalerie, et quand bien même ce ne serait pas pour la cavalerie, les récompenses seraient pour elle.

Merci pour ton envoi d'argent, mais je n'en ai pas besoin. Nous avons une solde assez considérable au Mexique ; pour moi, elle se monte à 515 ou 520 francs. Au Mexique on ne dépense pas sa solde, du moins dans les conditions où nous sommes ; nous n'allons dans aucune ville, par conséquent nous n'avons pas de plaisir coûteux ; la seule dépense considérable est la popote, et depuis que nous n'avons plus de vin et que nous n'en trouvons à acheter à aucun prix, la popote va diminuer considérablement ; elle nous revenait à 200 francs par mois et par tête, c'était fort cher, mais ce mois-ci elle reviendra tout au plus à 100 ou 110 francs, la différence sera le prix du vin.

Cette privation de vin est assez ennuyeuse pour des gens habitués à en boire. Nous avons encore un tonneau de Malaga, mais on ne peut boire du Malaga en mangeant, l'on en boit un petit verre au dessert, et pendant le reste du repas on boit de l'eau ou du pulque. Le pulque provient d'une espèce d'aloès particulière au Mexique et dont je ne sais pas le nom exact. Quant cet arbre a atteint l'âge de quinze à vingt-cinq ans, on brise la tige du milieu et on fait des incisions dans les feuilles. De là sort une espèce de liqueur qui coule au milieu de l'aloès, qui sert de récipient. Tous les jours on en fait la récolte qui donne cinq ou six litres. On met ce liquide fermenter pendant deux ou trois jours, on le brasse et remue de trente-six façons. Ce liquide prend alors une couleur blanche et devient mousseux. C'est alors qu'on le boit. A cette période de fabrication, j'aime assez le pulque, ça ressemble à de la limonade assez forte ; mais trois ou quatre jours après les Mexicains et les Indiens le boivent avec beaucoup plus de plaisir, mais je leur laisse volontiers ce plaisir, car le pulque prend une odeur infecte d'eau de Barèges ou d'œufs pourris.

LES ENNUIS DE L'INACTION

San Antonio de Tamaris, 16 février 1863.

L'on dit que demain il y a grande bataille. Marquez, qui occupe Huatmatla, nous a fait prévenir que nous devons être attaqués par Comonfort et Ortega. Malheureusement, je crois que cette fois-ci ce sera encore comme toutes les autres fois, c'est-à-dire que nous ne rencontrerons personne et que nous ne nous lèverons si matin qu'en pure perte.

17 février.

La bataille n'a pas eu lieu, nous nous sommes levés à trois heures du matin, nous sommes partis à quatre heures et nous nous sommes dirigés du côté de Huatmatla qu'occupe Marquez. Nous nous sommes arrêtés à cinq cents mètres de ce point pendant que la cavalerie poussait une reconnaissance du côté où devait venir l'ennemi ; elle n'a rien aperçu. Nous sommes restés en position jusqu'à dix heures ; puis ne voyant rien venir, nous sommes rentrés au camp.

19 février.

Toujours dans le *statu quo.* C'est définitivement bien ennuyeux. Faire la guerre de cette façon, en restant toujours à la même place, sans nouvelles d'aucun côté, ne sachant pas où est l'ennemi, c'est fatigant.

Nous avons en ce moment-ci dans l'armée un assez grand nombre de désertions. C'est triste, mais tant que nous resterons dans cette position inerte, la désertion continuera.

22 février.

Aujourd'hui au soir, nous avons eu une grande réjouissance publique : le colonel, pour distraire un peu son régiment, a eu hier l'idée d'organiser des jeux et un théâtre. Les prix des jeux étaient un mouton, un porc, des dindons, enfin ce qu'on peut se procurer dans le pays. Les jeux étaient ceux qui s'exécutent dans les foires des environs de Paris : courses en sacs, courses de vitesse, courses à fond, courses avec une gamelle d'eau sur la tête ; couper la tête d'un seul coup de sabre à un dindon suspendu par une ficelle, en se dirigeant sur lui les yeux bandés. Tous ces jeux ont un peu fait rire nos soldats qui en ont besoin. Ce soir, il y a eu théâtre et nos soldats ne s'en sont pas mal tirés. Maintenant je vais me coucher ; quand on sort du théâtre on a sommeil, et quand ce théâtre a un public composé d'un millier de spectateurs sans chaussettes, on a de plus un peu mal à la tête.

TOUJOURS L'INACTION -- LA PLUIE

San Antonio de Tamaris, 1er mars 1863.

Nous sommes toujours à San Antonio de Tamaris, et cette inertie prolongée devient plus fatigante pour tout le monde que des marches difficiles et surtout des combats. Enfin, si le métier militaire ne fait pas autre chose, il forme la patience. Aussi, malgré mon tempérament, je suis arrivé à être l'animal le plus patient de France et de Navarre.

Il pleut depuis ce matin, tout est mouillé de fond en comble, et c'est une pluie ennuyeuse, elle n'a pas de variations, et ce genre de pluie vous donne sur les nerfs.

Hacienda Floresta, 4 mars 1863.

Nous sommes deux lieues plus loin, en nous avançant sur la route de Puebla, dans une hacienda intitulée Floresta. Le nom est joli, mais l'hacienda manque de charmes. Le seul avantage que j'y ai trouvé, c'est d'avoir un logement. C'est affreux comme logement, mais au moins je suis à l'abri de ces pluies torrentielles qui continuent à tomber. Nos pauvres soldats, eux, se couchent tous les soirs mouillés, ou au moins humides, et si ce temps continue, j'ai bien peur des maladies. Enfin, espérons que ce n'est pas encore la saison des pluies ce qui serait tout bonnement terrible, car par cette saison qui dure quatre mois, il est impossible de se mettre en campagne et l'on est obligé de trouver des abris pour les troupes.

6 mars 1863.

On ne parle pas encore de partir pour Puebla, que c'est long ! Il pleut toujours, j'espérais que cela finirait, mais j'ai peur que nous ne soyons définitivement dans la saison des pluies. Si outre nos généraux et les Mexicains, nous avons encore contre nous le bon Dieu, le siège de Puebla durera autant que le siège de Troie.

Hacienda de San Bartholo, 10 mars 1863.

Nous traînons d'hacienda en hacienda, et nous voici à celle de San Bartholo. Celle-ci est un peu mieux que les autres, et surtout mieux située ; elle est dans un col entre deux montagnes très élevées et très belles de lignes : le Pinal et la Malniche.

Je crois cette fois-ci que le mouvement va commencer ; toutes les causes de retard sont épuisées maintenant, et il est nécessaire que nous allions en avant, sans cela les Mexicains finiraient par nous tourner en ridicule.

ARRIVÉE DEVANT PUEBLA
AVENTURE DU GÉNÉRAL NÈGRE

San Bartholo, 14 mars 1863.

Demain nous partons, et j'espère que cette fois la guerre va commencer et commencer sérieusement. Nous sommes à sept ou huit lieues de Puebla et pour peu que nous avancions, nous ne pouvons pas tarder à nous engager.

15 mars 1863.

Aujourd'hui nous avons marché en avant ; toute la division s'est réunie à Ajacete. Demain nous verrons Puebla. Enfin !!

Devant Puebla, 16 mars 1863.

Enfin nous y voilà ! ce n'est pas malheureux. Je n'en ai encore vu que deux clochers, mais ces deux clochers font très bon effet. J'ai vu de plus le drapeau mexicain flottant d'un air narquois sur le fort de Guadalupe. C'est ce fameux drapeau qu'il s'agit de décrocher.

Ce soir à dîner, le colonel nous a raconté une excellente histoire sur le général Nègre, qui commande une brigade de l'armée du Mexique. Il paraît que ce brave général en est réduit comme nous, au pulque. Il avait oublié le premier jour qu'il s'est servi de cette liqueur de s'en méfier. La nuit, il a été malade, une indigestion accompagnée de soufflements de toute espèce. Dans la cour logeait un escadron du train. L'officier du train entendant ces soufflements, de sa tente, appelle son maréchal-des-logis de semaine, et lui crie : « Faites donc attention, maréchal-des-logis, j'entends un mulet qui va crever, appelez le vétérinaire. » Le brave général Nègre, entre deux soufflements, lui répond : « Vous vous trompez, c'est votre général qui est en train de crever. »

Que dis-tu de cette histoire ? Elle n'est pas très délicate, mais elle est bonne, et en face de Puebla, on n'y regarde pas de si près.

RECONNAISSANCES

Devant Puebla, 18 mars 1863.

Aujourd'hui j'ai vu Puebla avec une excellente lunette, et ça ne me paraît pas aussi difficile à prendre qu'on veut bien le dire. Nous sommes partis ce matin en reconnaissance par le sud, le général Douai est parti par l'ouest, et nous avons fait à nous deux à peu près le tour de Puebla, en nous maintenant toujours un peu en dehors de la portée du canon.

Ce soir, les deux généraux de division vont faire leur rapport au général en chef ; le général Forey fera demain sa reconnaissance et décidera le point d'attaque, et demain soir nous serons probablement tous placés à nos places de siège. Pour moi, je crois que si l'attaque est bien faite, ça doit durer au maximum quinze jours. Peut-être mon calcul et mon jugement sont-ils faux, mais si j'étais le général

Forey et que le général Forey fût capitaine adjudant-major au 3ᵉ zouaves, je lui indiquerais le bon point à attaquer et je voudrais que le 3ᵉ zouaves entrât à Guadalupe dans quinze jours.

20 mars 1863.

Aujourd'hui nous avons fait des reconnaissances et changé deux fois de camp, en nous rapprochant un peu de Puebla. Nous avons poussé nos avant-postes assez loin et nous sommes à peu près bien installés. Mais c'est bien peu agréable de changer deux fois d'installation dans le même jour. Je suis assez habitué pour mon compte à abattre et dresser ma tente une fois par jour, mais deux fois c'est trop.

21 mars 1863.

Nous avons fait des reconnaissances avec le colonel, puis le général de division et le général en chef. Nous étions, le colonel et moi, tout à fait en tête, à soixante pas du général en chef, pour lui montrer le chemin autour de nos avant-postes. Ce qui m'a étonné, c'est que nous avons approché assez près de la place, certainement à mille mètres, et la place n'a pas tiré un seul coup de canon sur nous. J'en étais tout ébahi. Qu'a donc cette place ? A-t-elle du canon ou n'en a-t-elle pas ? Elle en a bien sûr, puisqu'elle en a tiré aujourd'hui une vingtaine de coups dans d'autres directions, mais ce que je ne comprends pas c'est qu'elle n'en ait pas tiré à notre dernière reconnaissance. Enfin j'aime mieux ça, mais tout ce qui se passe ici m'intrigue fort, et la seule conclusion raisonnable que j'en tire, c'est que ces braves Pueblanos avaient dépensé toute leur imagination, leurs canons et leur travail à Guadalupe, et que voyant que nous n'attaquons pas Guadalupe, ils arment dans ce moment leurs nouveaux forts et les perfectionnent. Il me semble donc qu'il faudrait se presser et ne pas leur laisser le temps de faire du côté de notre attaque ce qu'ils ont fait pour Guadalupe. Il faudrait essayer de prendre par surprise ce côté de la ville, car si on le laisse se fortifier, ça pourra devenir difficile.

24 mars 1863.

La tranchée a été ouverte la nuit dernière avec beaucoup de succès ; on l'a faite très près de la place et, favorisé par l'orage qui empêchait l'ennemi d'entendre et de voir, on a réussi, ce qui ne faisait pas un doute pour moi, mais on a réussi sans avoir un seul blessé. Aujourd'hui seulement un imprudent, qui a enfreint les ordres prescrits, a été coupé en deux.

Ce siège ne ressemble pas à celui de Sébastopol, du moins pour le commencement. Un de mes amis, qui a été au siège de Rome, m'a dit que ce siège y ressemble beaucoup, tant à cause du nombre des troupes engagées de part et d'autre que par le caractère moral des défenseurs de la place, ramassis de toute espèce de gens, de toute nation, cherchant sous prétexte de convictions libérales, socialistes ou républicaines, à trouver une position ou du poisson dans l'eau trouble. Cette comparaison m'a séduit, je crois qu'elle est la vraie.

LE SIÈGE — FRÉDÉRIC HOCÉDÉ BLESSÉ

Devant Puebla, 26 mars 1863.

Le feu a commencé ce matin à neuf heures sur la place, et notre artillerie a été supérieure à l'artillerie ennemie.

27 mars.

Tout va assez bien jusqu'à présent, nous en sommes ce soir à notre quatrième parallèle en cinq jours ; nous arrivons au saillant de l'ouvrage attaqué, et je crois que nous ne tarderons pas à prendre une partie de la ville. Notre position ne nous permet pas de beaucoup tarder : nos pièces sont approvisionnées à trois cents coups, ce qui n'est pas énorme, et il faut absolument en finir vite.

30 mars.

Frédéric Hocédé est blessé à la tête, une blessure très grave, je n'ose dire mortelle ; il a toute sa connaissance. mais il souffre beaucoup quand il remue, et ne peut rien garder dans l'estomac. La balle qui l'a blessé est entrée par l'oreille et n'est pas encore sortie. Le chirurgien en chef de l'ambulance m'a dit que cette blessure était mortelle, un autre m'a dit qu'il fallait conserver quelque espérance.

31 mars.

Frédéric est toujours dans le même état. Le docteur dit que la blessure venant de haut en bas, le danger est grand que l'écoulement se fasse à l'intérieur. Je suis dans des transes de tous les instants. Aujourd'hui et toujours, du reste, le moral du blessé est excellent. Il m'a fait une mauvaise plaisanterie, me disant qu'il ferait bien de changer de tête au magasin, mais que malheureusement il n'y en a pas. Pour moi, qui connais son état, cette plaisanterie m'a fait mal au cœur et j'en avais les larmes aux yeux. Pauvre Frédéric, si bon, si plein de gaieté et d'entrain, le voir dans cet état, ça me rend bien triste: je ne me doutais pas de la force des liens qui nous unissaient, mais maintenant je le vois et j'ai peur qu'il ne soit bien tard.

PRISE D'UN QUARTIER DE PUEBLA

Devant Puebla, 3 avril 1863.

Pendant notre grande tranchée, on ne peut pas dire tranchée, puisqu'on est en ville, nous avons pris un îlot de maisons, composé de deux églises et d'un hôpital des pauvres. Les Mexicains occupaient les églises et l'hospice, et nous ont canardé toute la journée. A la nuit nous avons enlevé l'îlot, mais il est arrivé un malheur. Les Mexicains avaient beaucoup résisté dans la première église, qui s'appelle San Marco ; lorsqu'on est arrivé à la seconde, on a cru à une résistance, on a voulu enfoncer la porte ; tout d'un coup elle s'ouvre, un zouave se précipite la baïonnette en avant, et il blesse malheureusement le curé, qui venait à notre rencontre pour préserver quelques-unes de ses ouailles et sa famille, qui s'étaient réfugiées dans l'église. Ce pauvre curé a été de suite recueilli ; heureusement, il n'est pas grièvement blessé et sera guéri dans un mois.

Notre opération a réussi, mais c'est une triste besogne, surtout la nuit : prendre maison par maison, tout casser, tout défoncer ; entrer dans les églises comme dans les maisons, et les balles et boulets ne respectent pas les tableaux, les statues, les bois dorés et sculptés. C'est un triste spectacle pour moi qui, sans être très pratiquant, ai le plus grand respect pour les églises et les choses saintes. J'avais pourtant envie, au milieu de cette dévastation générale, de prendre quelque petite chose à ton intention, presque rien, un petit souvenir enfin des églises de Puebla, mais je n'ai pas voulu ; je me suis contenté, pour moi, d'une robe de capucin ou de moine, qui traînait dans un coin, et avec laquelle je me propose de faire une doublure de paletot. Car il faut te dire que nous commençons à manquer d'effets, et tout ce que nous avons laissé à la Vera-Cruz est, dit-on, pourri par le fait de l'humidité du magasin où j'avais pour le moins un millier de francs d'effets.

F. HOCÉDÉ DÉCORÉ — ECHECS DEVANT PUEBLA
RÉFLEXIONS SUR LA GUERRE DU MEXIQUE

Devant Puebla, 4 avril 1863.

Je commence à espérer beaucoup pour Frédéric Hocédé. Je sors de l'ambulance où je l'ai trouvé dans la joie la plus profonde : il vient d'être décoré. On lui a apporté la croix ce soir à quatre heures. Ça l'a peut-être un peu émotionné, mais ces émotions-là ne peuvent que lui faire du bien.

J'ai parlé au docteur qui le soigne, et qui commence à concevoir beaucoup d'espérances. C'est celui-là même qui m'avait dit : « Cet homme est mort, pour le sauver il faudrait un miracle. » Demain il va le sonder et tâcher d'extraire la balle qui a fait dans la chair un trajet assez long, mais pas très pénétrant ; elle est venue frapper l'oreille de haut en bas et s'est enfoncée dans le cou en s'arrêtant près de la colonne vertébrale, qui n'a pas été atteinte.

Depuis deux jours nous sommes arrêtés. On a vainement attaqué à plusieurs reprises l'îlot de maisons voisin de celui que nous avons pris, nous avons été repoussés sans grandes pertes, mais enfin nous avons été repoussés, et je crois que demain on emploiera les moyens violents, c'est-à-dire qu'on va faire sauter cet îlot par une forte mine, et aussitôt l'explosion, nous nous précipiterons avec toute l'ardeur qui nous caractérise jusque là où nous pourrons aller.

6 avril 1863.

Je descends encore une fois sain et sauf de la tranchée, mais s'il me fallait vivre encore longtemps au milieu des odeurs qu'on y respire ainsi que dans certains ouvrages que nous avons pris cette nuit, j'aimerais mieux recevoir une bonne balle qui ne me mît pas en danger de mort, mais qui me retirât pendant quelques jours de ces odeurs.

Devant Puebla, 7 avril 1863.

Ce matin le bataillon a été commandé pour rendre les honneurs au général de Laumières, de l'artillerie, qui est mort après avoir été trépané. On dit que c'est une perte pour l'armée.
Nous n'avançons pas du tout à Puebla. Trois fois on a essayé de prendre l'îlot de maisons en avant de celui que nous avons pris, trois fois on a été repoussé avec des pertes assez sensibles. D'après cela, nous en avons encore pour un bout de temps. Le général en chef a été trompé : on lui disait que Puebla serait très vite pris, et nous nous sommes embarqués pour ce siège sans grandes munitions et sans grands moyens comme mines et engins de guerre. Et voilà que nous tombons sur une résistance qui, sans être héroïque, est pourtant fort sérieuse, et nous sommes obligés de reconnaître que nous avons été des présomptueux. De plus, l'artillerie et le génie sont en discussion et comme d'habitude se contrecarrent ; il en résulte que c'est toujours la pauvre infanterie qui est victime de cela et qui se fait tuer. Le général Forey, qui comptait annoncer à l'Empereur par le courrier du 15 que Puebla était pris, a

compté sans son hôte et j'ai bien peur que nous ne soyons pas de sitôt les hôtes de Puebla.

Cette guerre du Mexique est une triste guerre, dans laquelle la France s'est lancée et dans laquelle elle n'aura le dessus qu'à force de sacrifices et d'argent, et encore ce n'est pas bien sûr qu'elle ait le dessus. L'Empereur a été trompé par notre consul et par tous les émigrés mexicains qui sont venus à Paris lui promettre un triomphe facile. Les exilés de tous les pays qui intéresseront à leur sort une nation étrangère tromperont toujours cette nation sur la situation de leur pays ; c'est souvent de bonne foi, mais en général ces gens animés de sentiments fort élevés et très patriotiques à leur point de vue, manquent d'un sens, qui est le sens commun. Le Mexique, depuis le 5 mai dernier, a beaucoup changé ; le parti de Juarez s'est fortifié et deviendra tout à fait national, pourvu que la guerre dure encore quelque temps et qu'il continue une résistance honorable. Nous n'avons aucune sympathie au Mexique, tous les habitants nous détestent, quoique nous soyons de race latine, et voudraient nous voir bien loin. Il y en a beaucoup qui détestent aussi Juarez, mais ils se rallient à lui à cause de l'énergie de sa résistance.

FRÉDÉRIC HOCÉDÉ OPÉRÉ — INACTION

Devant Puebla, 10 avril 1863.

Frédéric est sauvé, la balle est extraite, et quelle balle ! C'était un biscaïen. Quel bonheur ! Frédéric est joyeux autant que possible ; sa balle l'inquiétait et lui semblait lourde à porter. Aujourd'hui, qu'il a vu sortir de son corps cet énorme projectile, il est complètement rassuré ;

dans quelques jours il pourra se lever et alors la guérison marchera rapidement.

12 avril.

Frédéric va toujours de mieux en mieux. Quelle chance ! Quel bonheur ! Je voudrais que le siège allât aussi bien, mais malheureusement il n'en est pas ainsi ; nous ne faisons rien ou presque rien depuis sept ou huit jours, c'est-à-dire que nous avons été repoussés de cet îlot de maisons dont je te parle. En revanche l'ennemi travaille. Nous sommes dans l'indécision la plus complète et par conséquent dans l'inertie. C'est un triste état pour une armée française.

14 avril.

Toujours la même chose. Indécision, inaction, projets abandonnés aussitôt que conçus, on ne sait plus ce qu'on fait, ni ce qu'on a à faire. Hier nous devions commencer le siège du fort Petiméchouacan, aujourd'hui contre ordre, et je me repose encore ce soir dans ma tente au lieu d'être à protéger les travailleurs de la tranchée.

L'AMBULANCE

Devant Puebla, 15 avril 1863.

Toujours la même chose, c'est-à-dire rien à faire. On moisit dans sa tente sans faire d'exercice ; aujourd'hui surtout qu'il pleut et vente, ce qui rend le séjour de la tente fort insupportable. Un ennui général pèse sur le camp. Le seul endroit gai est l'ambulance : ça a l'air d'un paradoxe, mais c'est très vrai. Je parle d'une partie de l'ambulance, celle où est Frédéric. Ces messieurs sont cinq dans cette chambre, tous en voie de convalescence, ils sont heureux comme des rois de s'être tirés de blessures presque toutes graves. L'un marche avec des béquilles et fait les plus mauvaises plaisanteries sur l'état de sa jambe ; l'autre, blessé au bras, chante toutes les chansons connues sur le Pont-Neuf, en se demandant s'il aura autre chose à faire plus tard, si son bras reste dans le même état. Enfin, chacun est gai de revivre, on voit des gens jouissant à pleins poumons de la vie qu'ils ont failli perdre.

16 avril.

Il y a aujourd'hui un mois que nous sommes devant Puebla, et ça menace de durer encore autant. Les Mexicains ne se défendent pas mal ; leurs chefs sont des gens énergiques et leurs soldats, derrière des murailles, valent tous les soldats. Ils sont plus patients que les nôtres, qui restent volontiers une heure ou deux à observer et tirer derrière un créneau, mais qui, ennuyés au bout de ce temps, vont chercher à droite ou à gauche une distraction.

18 avril.

J'ai fait le paresseux hier soir, je n'ai pas écrit, je me suis laissé entraîner à lire les discours de MM. Picard, Jules Favre, Billault, et j'ai lu une partie de la nuit. Ces messieurs, au milieu de février, nous croyaient déjà à Mexico, c'était une bonne pensée, mais malheureusement nous n'avons pas été si vite en besogne, et le jour où je t'écris nous n'en sommes à posséder à peu près que le 1/6 de Puebla. Je crois pourtant que dans peu de jours nous aurons tout Puebla ; les désertions commencent du côté de l'ennemi, nous recevons par jour pas mal de déserteurs, officiers et soldats, c'est un bon pronostic ; cela nous annonce, outre la lassitude, la diminution sensible des vivres. Ces braves Mexicains ne sont pas des Russes, et je commence à croire qu'ils ne tarderont pas à en avoir assez.

SUCCÈS PARTIEL A PUEBLA

Chollula, 22 avril 1863.

Trois jours et trois nuits de tranchée, depuis le 19 au matin jusqu'au 22 à midi ; de plus un combat brillant dans lequel nous avons enlevé trois îlots de maisons, tué deux cents Mexicains, fait prisonniers deux cents autres, et pris cinq cents carabines, deux mortiers et un obusier. Voilà ce que nous avons fait dans la journée du 19, mais le lendemain et le surlendemain, nous avons passé jour et nuit à recevoir toute espèce de projectiles, très inoffensifs, puisqu'ils ne nous ont tué personne, très inoffensifs, dis-je, mais très assourdissants.

Après ces trois jours de fatigue nous espérions nous reposer. A peine arrivés au camp, à peine avions-nous eu le temps de déjeûner, qu'on sonne la marche du régiment et nous voilà partis pour Chollula, d'où je t'écris. Demain matin à cinq heures, nous partons avec le bataillon, sans sacs, pour une pointe quelconque que nous ignorons.

CORVÉE DE RAVITAILLEMENT
GRAVE ECHEC SOUS PUEBLA

Devant Puebla, 26 avril 1863.

Le 23, à cinq heures du matin, nous sommes partis de Chollula avec cent cinquante voitures et quinze cents mulets. Nous avons été charger tout cela à une hacienda qui est à quatre lieues et demie de Chollula, à Calpan. Aussitôt notre arrivée, l'ennemi a évacué Calpan et s'est borné à tirailler de fort loin avec nous pendant tout le temps que nous y sommes restés. Toute la journée a été employée à remplir ces voitures de blé, de maïs et de toutes les denrées qui se trouvaient dans cette hacienda. Le soir, nous sommes rentrés fatigués, à dix heures, à Chollula.

Le lendemain, contre notre attente, nous sommes repartis pour Calpan avec cent cinquante voitures et neuf cents mulets. Nous y avons passé une nuit assez fatigante à nous garder à cause de la proximité de forces considérables. Dès le point du jour, nous nous sommes mis à charger nos voitures et nos mulets ; à midi notre chargement était terminé, et nous sommes rentrés à Chollula à quatre heures.

A Chollula, tout le monde était inquiet du résultat d'une attaque qui avait eu lieu dans la journée à Puebla. J'ai pris de suite un cheval frais et ai galopé jusqu'à notre camp, sous Puebla. En y arrivant, j'ai rencontré le colonel du 1er zouaves, et le colonel Brincourt qui m'a donné les plus tristes détails sur cette affaire. Un bataillon de son régiment a été écharpé en essayant de prendre un couvent et une église : sur dix-neuf officiers, dix-sept ont été tués ou blessés, ou ont disparu. C'est un échec : trois cent trente hommes hors de combat. Après cette triste nouvelle, j'ai pris au galop le chemin de Chollula.

Ce matin 26, l'hacienda de Calpan ayant été entièrement vidée, nous sommes rentrés à notre camp de Noria, sous Puebla.

A propos, j'ai été cité à l'ordre de l'armée pour l'affaire du 19. Je ne sais pas si ces ordres iront jusqu'en France, mais tu pourras les lire au *Moniteur* où je crois qu'ils doivent être insérés. — Je ne sais pas ce que cela me procurera, mon colonel m'aura-t-il proposé pour chef de bataillon ou officier de la Légion d'honneur, je n'en sais rien. J'aimerais mieux la croix d'officier, cela aurait un résultat immédiat, car en ce moment au Mexique, il n'y a pas de place de chef de bataillon.

L'affaire d'hier est très mauvaise pour nous, surtout au point de vue moral, en ce sens qu'on a abandonné une tête de colonne de deux compagnies, et qu'on ne sait pas encore ce qu'elles sont devenues. Ce n'est pas encourageant pour ceux qui donnent d'habitude les premiers. — Les Mexicains ont été bien conduits, prévoyants dans leurs approvisionnements et savants dans leurs travaux de défense. Ils nous résistent avec beaucoup d'énergie et de vigueur.

NOMINATION AU GRADE D'OFFICIER DE LA LÉGION D'HONNEUR

Devant Puebla, 27 avril 1863.

Je viens d'être nommé aujourd'hui officier de la Légion d'honneur. Je suis heureux, surtout pour toi, et malgré les félicitations de mes camarades, le moment le plus heureux de ma journée est celui où, retiré seul sous ma tente, je puis t'écrire et t'annoncer cette bonne nouvelle.

La croix d'officier de la Légion d'honneur est une chose fort rare parmi les capitaines, c'est une distinction fort appréciée en ce sens qu'il y a tout au plus une trentaine d'officiers de la Légion d'honneur, sur quatre mille capitaines.

LA TRANCHÉE

1er mai 1863.

Je descends depuis ce matin, onze heures, la garde de tranchée, j'y étais depuis le 28 avril : cette garde dura donc un peu plus de trois jours. Cette fois-ci nous n'étions qu'en seconde ligne, de sorte que nos fatigues étaient bien moins grandes. J'ai donc bien moins besoin de me reposer que de me laver de fond en comble. Car la chose la plus désagréable de la tranchée, ce ne sont ni les balles, ni les boulets, ce sont les mauvaises odeurs de tous ces pâtés de maisons que nous occupons. Là, des cadavres mal enterrés répandent une odeur très malsaine ; là, des maisons nous servent de latrines, et il est plus impossible d'y pénétrer que dans les batteries ennemies. Tout cela ne nous présage rien de bon pour l'avenir que je vois un peu en noir, chargé de typhus, de choléra, etc.

Du reste, le siège n'avance pas, les moyens nous manquent : ni assez d'artillerie, ni assez de génie, et dans cette position, je ne vois pas prendre une décision rapide de façon à arriver à notre but par d'autres moyens, par la famine, par exemple. Espérons que d'ici à quelques jours (il en est temps, car la saison des pluies va arriver) il sera pris une forte décision qui nous établisse, de façon à bloquer complètement Puebla et à nous mettre d'un autre côté, à l'abri de la pluie.

BUTIN — UNE TÊTE DE CHRIST

Devant Puebla, 1er mai au soir 1863.

Pendant notre garde de tranchée, l'ordre est arrivé aux habitants d'évacuer toutes les maisons prises et d'aller où bon leur semblerait. De façon que ces pauvres gens ont dû déménager laissant les trois quarts de leur mobilier à l'abandon. Tout cela a été plus ou moins pillé. Pour moi, j'ai pris à ton intention un livre de prières à la vierge, datant de 1735, et dédié à la reine Isabelle. De plus, j'ai acheté à un zouave une assez belle tête de Christ peinte à l'huile sur cuivre. Ce n'est pas un tableau de premier ordre, il s'en faut, mais c'est très soigné comme détail et la tête du Christ est d'une bonne expression. Je l'ai achetée à ton intention. Voilà tout ce que j'ai voulu prendre ou acheter ; tu vois que je n'ai pas été bien rapace.

J'ai été voir Frédéric Hocédé aujourd'hui ; il va de mieux en mieux, mais il a toujours des maux de tête assez violents. Les docteurs et le général Bazaine, qui sont venus le voir, lui conseillent de rentrer en France le plus tôt qu'il pourra, mais je ne sais pas s'il le voudra.

PRONOSTICS SUR LA GUERRE

3 mai 1863.

Que dit-on en France de la résistance de Puebla ? Commence-t-on à s'apercevoir que le gouvernement a été trompé et bien trompé ? Commence-t-on à voir que pour prendre Mexico, il nous faudra encore une trentaine de mille hommes et soixante ou quatre-vingts canons ? Notre honneur est engagé, il faut poursuivre. Puisque nous avons commencé une bêtise, il faut la continuer et il faudra bien à la fin que cette bêtise nous rapporte quelque chose. Je crois que ça ne rapportera pas de longtemps, mais l'on peut prévoir que dans l'avenir le Mexique nous cédera un coin de terre à travers lequel nous pourrons percer un canal qui fera le pendant de celui de Suez.

D'un autre côté, il est évident pour moi, que pour continuer la guerre, Juarez s'engage avec les Etats-Unis qui doivent lui fournir du matériel, des officiers et des ingénieurs. Engage-t-il aussi avec les Etats-Unis cette même province que nous lui demanderons bien sûr ? Voilà la question. Elle pourrait bien amener plus tard une guerre entre les Etats-Unis et nous.

COMBAT HEUREUX A SAN LORENZO
CITATION A L'ORDRE DU JOUR

Devant Puebla, 9 mai 1863.

Ce soir je suis couché dans une sacristie : j'ai autour de mon lit beaucoup de saints en bois, et j'ai mis mon lit au milieu d'eux pour les préserver de toute atteinte. Seulement si au milieu de la nuit je me réveille en sursaut, je serai l'homme le plus surpris du monde de me trouver au milieu de tant de bras tendus au ciel, de figures toutes l'œil en l'air, demandant quelque chose à Dieu ou l'adorant. Enfin jamais de ma vie je ne me suis trouvé en si bonne compagnie.

Hier, bonheur sur bonheur : par une marche de nuit nous arrivons à San Lorenzo sur l'ennemi, ayant très froid et étant très fatigués de notre marche. Au point du jour, nous nous lançons sur lui avec beaucoup d'ordre, absolument comme en terrain de manœuvres, et sans tirer un coup de fusil. Nous enlevons l'ennemi en dix minutes ; nous lui prenons pour notre compte (je ne parle que du bataillon), huit pièces de canons rayés, deux drapeaux, etc. Enfin une affaire très glorieuse. Je crois que je suis cité, mon colonel me l'a dit, j'en suis enchanté, mais pas de place de chef de bataillon.

10 mai.

Je me suis réveillé ce matin au milieu de tous mes saints ; je commence à m'habituer à leurs figures et quoique la représentation de ces saints ne soit pas faite d'après les idées et les types reçus en Europe, ils ne manquent pas d'une certaine naïveté et d'une bonne expression de foi. Seulement pour frapper les Indiens, on les a habillés très richement, du moins on a peint sur le bois des ornements tellement splendides qu'ils sont un peu ridicules. L'Indien, qui cependant ne manque pas de goût artistique, a besoin d'être pris par les yeux, il aime les couleurs voyantes et éclatantes, et il préférera à un tableau de Raphaël une image bien voyante et bien dorée.

J'oubliais de te dire que dans le combat de San Lorenzo mon cheval arabe a reçu un coup de pied tellement violent d'un cheval mexicain, que j'ai été obligé de le laisser tenir à un zouave. J'en ai pris un autre au milieu du combat, tout harnaché à la mexicaine, avec une superbe selle et un beau tapis en cuir ouvragé. J'ai donné le cheval à mon commandant, mais je garde le harnachement comme une curiosité que j'enverrai en France.

SYMPTOMES DE LASSITUDE DES MEXICAINS

Devant Puebla, 12 mai 1863.

Je t'écris avant de partir à la garde de la tranchée. On entreprend le siège d'un nouveau fort (Totimehuacan). Je vais mettre mon pantalon mexicain de peau de bique et mon caoutchouc, car ça promet une vraie nuit d'ouverture de tranchée ; il pleut à verse, il fera très sombre et je doute que l'ennemi puisse nous apercevoir. Notre nuit ne sera pas très dangereuse sans doute, mais dure à passer à cause du mauvais temps.

Quel ennui que ce siège, il n'en finit plus. On dit pourtant que l'ennemi n'a bientôt plus de vivres, et la pile que nous lui avons donnée il y a quelques jours ne doit pas l'engager à amener de nouveaux convois dans la place. Espérons que tout cela va finir avant la saison des pluies ; ma tente commence à s'user et je crains beaucoup cette malencontreuse période. J'espère que d'ici là nous serons à Puebla, si les renseignements donnés par les déserteurs sont exacts. Ces Mexicains, si sobres, qui vivent d'une cigarette et de deux ou trois tortilles par jour, commencent à avoir faim. La première parole que disent les déserteurs en arrivant chez nous, est le mot *hambre* qui signifie faim. Mentent-ils pour nous donner une excuse de leur désertion, ou disent-ils la vérité ? Voilà la question.

13 mai.

Ce matin, nous avions ouvert la première parallèle devant Totimehuacan, mais elle n'était pas bien solide et son parapet était troué par le canon ennemi comme une feuille de papier. Vers huit heures, le feu de l'ennemi devenant inquiétant, nous avons dédoublé nos hommes pour avoir moins de blessés. Les Mexicains, croyant que nous abandonnions cette parallèle, ont fait une sortie fort nombreuse que nous avons repoussée ; ceux qui sont arrivés le plus près de la parallèle ne se sont pas approchés à plus de soixante ou quatre-vingts mètres. Là, ils ont tourbillonné devant notre feu comme un troupeau de moutons, et sont partis au galop.

Nous avons eu un sous-officier tué et quatre hommes blessés ; les Mexicains ont dû perdre pas mal de monde.

ARMISTICE — CE QUE DISENT LES OFFICIERS MEXICAINS

Devant Puebla, 16 mai 1863.

Hier, pendant mon service de tranchée, il y a eu un armistice d'une heure pour permettre aux Mexicains d'enterrer les morts qu'ils avaient laissés le 13 devant nos tranchées. Etant officier d'ordonnance de mon colonel, j'ai dû aller tracer les lignes que soldats et officiers mexicains ne devaient pas dépasser. Une fois les affaires de service faites, j'ai beaucoup causé avec les officiers mexicains, qui m'ont dit qu'ils espéraient voir finir le siège dans trois ou quatre jours. « Ortéga, disent-ils, doit avoir aujourd'hui ou demain une entrevue avec le général Forey, et cette entrevue doit amener la capitulation. » Je crois les Mexicains forcés à cette extrémité par le manque de vivres, car nous pouvons nous flatter que ce n'est ni notre artillerie, ni le mal que nous leur faisons qui les force à se rendre. C'est la faim, et pas autre chose, car si ces braves gens avaient des vivres, il n'y aurait pas de raison pour qu'ils ne tiennent pas encore fort longtemps.

Ce matin, le feu de trente pièces de canon a commencé sur le fort de Totimehuacan. C'était un fort beau spectacle, mais les Mexicains n'ont pas eu du tout l'air impressionné par notre feu. Ils nous sont égaux sous le rapport de l'artillerie, c'est-à-dire qu'ils rachètent par le nombre de leurs pièces ce qui leur manque sous le rapport de l'habileté. Encore sont-ils fort habiles.

REDDITION DE PUEBLA

Devant Puebla, 17 mai 1863.

Puebla s'est rendu ce matin. Ce ne sont ni nos boulets, ni nos balles, ni nos tranchées, ni notre courage, ni notre énergie (je pourrais continuer pendant toute la page) qui ont forcé cette ville à se rendre. C'est la faim, la triste faim. J'ai vu ce matin défiler quatre mille prisonniers ; nos soldats leur donnaient ce qu'ils pouvaient, du biscuit, du pain, des fruits, de l'argent ; si tu les avais vus se précipiter là-dessus, c'était hideux. Pauvres gens ! Enfin nous voilà avec quatre mille hommes et plus à nourrir, outre notre armée. Je n'ai pas pu aller aujourd'hui dans Puebla, quelques troupes seulement y sont entrées ; pour nous, jusqu'à présent, nous sommes encore à la porte. Je n'ai pu quitter le camp parce qu'il a fallu toute la journée commander et expédier des gardes et des corvées dans toutes les directions.

Je suis encore sous l'impression du spectacle de ces quatre mille soldats mexicains mourant de faim. Quelle énergie il a fallu à leurs chefs pour les maintenir aussi longtemps. Il faut que cet Ortega soit un habile homme et d'un caractère fortement trempé. Ça m'a rappelé Masséna et le siège de Gênes, et un artiste qui aurait à faire le tableau de la détresse et de la famine de Gênes aurait pu faire une forte étude ce matin.

18 mai.

Nous ne sommes pas encore entrés aujourd'hui à Puebla, le général en chef, avant d'y faire son entrée triomphale, a voulu faire prendre des mesures de police qui ont retardé cet évènement.

Le nombre de nos prisonniers est très considérable, on parle de quatorze mille. Comment allons-nous faire pour les nourrir ? C'est un fort grand embarras pour nous qui ne regorgeons pas de vivres.

VISITE A PUEBLA

Devant Puebla, 19 mai 1863.

Aujourd'hui nous avons changé de camp ; nous occupons deux haciendas, San Balthazar et Molino de Guadalupe, où nous avons pu mettre tout notre monde à l'abri. J'ai été occupé toute la journée à cela, ce qui m'a empêché d'aller à Puebla.

20 mai.

Enfin aujourd'hui à six heures du matin, j'ai fait mon entrée à Puebla ; elle a été moins solennelle que celle du général en chef, mais enfin je m'étais mis en tenue, j'étais à cheval, suivi de mon ordonnance sur mon second cheval, et à nous quatre nous ne faisions pas trop mauvaise figure.

Je croyais trouver Puebla complètement en ruines, mais pas du tout, c'est bien un peu abîmé par-ci par-là, on a bien ôté des dalles des trottoirs pour construire des barricades et des batteries, mais en somme l'aspect général de la ville est assez satisfaisant. Il n'y a que la partie de la ville que nous avons occupée et les carrés voisins qui sont complètement en ruines, déchiquetés par les boulets, des maisons entières détruites par les mines, enfin complètement à rebâtir. Mais aussi, c'est la plus curieuse pour nous qui y avons combattu si longtemps. Il faut voir les défenses que les Mexicains avaient faites pour nous empêcher d'aller plus loin. Il faut voir les grilles de fer, les fossés, les étages de défenses qu'ils avaient accumulés les uns sur les autres, c'est effrayant. Heureusement, la famine est venue se mettre de la partie et nous a livré notre ennemi.

Puebla est une très jolie ville, mais ce qu'il y a de plus remarquable, c'est le nombre considérable de couvents, d'églises, de chapelles. Toutes ces constructions sont très jolies, toutes ont leur cachet, je ne dirai pas de grandeur et de majesté, mais de coquetterie et d'ornementation soignée. Toutes les églises sont très riches, très dorées, très sculptées en bois et en pierre, remplies de tableaux plus ou moins copies de maîtres, et qu'ici on dit originaux.

Puebla, 22 mai 1863.

Hier, j'ai passé ma journée à Puebla ; j'ai vu le plus que j'ai pu, mais dans l'après-midi je me suis trouvé un peu indisposé, courbaturé, sentant des douleurs dans tous les os. C'est la fatigue de ces jours derniers. Aujourd'hui cela va mieux. Nous avons changé de cantonnement et sommes au Molino de Carmen, à deux pas de la ville. Je me suis promené aujourd'hui dans le jardin de Molino qui est charmant. Après les spectacles que j'ai eu sous les yeux ces jours derniers, la tranchée, les blessés, les malades, l'odeur du sang et des miasmes, c'est un plaisir infini que de se trouver au milieu de la verdure, des fleurs et des oiseaux. Cela repose l'esprit et le corps.

Nous sommes en ce moment dans les délices de Capoue. J'ai bien peur que notre général en chef ne reste trop longtemps à Puebla, et ne mette pas assez d'activité à aller à Mexico. On dit qu'un fort parti s'y déclare pour nous ; il faudrait donc s'y porter le plus rapidement possible, car il est certain que nous y arriverions dans ce moment sans combattre.

23 mai.

Cette après-midi je suis allé me promener à cheval ; j'ai été à Guadalupe et Loretto. Ces deux forts n'ont rien de bien curieux ni de bien formidable ; je crois que si on avait attaqué la ville de ce côté on en serait bien plus vite venu à bout.

En revenant de ma promenade au pied du Guadalupe, j'ai trouvé un couvent superbe. C'est un couvent de Franciscains avec une belle église nommée San Francisco. Pendant si longtemps le clergé a été le maître de ce pays, qu'à chaque instant on rencontre des traces magnifiques de sa longue domination. Je doute qu'à Rome il y ait proportionnellement plus d'églises et de couvents qu'à Puebla, la ville des anges, comme l'ont appelée les Mexicains.

San Martino, 28 mai 1863.

J'ai été un peu paresseux pour écrire ces jours derniers, mais dans la journée j'avais beaucoup de service et le soir j'allais à Puebla si je n'étais pas trop fatigué. Puebla était l'endroit où tout le monde se revoyait ; des gens que je désirais voir et que je n'avais pas pu trouver depuis mon arrivée au Mexique, je les trouvais à Puebla.

Tout d'un coup l'ordre de départ est arrivé et nous sommes en route pour Mexico. Les routes sont dures et difficiles dans ce moment : la pluie se met de la partie et nous recevons des déluges. Hier, à peine le bataillon était-il campé à San Martino, qu'on vient nous prévenir au milieu du dîner que le camp était inondé et devenait inhabitable.

De suite, il a fallu chercher des abris pour nos soldats, et cela m'a tenu jusqu'à dix heures du soir. C'est effrayant la quantité d'eau qui tombe dans ce pays.

INDIENS ET INDIENNES

San Martino, 29 mai 1863.

Dans ce moment, tous nos vœux et l'ambition de toute l'armée sont d'arriver le plus vite possible à Mexico. Notre général en chef n'est pas vif et j'ai peur qu'il ne se laisse trop aller au farniente à Puebla, et qu'il n'oublie trop l'intérêt de l'expédition et de l'armée pour l'intérêt de sa sieste et de son repos. On ne devrait jamais avoir de généraux en chef si vieux et si peu actifs que celui qu'on nous a donné ; il faut des gens qui soient toujours à cheval ou en voiture et qui voient tout par leurs yeux. Enfin j'ai tort de faire la critique du général en chef, qui m'a fait officier de la Légion d'honneur, mais j'ai tant le désir de voir Mexico pris et la campagne terminée, que je me suis laissé aller à la médisance.

Du reste, dans ce moment, l'armée auxiliaire augmente beaucoup ; presque tous les prisonniers ne demandent pas mieux que de servir l'autre parti. Ce sont des Indiens, race d'esclaves, à qui il importe peu d'être à tel ou tel maître, et qui changent aussi volontiers de drapeau que de chemise. Je devrais même dire plus volontiers, car la chemise est certainement la chose dont ils changent le moins. Il faut excepter de cette accusation les officiers mexicains qui ont leurs convictions et leur patriotisme. On envoie en France tous les officiers généraux mexicains qui ont été pris, et on enverra à la Martinique les autres officiers, qui sont en grand nombre, de huit cents à douze cents.

Dans ce moment-ci nous sommes à San Martino, qui est une petite ville située au milieu d'un magnifique pays. Ce sont des plaines de blé immenses, entrecoupées de belles haciendas et de bouquets de bois charmants. Ce ne sont pas de petites propriétés comme en France, mais des domaines de trois, quatre et cinq lieues carrées avec des haciendas ayant de faux airs de châteaux se dressant au milieu des champs. Sur le point culminant de ces propriétés, il y a presque toujours un élégant petit observatoire d'où le seigneur, faisant sa sieste, voit avec une lunette tous ses Indiens, ses pions, ses domestiques faire leur tâche, et sans se déranger, il peut distribuer les peines ou les récompenses. Si l'Indien a un bon maître, il est assez heureux, mais si par malheur il tombe sur un mauvais maître, il n'est sorte d'exactions et de mauvais traitements qu'il ne supporte.

En général ces Indiens sont bien bâtis, forts de la poitrine, ce qui est nécessaire sur ces hauts plateaux où le baromètre marque 63°. Il faut aux gens du pays un appareil respiratoire bien développé, et c'est plaisir de voir comme les poitrines des Indiens sont larges et bombées. Les Indiennes sont aussi remarquables sous ce rapport. Elles ont un vêtement qui couvre très peu leur gorge, une simple chemise fort légère, et elles sont un peu comme notre mère Eve : elles montrent leur gorge avec la plus grande indifférence. On voit souvent, portant de lourds fardeaux, des femmes admirablement construites, mais la figure ne correspond pas au reste, elles sont laides malgré de beaux yeux, à cause de leur air inintelligent d'esclaves.

Les Mexicains, qui sont un peuple vain, ne disent pas la prise de Puebla, mais l'évacuation de Puebla ; ils ajoutent que c'est honteux et peu chevaleresque de prendre une ville par la faim, et qu'à ce procédé peu délicat, ils ne reconnaissent pas les Français. Ils auraient voulu probablement que nous fissions comme ce gascon de Henri IV, passer des vivres à la ville assiégée, puis ensuite des boulets et des munitions, ils auraient probablement exigé à la longue des soldats aussi.

Du reste, il faut avouer qu'ils se sont bien défendus et qu'ils n'ont pas tort d'appeler leur ville Puebla de Sarragoza.

DESCRIPTION D'UN ÉQUIPEMENT DE PLUIE

San Martino, 30 mai 1863.

C'est demain matin que nous partons d'ici pour entrer dans la montagne, car pour arriver à Mexico, il faut traverser la chaîne des Andes. Nous allons avoir à souffrir, car tout le monde dit que le passage des montagnes est difficile et que l'on n'y trouve aucune ressource ; on est obligé de tout emporter avec soi, et ce qui complique l'affaire ce sont ces pluies terribles qui arrivent tous les soirs.

Heureusement, j'ai eu le temps à Puebla de bien m'organiser contre la pluie ; il faudra que je dessine mon costume de pluie afin que tu apprécies les moyens ingénieux que j'ai employés. D'abord mon chef est couvert d'un large chapeau de Panama acheté à la Martinique, lequel chapeau est recouvert de deux enveloppes, la première en toile cirée, la seconde en étoffe blanche servant à parer du soleil. Quand le soleil cesse et que la pluie commence, on retire la coiffe blanche qu'on met dans sa poche, et il reste alors un large chapeau couvert de toile cirée, qui sert de parapluie, et couvre la tête et les épaules. Voilà pour le chapeau. Passons aux bottes. J'ai des bottes qui me montent jusqu'au milieu de la cuisse et qui me protègent à pied et à cheval. Outre cela, sur les fontes de mon cheval, j'ai une espèce de tablier de peau de bique que je déroule et qui me couvre les jambes et une partie du ventre. Par dessus tout cela je mets, quand la pluie commence, mon poncho, vêtement mexicain en caoutchouc, dans lequel on entre par la tête et qui couvre cheval et cavalier. Je suis donc à l'abri, mais nos pauvres soldats n'ont pas tout cela. Nous commençons à en avoir beaucoup aux ambulances. Les forces humaines ont des limites et ces limites sont bien près d'être dépassées. Le siège de Puebla a été éreintant, et s'il y en a un autre, gare à la santé de l'armée.

J'espère que le général comprendra cela, et que s'il trouve un joint pour entrer à Mexico sans coup férir, il s'empressera de le saisir.

MEXICO EVACUÉ PAR JUAREZ
PASSAGE DE LA CORDILLIÈRE

Buena Vista, 3 juin 1863.

Aujourd'hui il y a bien du nouveau. Juarez évacue Mexico, et dans deux ou trois jours nous occuperons cette ville qui est le but de notre ambition depuis sept mois.

Depuis que je ne t'ai écrit, nous avons vu des pays bien curieux, nous avons traversé la Cordillière des Andes, en nous élevant à 3,500 mètres au-dessus du niveau de la mer; nous avons voyagé pendant deux jours dans des forêts de sapins plus belles que celle du Jura et des Vosges, et depuis hier nous sommes campés à Buena Vista.

Des députations mexicaines sont venues au-devant de nous pour nous prier d'entrer à Mexico; le conseil municipal de l'endroit a voté 3,000 piastres pour acheter des fleurs destinées à couvrir nos têtes; ainsi donc au lieu d'entrer à Mexico sous une pluie de balles, nous y entrerons sous une pluie de fleurs. Pour dire la vérité, j'aime mieux cela. Du reste ce pays-ci est le pays de l'imprévu, on n'y peut préjuger de rien.

4 juin 1863.

Je voulais t'écrire hier soir, mais nous avons été surpris par un orage qui a commencé à six heures du soir et ne s'est terminé qu'à trois heures du matin. Au point de vue du pittoresque, c'était superbe ; l'orage éclairait par moments toute la chaîne de montagnes avec les sommets couverts de neige du Popocatepetl et de l'Itzaritualt. L'eau tombait à torrents, aucune tente ne pouvait nous garantir d'un volume d'eau pareil, de façon qu'au point de vue hygiénique, cet orage était aussi mauvais que possible : rhumes et douleurs. Ce matin, après la soupe, quand nos effets seront séchés, nous partirons pour nous mettre à couvert pour la nuit prochaine.

C'est définitivement le 7 que nous allons entrer à Mexico. Toute l'armée est dans l'impatience d'y entrer et d'avoir des casernes et des toits pour se mettre à l'abri de ces fameux orages qui nous assaillent tous les soirs.

ENTRÉE A MEXICO — LA POLITIQUE A SUIVRE

Mexico, 8 juin 1863.

C'est de Mexico que je t'écris ; j'ai un bon logement, une bonne chambre. Je t'écris assis dans un bon fauteuil ; hier j'ai bu du vin, le bien-être a succédé aux privations et le repos aux fatigues.

Le général en chef entre demain à Mexico ; nous, nous avons été de la petite entrée, demain aura lieu l'entrée solennelle, celle dont on parlera dans les rapports et les journaux.

Après cela ce sera le tour de la politique et j'ai bien peur que nous n'ayons encore fait que le plus facile de notre opération. Que va-t-il arriver? J'ai causé depuis hier avec pas mal de Français établis depuis longtemps dans le pays et qui voient difficilement une solution à la situation telle qu'elle est faite par la France. Que veut la France? Donner un gouvernement au Mexique ou se l'annexer? Voilà ce qu'il faudrait savoir. Si elle veut l'annexion, c'est une folie, qui ne peut avoir pour motif que l'avidité de certaines gens et le désir de combler nos caisses, qui doivent être plus ou moins épuisées après avoir fourni aux prodigalités du gouvernement, sans ménagements et sans contrôle, et pour être plus juste à tous ses projets et actes dont beaucoup il est vrai sont excellents et généreux. Voilà la seule raison de l'annexion. Mais au prix de combien de sang et d'argent pourra-t-on arriver à cette annexion?

Quant à établir un gouvernement au Mexique, il y en avait un, et au dire de tout le monde ici, des Français eux-mêmes, c'était le meilleur. Il ne lui manquait qu'une chose à ce pauvre Juarez, qui s'est enfui à San Luis de Potosi, il ne lui manquait qu'un parti fort sur lequel il pût s'appuyer. Mais à défaut de ce parti qu'il aurait créé si on l'avait laissé tranquille, il a été obligé, pendant cette guerre inique que nous lui avons faite, de s'appuyer pour nous résister sur tout ce qu'il y avait de pourri, de misérable, de canaille au Mexique; il a été obligé de nommer des voleurs généraux, des assassins colonels; il a été obligé de dissiper les biens du clergé, qu'il avait confisqués et qu'il a vendus à vil prix, forcé qu'il était de faire argent de tout, tandis que s'il avait été dans une position différente il aurait pu les employer au bien du pays. Depuis dix-huit mois que l'armée française est au Mexique, Juarez a sauvé deux fois les Français habitant Mexico, dont le peuple demandait la vie à grands cris, et il les a sauvés au risque de perdre sa popularité. Eh bien, c'est cet homme-là que nous poursuivons de notre haine et que nous n'avons pas voulu reconnaître comme président, refusant de traiter avec lui.

Si maintenant que nous sommes à Mexico nous faisons une bonne politique, nous dirions à Juarez : « Nous allons faire des élections. Il est plus que probable qu'en faisant ces élections sans les influencer, avec la justice que les élections comportent, il est plus que probable, dis-je, que vous serez réélu. Eh bien, tant mieux, nous le souhaitons. Vous désirez le bien du pays ; pour l'accomplir, il vous manque un point d'appui solide, eh bien ce point d'appui, nous vous le donnerons. Ce sera une armée française à vos ordres, de dix à quinze mille hommes, avec des cadres suffisants pour enrégimenter et organiser une bonne armée mexicaine de vingt à vingt-cinq mille hommes. Nous ferons cela à la condition que le Mexique nous rembourse en dix ans tous nos frais, un peu plus même, et entretienne notre armée. » Il le ferait bien sûr le Juarez en question, et nous pourrions alors nous retirer honorablement d'un pays où j'ai bien peur que nous ne fassions que des bêtises.

Voilà mon opinion. Je me laisse entraîner à faire de la politique, mais c'est nécessaire. Comment donc le pays saura-t-il la vérité si personne ne la dit ? Il n'y a que les officiers qui peuvent la dire, car ce n'est ni M. Dubois de Saligny, ministre de France au Mexique, ni M. Billault, malgré son éloquence, qui l'ont dite. Le seul qui ait dit quelques vérités est M. Jules Favre, et il n'a pas choisi, pour les dire, le moment opportun, puisque en même temps que le gouvernement répandait partout au Mexique le discours de M. Billault, les Mexicains répandaient partout celui de Jules Favre.

11 juin.

Hier a eu lieu l'entrée solennelle, à Mexico, du général en chef. Quel homme, quel paon ! Il a fait la roue pendant au moins six heures de temps. C'est pardonnable à une jolie femme de faire la roue, parce que c'est gracieux à voir, mais à un vieux gros général de soixante-trois ans, c'est horriblement ridicule. La promenade d'entrée à Mexico ressemblait à la promenade du bœuf gras un jour de carnaval.

LA VILLE DE MEXICO
GOUVERNEMENT PROVISOIRE

Mexico, 25 juin 1863.

Me voici déjà depuis plus de quinze jours à Mexico, je crois que c'est notre Capoue; on ne parle pas encore d'en bouger; on va donner un bal dans quelques jours à la population mexicaine. Je suis logé à l'hôtel de Paris, *calle Tiburcio*, mon propriétaire, n'a pas voulu me loger chez lui et m'a mis à l'hôtel avec mes chevaux et mes ordonnances. J'aime autant cela. Le seul ennui est que les soirées sont difficiles à passer, et seraient sans doute plus agréables dans une famille mexicaine.

Mexico est une très belle ville, d'autant plus belle que depuis longtemps nous n'avions vu une grande ville; mais dans cette saison elle est peu agréable : il pleut constamment et souvent il y a un pied d'eau dans les rues, de sorte que pour circuler, il faut monter à cheval ou mettre des bottes d'égoutier. La pluie n'empêche pas les Mexicains et Mexicaines de se promener, ils en ont l'habitude et doivent avoir quelque rapport de caractère ou de conformation avec les canards. Ce ne serait pourtant pas par les pieds, car si jamais j'ai vu de jolis pieds, c'est bien à Mexico.

L'enthousiasme de cette population, pour les Français, est plus que médiocre. Notre position est bizarre : nous sommes venus à Mexico escortés par Marquez et le parti clérical, et depuis que nous y sommes, nous avons mécontenté ce parti-là sans rallier l'autre. Le général Forey a fait une très belle proclamation dans laquelle il exprime des idées fort justes, et se trace une ligne de conduite fort libérale. Je crois qu'il a l'intention d'agir comme il le dit, mais le pourra-t-il ?

Dans ce moment, le canon de réjouissance tonne à Mexico. On installe le nouveau gouvernement, c'est une sorte de triumvirat composé d'Almonte, de l'évêque de Mexico et du général Salas. C'est un gouvernement provisoire qui doit arriver à en créer un autre qui sera définitif. Je vois avec peine dans ce gouvernement l'évêque de Mexico ; le clergé a bien assez à faire avec les choses spirituelles sans s'occuper des temporelles, et à notre époque il est déjà assez tourmenté et accusé sans encore prêter le flanc à de nouvelles attaques, en s'occupant de choses qui ne le regardent pas et dans lesquelles il peut se tromper comme tout gouvernement, car son infaillibilité ne s'étend pas aux affaires temporelles.

Le plus grand danger à prévenir pour le moment, c'est celui que font courir au Mexique les guerilleros ou plutôt les brigands et les voleurs. L'armée mexicaine que nous avons dispersée, s'est formée en bandes de brigands qui ne peuvent subsister que par le pillage et la ruine du pays. Il nous est pour ainsi dire impossible d'en purger le pays. Il faudrait, pour cela, l'aide des populations, qui ne devraient leur fournir ni vivres, ni hospitalité et faire cause commune avec nous, Mais ce sera difficile à obtenir des populations mexicaines, car ces guerillas se couvrent du manteau du patriotisme et toutes les vengeances qu'elles exercent, tous les pillages, ont pour prétexte la patrie. Ainsi l'on dit qu'à notre bal, qui est l'évènement du jour à Mexico, beaucoup de familles invitées n'y viendront pas par crainte des chefs des guérillas, qui viendraient ensuite piller leurs haciendas. Elles ont donc de bonnes raisons pour ne pas venir à ce bal auquel elles ne tiennent, je crois, que médiocrement.

Du reste, il y a à Mexico un précédent en leur faveur. Les Américains, il y a quelque quinze ans, se sont emparés de Mexico avec le général Scott, et après leur départ, les vengeances les plus odieuses furent exercées contre les familles qui les avaient trop bien reçus. On m'a parlé de femmes assassinées, d'autres auxquelles on avait coupé les cheveux, etc. Le peuple mexicain a de la rancune et n'est pas très chevaleresque dans sa vengeance.

Les premiers jours, à Mexico, on disait qu'on assassinait dans les rues, mais à part l'échange de quelques coups de couteau, nous n'en avons pas eu d'exemple. Il ne serait peut-être pas prudent d'aller se promener le soir seul et sans arme dans les faubourgs, mais on n'y est pas forcé.

Je profiterai de l'obligeance de mon propriétaire pour te faire parvenir cette lettre. Il expédie son courrier par le consulat d'Angleterre, et au lieu de mettre quinze jours pour aller à Vera-Cruz, cette lettre n'en mettra que quatre. Les Anglais ont une manière à eux de faire voyager leur courrier : ils enveloppent l'homme qui le conduit dans le pavillon d'Angleterre, et malheur à celui qui l'attaque. En somme l'idée est grande, et si elle prête à rire d'un certain côté, elle a cela de commun avec tout ce que font les Anglais.

A LA POURSUITE D'UNE GUERILLA
LA POLITIQUE FAITE AU MEXIQUE

Mexico, 29 juillet 1863.

Nous sommes toujours à Mexico, retenus par la saison des pluies et par la boue qui empêche de circuler sur les routes.

Nous avons fait une petite expédition qui a duré du 9 au 18. Nous avons gravi des montagnes, descendu des ravins pour détruire une bande de guerilleros que nous avons fini par attraper et fusiller. Le chef seul, un nommé Romero, nous a échappé en chemise et en caleçon ; il a dû être tué par les Indiens qu'il pillait et rançonnait de toutes les façons, car nous n'avons plus eu de ses nouvelles. Notre expédition a été fatigante, parce que nous n'avions des vivres que pour trois ou quatre jours et qu'après, nous en avons été réduits à l'eau du torrent et au biscuit de l'administration, et aussi parce qu'à partir de trois ou quatre heures de l'après-midi nous recevions l'eau du ciel jusqu'au lendemain matin. Après cette petite expédition, j'ai trouvé ma chambre d'hôtel et le séjour de Mexico plus agréables. Je me suis promené dans les alentours de Mexico, qui sont ravissants, remplis de verdure, de beaux arbres et de fleurs.

Que je te parle maintenant de la belle besogne politique que nous faisons dans le pays. Notre ministre, M. de Saligny, homme décrié dans tout le Mexique, a installé un gouvernement au moyen, dit-il, du suffrage universel. Ce suffrage universel, qui est si à la mode à notre époque, a été escamoté encore une fois, il s'est réduit à une assemblée de deux cent cinquante notables connus pour leurs opinions rétrogrades et qui, sous la pression de M. de Saligny, ont élu Maximilien empereur du Mexique, et trois des leurs dictateurs, en attendant l'arrivée de Maximilien.

Ce gouvernement fossile une fois installé, il a fallu trouver de l'argent ; on a émis un emprunt de un million de piastres, c'est-à-dire à peu près cinq millions quatre cent mille francs. Eh bien, ce gouvernement a tellement de partisans que malgré la garantie donnée par la France à l'emprunt, il n'y a pas eu moyen de le souscrire. Alors qu'a-t-on fait ? Absolument ce que l'on reprochait à Juarez quand il manquait d'argent. On a dit à M. A... : « Vous pouvez donner trois mille piastres par mois, souscrivez trois mille piastres. » On a dit la même chose à M. B..., et voilà comment on est arrivé à couvrir cet emprunt à six pour cent avec la garantie de la France. Ce que je trouve de plus monumental là-dedans, c'est la garantie de la France. Avec ses sept ou huit milliards de dette et ses huit cents millions de dette flottante, mangés depuis longtemps, la France a bien besoin de donner sa garantie. Que va dire M. Fould quand il aura à payer les intérêts de la dette mexicaine ; je crois qu'il a assez de payer ceux de la nôtre.

Nous sommes venus au Mexique je ne sais pourquoi ni comment ; l'Empereur doit commencer à s'en apercevoir, et s'il est sage, il nous rappellera le plus tôt possible, car nous n'avons rien à espérer au Mexique. Tout ce que nous ferons pour cet Etat qui a déjà une dette de un milliard qu'il ne peut couvrir, ce sera d'augmenter ses charges et d'éterniser la guerre civile. Finalement, nous aurons dépensé des sommes considérables qui ne rentreront jamais dans nos caisses.

Et puis nous venons rétablir au Mexique ce que nous avons brûlé en Italie ; nous faisons juste le contraire de ce qui est notre politique, et la France qui, jusqu'à présent a répandu dans le monde les idées libérales, vient au Mexique sans rime ni raison pour y faire justement le contraire.

Tirons-nous vite de là le plus honorablement possible. Pour cela, il faudrait être francs et avouer ses erreurs. Ici, tout le monde se dégoûte et aspire au retour en France.

Mais assez de politique. Nous avons eu le 29 du mois dernier un bal splendide. Les Mexicains et Mexicaines y étaient en foule, et même trop en foule, car ce bal nous a coûté fort cher. Nous étions taxés au prorata de notre solde, et cela me coûte douze piastres, c'est-à-dire douze fois 5 fr. 37. Eh bien malgré nos avances, les Mexicains ne nous témoignent pas le moins du monde leur reconnaissance, ils ont bien accepté notre bal, mais ils ne nous ont rien rendu. Les officiers logés dans les familles sont assez médiocrement reçus, mais la plupart logent à l'hôtel ou dans des maisons abandonnées. Ceux-là ne sont reçus par personne. On passe alors son temps comme on peut. Pour moi, je me promène, je lis et je dessine.

Je te rappelle de faire écrire pour moi au général Forey. Ici l'avancement est plus encore qu'en France une loterie. Le général Forey, quand il a à nommer quelqu'un, ne lui demande pas quels sont ses droits, il lui demande tout bonnement par qui il est recommandé.

INSPECTION GÉNÉRALE — DÉPART DE MEXICO

Mexico, 11 août 1863.

Nous sommes à la veille de l'inspection générale, au milieu de toutes les préoccupations que cette maudite cérémonie ramène tous les ans. C'est M. le général Bazaine, notre général de division, qui nous passe cette inspection. Je suis bien avec lui, mais il protège d'une façon toute spéciale un officier du régiment, qui est loin d'avoir mes titres, mais qui est fort intrigant. J'espère qu'il n'aura pas l'aplomb de le porter avant moi, car j'ai droit à être le premier du régiment : un des deux qui étaient avant moi l'année dernière est déjà passé et l'autre va passer au 15 août.

Quoique le séjour de Mexico soit assez agréable, nous désirons tous quitter cette ville à cause de nos finances. On n'y fait pas du tout d'économies. Tout y est très cher : on demande vingt piastres pour faire une tunique, dix-huit ou vingt pour une paire de bottes, et tout est en proportion.

20 août.

C'est demain que nous partons de Mexico pour nous diriger à pas lents vers l'intérieur du Mexique. Nous allons à Cuantitlan, à sept lieues de Mexico. Là, nous établirons des magasins et autres choses nécessaires à la guerre.

Je quitte avec regret mon propriétaire ; je l'avais peu fréquenté, mais je ne sais pas si c'est à cause de cela qu'il avait un faible pour moi. Sachant mon départ, il vient de me faire un cadeau, une magnifique carabine se chargeant par la culasse ; j'ai eu beau la refuser, il n'y a pas eu moyen ; pour empêcher toute espèce de refus, il avait fait graver mon nom dessus. Je ne sais que lui donner en échange.

Quoique le séjour de Mexico devienne de plus en plus agréable, je suis fort content de le quitter pour rentrer dans la vie active. J'ai quelque chance dans cette vie-là de passer avant six mois chef de bataillon, tandis qu'à Mexico la place est aux intrigants, et je ne le suis pas assez.

EN CAMPAGNE
BAZAINE GÉNÉRAL EN CHEF DE L'ARMÉE DU MEXIQUE

Cuantitlan, 1er septembre 1863.

Nous sommes actuellement dans un petit village nommé Cuantitlan, à un peu plus de sept lieues de Mexico. Quelques guerillas et un petit corps d'armée juariste sont à une dizaine de lieues en avant, mais ils n'ont, je crois, aucune envie de nous attaquer ; nous, de notre côté, nous en avons bien envie, mais nous n'avons pas d'ordres. De façon que tout se passe fort tranquillement et qu'à part quelques gardes, personne n'a rien à faire. Mais ce village, surtout quand on vient d'habiter Mexico pendant deux mois, est d'un triste à donner le spleen à Polichinelle. La seule distraction est de faire des promenades à cheval dans le pays d'alentour, qui est charmant, bien cultivé et rappelle un peu la Lombardie.

Le général Bazaine, au grand contentement de toute l'armée, vient d'être nommé général en chef. Le général Forey part. Bon voyage. Mais cet illustre animal profitant d'une lettre de l'Empereur qui, tout en le rappelant en France lui laisse la latitude de rentrer à l'époque qu'il désire, ne veut plus s'en aller. Toute l'armée pense que la seule chose qui le retienne au Mexique, c'est la peur de passer à la Vera-Cruz avant la fin de la fièvre jaune, il a peur de l'embarquer avec lui et de compromettre la santé d'un maréchal de France. Tout cela est cause que tout le monde est dans une fausse position. De quel côté se tourner, du côté du levant ou du couchant? Le général Bazaine a dans sa poche une lettre du Ministre de la Guerre qui le nomme général en chef, et le général Forey est encore général en chef d'après sa lettre de l'Empereur. Auquel envoyer les pièces, les lettres et les renseignements? Ça va exercer les Mexicains à la diplomatie, et peut-être même aussi quelques officiers du régiment.

CONFIRMATION DANS UNE ÉGLISE MEXICAINE

8 septembre.

Nous jouissons en ce moment, à Cuantitlan, de la présence d'un évêque qui a été persécuté par le parti juariste et qui ne peut encore rentrer dans son diocèse, qui est au nord du Mexique. Ce brave évêque a été missionnaire, et il a eu l'honneur d'être plus ou moins percé par les flèches des Indiens bravos. Hier, il a voulu aller confimer dans un village qui est à deux lieues d'ici et nommé Tultepu. Nous lui avons fourni une garde, et j'ai eu l'honneur de l'accompagner. Je n'ai jamais entendu un tapage pareil qu'à cette confirmation. Ici on confirme à l'âge de deux ou trois ans, même avant. Presque tous les enfants, au nombre de deux cents environs, étaient portés dans les bras de leurs mères. Ils ont fait pendant toute la cérémonie un tapage de cris et de pleurs à se boucher les oreilles ; une musique indienne par là-dessus augmentait le charivari. L'évêque cependant faisait bonne contenance. Il y avait dans l'église un millier d'Indiens et d'Indiennes qui apportaient chacun une odeur *sui generis*. Ce parfum joint au vacarme des enfants a fini par me rendre le séjour de l'église tellement insupportable, que ma foi j'ai lâché pied, et suis allé attendre l'évêque à la porte. J'ai vu que ce brave évêque avait eu la même impression que moi, car en sortant de l'église il s'est mis à respirer à pleins poumons et paraissait content d'en avoir fini. Il a perdu à Rome et en France l'habitude de la musique et des odeurs de ses administrés, mais il s'y refera.

L'AVANCEMENT

Mexico, 26 septembre 1863.

Nous voilà encore revenus à Mexico après avoir été un mois à Cuantitlan.

Nous attendons le départ de notre illustre chef, le maréchal Forey, avec une grande impatience ; il déteste les zouaves, les zouaves le détestent, de façon que ces sentiments ne sont pas faits pour le rendre généreux à notre

... dans
... Iztepec,
... bonheur de
... page pareil
... de deux ou
... ndants, au nom-
... dans les bras
... de la cérémonie, un
... boucher les oreilles ; une
... augmentait le charivari.
... contenance. Il y avait
... et d'Indiennes qui appor-
... genévris. Ce parfum joint au
... par me rendre le séjour de
... table, que ma foi j'ai lâché pied,
... vêque à la porte. J'ai vu que ce
... la même impression que moi, car
... il s'est mis à respirer à pleins pou-
... content d'en avoir fini. Il a perdu à
... l'habitude de la musique et des odeurs
... mais il s'y refera.

L'AVANCEMENT

Mexico, 26 septembre 1863.

... suis à Mexico après avoir été un
...
... rendre au chef, le maré-
... impatient ... les
... pour ... ongli-
... venir ... petit

ZOUAVE PAR LE CAPITAINE JAPY

égard et l'engager à nommer beaucoup de chefs de bataillon parmi nous. Ainsi Caffarel, que tu as connu à Rome, vient de passer chef de bataillon au régiment. C'est honteux ; lui-même n'osera pas se présenter devant nous qui faisons la guerre depuis vingt ans, tandis qu'il n'a jamais entendu tirer un seul coup de fusil. C'est révoltant, et il faut de l'empire sur soi-même pour ne pas jeter le manche après la cognée. Il suffit au Mexique, pour passer chef de bataillon, de n'avoir jamais rien fait de sa vie et de n'avoir pas servi aux zouaves. Devant tous les noms des zouaves. on fait une barre ; et nos chefs, au lieu de se donner de la peine pour nous, nous disent que nos mérites et nos états de service sont tellement supérieurs aux autres qu'il est inutile de faire des démarches. On tourne dans un cercle vicieux qui n'aboutit qu'à ridiculiser l'armée et à faire de mauvais chefs de bataillon. Quelle pétaudière !

Enfin, assez parlé du général Forey et de sa conduite au Mexique. Tressez-lui des couronnes et bâtissez-lui des arcs de triomphe en France, nous, nous le voyons partir avec joie.

Le général Bazaine, qui doit lui succéder, nous aime beaucoup, mais quand il pourra faire des nominations, il n'y aura plus de vacances.

Dans ce moment-ci tout est incertitude et gâchis au Mexique. Le général Forey, qui ne veut pas partir, embrouille la politique et les affaires de son successeur, empêche de réparer toutes les bêtises et ignominies qu'il a faites et enfin retarde notre départ pour l'intérieur. Et en ce moment, chaque jour de retard est grave, car les Américains font la paix, dit-on, et vont envoyer au Mexique toutes leurs bandes indisciplinées, tous les soldats, rebut des armées d'Europe, qu'ils avaient réunis à grands frais et dont ils vont se débarrasser en les jetant sur le Mexique aux mains de Juarez.

Pardon d'écrire sous une impression aussi désagréable, mais ici tout le monde est révolté, et moi plus que tout autre.

8 novembre.

Mes cantines sont faites, tout est prêt pour partir demain ; mes provisions sont faites pour deux mois et je ne sais quand j'aurai l'occasion de faire partir des lettres pour la France.

Toluca, 12 novembre 1863.

Nous sommes partis le 9 de Mexico et nous sommes arrivés hier à Toluca pour y séjourner quelques jours. De Mexico à Toluca, il y a une chaîne de montagnes fort élevées à traverser. Nous avons eu beaucoup de difficultés à vaincre, la pluie d'abord, puis la neige et la glace. Cette glace s'est rencontrée à la descente, de sorte que voitures et mulets glissaient à qui mieux mieux. On a été obligé de piquer la route à la pioche pour rendre la descente possible.

Nous avons à rester ici huit ou dix jours pendant lesquels je suis nommé commandant de place. C'est peu de chose, mais c'est une petite responsabilité, et je vais tâcher d'être à la hauteur de mes fonctions.

Nous attendons ici le général en chef et la cavalerie, mais le général en chef peut difficilement sortir de Mexico, car on parle d'un coup d'Etat que les Mexicains veulent tenter en son absence, et il est très embarrassé de savoir que faire.

Je suis classé quatrième de toute l'armée du Mexique, pour le grade de chef de bataillon. Si tu veux te donner un peu de peine, je crois que tu pourrais me faire passer dans un régiment de France au 1er janvier. J'en recevrais la nouvelle au 15 janvier et je pourrais me mettre en route le 1er mars et arriver en France au mois d'avril, ce serait le comble du bonheur. Tout le monde ici a assez de la campagne du Mexique dont on ne voit pas l'utilité pour la France. Cela ne nous empêche pas de faire notre métier comme toujours et avec le même entrain, mais on serait bien aise de prévoir le moment de la rentrée et le jour où nous mettrons le pied sur le vaisseau de la France, comme disait cet illustre Forey.

A LA POURSUITE DES GUERILLEROS
ARRIVÉE PROBABLE DE MAXIMILIEN

Selao, 13 décembre 1863.

Nous voici arrivés à cent lieues au moins de Mexico. Nous ne sommes pas fatigués, puisque nous nous reposons souvent, mais fort ennuyés de ne rencontrer personne. A mesure que nous avançons l'ennemi évacue tout devant nous, et fait le vide le plus complet, emportant tout ce qu'il peut : chevaux, mulets et vivres. C'est un voyage de touristes que nous faisons dans un pays fort curieux et intéressant, mais aussi fort malheureux depuis que les guerres civiles ont ruiné son commerce et sa prospérité.

On dit que Maximilien va bientôt venir ici. Tant mieux, ça nous fera partir, et nous commençons à voir venir le terme de cette fameuse campagne. Nous installerons ce bon Maximilien tant bien que mal et enfin nous pourrons, comme nous le disait cette brute de maréchal Forey, nous embarquer sur les vaisseaux de France.

Seulement ce pauvre Maximilien n'aura pas une tâche facile. Beaucoup de gens de ce pays, fatigués du vol et du pillage, ne désirent qu'un gouvernement stable et fort, quel qu'il soit, tandis que les bandes de guerilleros qui désolent le pays ne désirent que l'état de choses existant. Quoi qu'il en soit, nous sommes tous fatigués du Mexique, aussi bien que le Mexique est fatigué de nous. Les populations, dans toutes les villes que nous traversons, nous accueillent froidement, elles nous fournissent sans empressement ce que nous leur demandons moyennant finances, car elles ont peur des représailles des guerilleros contre lesquels nous ne les défendons pas, puisque nous ne faisons que passer.

J'ai revu ces jours derniers Frédéric Hocédé très content et très bien portant. Le seul résultat grave de sa blessure, est qu'il restera complètement sourd de l'oreille blessée.

MARCHES A TRAVERS LE MEXIQUE

Tepatitlan, 2 janvier 1864.

Nous continuons toujours à marcher comme des dératés ; nous ne rencontrons pas plus l'ennemi que par le passé ; les seules escarmouches qui aient eu lieu sont celles de Marquez et Mejà qui sont nos alliés contre Urragua et Negritte, qui tous deux ont été battus. Pour nous, nous faisons le voyage en touristes, nous traversons des villes, des villages, des haciendas en amateurs plus ou moins éclairés. Depuis que nous avons quitté Lagos, le pays est beaucoup plus aride, moins habité et moins cultivé. C'est à peine si de loin en loin on trouve un rancho et un peu d'eau sale pour camper ou faire la halte du déjeuner. Enfin, petit à petit nous allons arriver à Guadalajara qui, au nord, est le but de notre voyage.

Toutes ces fatigues, tous ces voyages me font le plus grand bien ; je me porte comme le Pont-Neuf, et maintenant que je suis en train, je crois que j'irais jusqu'à New-York.

Nous vivons très tranquillement, le colonel Tourre, le commandant, le docteur et moi. C'est moi qui suis chargé de la popote, car il paraît qu'on m'a reconnu des aptitudes à cet endroit. Ce matin, le colonel nous a raconté à table une bonne histoire. Son secrétaire, un sergent du régiment, avait écrit d'une façon peu orthodoxe le mot « ayant-droit », je crois qu'il avait mis un *s* à ayant, le mot étant employé au pluriel. Le colonel lui fait observer la faute, et cet animal lui répond avec un grand sang-froid que c'est l'habitude au régiment ! Il faut dire pour expliquer cette réponse que le colonel Tourre étant assez nouveau au régiment, s'informe quelquefois auprès de son secrétaire si tel ou tel détail du service se fait de telle ou telle manière, et lui demande quelles sont les habitudes du régiment.

Il y a en ce moment trois places vacantes de chef de bataillon au Mexique. En aurai-je une ? Dans quelques jours je le saurai. Malgré la bonne volonté du général Bazaine, il est circonvenu par tant d'individus et reçoit tant de recommandations de tous les côtés, que ces places pourraient bien lui être arrachées par la faveur.

TRISTE SITUATION DES INDIENS
COURRIER ATTAQUÉ PAR LES GUERILLEROS

La Piedad, 20 janvier 1846.

Nous sommes arrivés à Guadalajara, qui est une très jolie ville, mais nous n'y avons pas moisi. Après quatre jours de repos, nous l'avons quittée pour nous diriger vers Morelia qui est sur la route de Mexico. Nous ne sommes encore qu'à moitié chemin de Morelia, dans un village appelé La Piedad, où nous nous reposons.

Il vient de nous arriver la nouvelle que Zacatécas veut se défendre. Le régiment ira-t-il à Zacatécas, c'est-à-dire retournera-t-il à cent lieues au nord, ou continuera-t-il sa route sur Mexico ? Nous le saurons demain.

Nous voici maintenant bien près du carême ou même dans le carême ; tu dois être fort préoccupée de tes exercices religieux. A propos de cela, j'ai acheté à Guadalajara un almanach mexicain, et pour te donner une idée des mœurs de ce pays-ci, voici la recommandation que j'ai lue (je traduis textuellement) : « Les dimanches et les jours marqués de signe ┼┼ obligent tous à entendre la messe et à ne pas travailler ; les jours marqués du signe + indiquent la même chose pour tous ceux *qui ne sont pas Indiens*. Ce pays a, tu le vois, des principes d'égalité assez bizarres, et pourtant Guadalajara, où cela s'imprime, se dit la ville la plus libérale du Mexique. Juge par là de ce que cela doit être pour les malheureux Indiens, dans les pays qui se disent réactionnaires. En somme, au Mexique, la condition des Indiens est plus malheureuse que celle des noirs de l'Amérique du Sud, car on ménage un esclave qui vous coûte de quatre à cinq cents francs, tandis qu'ici l'Indien ne coûte rien. L'Indien est libre, mais on a besoin de l'endetter au moyen de cérémonies et de fêtes dont on l'a rendu très avide, et il ne peut jamais se libérer. Quand on vend une hacienda, on vend en même temps ses créances sur les Indiens de l'hacienda et par conséquent les Indiens eux-mêmes. De plus, il tombe de temps en temps des tuiles sur les têtes de ces malheureux. Quand un corps d'armée juariste passe dans une hacienda réactionnaire, il lève tous les Indiens et en fait des soldats du jour au lendemain. Le moyen employé est assez ingénieux. Les Juaristes cernent l'église de bonne heure, un dimanche matin, à la messe des Indiens ; ils ne laissent sortir que les femmes et les enfants et prennent tous les hommes qui peuvent porter les armes. Les plus habiles s'en tirent avec une ou deux piastres, qu'ils donnent aux soldats, qui les laissent échapper.

Notre dernier courrier a été enlevé par les guerilleros. J'avais donné ma lettre à un officier suédois qui quittait le régiment, où il était venu apprendre la guerre. C'était le nommé Ericson, fils ou neveu de l'ingénieur suédois qui a construit le premier navire cuirassé des Etats-Unis. Ce jeune homme, voyant les affaires se brouiller du côté de la Russie, quittait l'armée française pour retourner dans son pays. Ils étaient deux dans ce cas ; tous deux ont été assassinés par les guerilleros, et il est probable que ma lettre a été perdue. Si jamais il me tombe quelques guerilleros sous la main, ils paieront tout cela en gros ; les cordes d'aloès sont à très bon marché dans ce pays, de plus les guerilleros en ont toujours une provision sur eux, de façon qu'ils portent leur condamnation accrochée à leur selle. Je ne serai content, avant de partir du Mexique, que lorsque j'en aurai vu toute une bande pendue.

SÉJOUR A MEXICO

Mexico, 20 février 1864.

Me voilà rentré depuis trois jours à Mexico où j'ai trouvé deux lettres de toi. J'étais très en peine, car depuis plus d'un mois, près de six semaines, je n'avais point de nouvelles. Je ne sais pas combien les guerilleros ont pris de mes lettres, mais pour une j'en suis aussi sûr que possible. C'était une lettre écrite de Lagos. Je l'avais confiée, comme je te l'ai dit, à l'officier suédois Ericson. Ce jeune officier, et d'autres qui étaient avec lui en diligence, ont été attaqués par quatre cents guerilleros. Ils ont résisté quatre heures et enfin ont été assassinés, n'ayant plus de cartouches et étant tous blessés. Ce pauvre Ericson a été laissé pour mort avec trois coups de feu et six coups de lance. Il a été dépouillé, et ma lettre qui était dans son portefeuille, lui a été prise en même temps que son argent et tout ce qu'il avait sur lui. Du reste, recueilli par des Indiens, ce brave jeune homme a été porté dans un poste français, à quatre kilomètres de là, et maintenant il est à Mexico, se portant comme le Pont-Neuf. Tu vois donc qu'il ne faut pas se tracasser si le courrier du Mexique ne t'apporte pas des lettres régulières.

Pour aujourd'hui, on dit que Juarez, Urraga et Doblado, ayant réuni le peu qui leur reste de troupes, sont allés assiéger Guadalajara, que la garnison est sortie au-devant d'eux, et qu'au premier coup de canon tous ces gens représentant le dernier soupir du Mexique se sont enfuis. Rien n'est moins sûr que cette nouvelle, mais je te la donne comme la publient les journaux de Mexico.

Quant à moi je suis ici comme devant. L'autre jour le général Bazaine, à dîner, m'a presque promis de me nommer chef de bataillon dans quelques jours. J'attends qu'il se décide à faire les nominations, et je ne sais pourquoi il tarde autant.

Le colonel vient de me conseiller d'aller aujourd'hui voir le colonel Boyer, aide de camp du général Bazaine. Je vais me faire le plus beau possible et aller le prier de ne pas m'oublier auprès du général et de lui rappeler sa quasi-promesse. Les visites ne sont pas dans mes habitudes, j'aime aussi peu qu'on m'en fasse que je ne n'aime à en faire, mais je vais prendre mon courage à deux mains.

Dans ce moment je m'ennuie un peu ; cette attente perpétuelle à propos du grade, et puis tous mes effets, selle, brides en réparation, font que je suis cloué chez moi et que je ne peux même pas me promener à cheval. Depuis que nous sommes rentrés à Mexico, nous ne sommes pas logés comme par le passé, par billet de logement ; on a ajouté à notre solde quarante-six piastres, c'est-à-dire à peu près deux cent quarante francs pour nous loger. Tu vois par cette générosité du gouvernement, que les logements sont plus chers qu'à Paris, car je crois qu'à Paris, pour deux cent quarante francs par mois on pourrait être parfaitement logé et meublé. Mais ici pour quarante piastres, j'ai trouvé deux petites chambres très gaies, sur une terrasse, et médiocrement meublées. Le seul inconvénient est que pour arriver sur ma terrasse, je suis obligé de traverser la cuisine de mes propriétaires. C'est une fort bonne famille, un peu ruinée par les révolutions, et qui me comble d'amitiés et de prévenances. Mais en revanche je vais te charger d'une commission pour elle. Je te prie de m'envoyer par la poste deux douzaines de paires de gants. Les gants, à Mexico, et de mauvais gants, coûtent une piastre et demie, c'est-à-dire plus de huit francs, et quand j'ai dit à ces dames que pour trois francs on en avait de bons à Paris, elles m'ont prié de leur en faire venir.

Que dit-on en France de l'armée du Mexique, parle-t-on bientôt de sa rentrée? Il me semble que dans les discours du Sénat et du Corps législatif, j'ai vu exprimer souvent le désir de faire rentrer notre armée, et d'un autre côté on dit qu'il arrive encore de nouveaux régiments. Serait-ce pour nous remplacer? Dans tous les cas, nous ne pouvons pas partir avant le mois d'octobre prochain : le vomito negro empêche de passer à la Vera-Cruz ; mais j'espère bien qu'au 1er janvier 1865 nous serons en France.

NOMINATION
AU GRADE DE CHEF DE BATAILLON

Mexico, 4 mars 1864.

Je suis chef de bataillon, je viens d'en recevoir la nouvelle par une lettre signée de tous les officiers d'ordonnance du général en chef, c'est donc sûr. Aujourd'hui je suis un peu toqué, aussi je ne t'en écrirai pas long, mais j'espère que demain je serai revenu de mon émotion et que je pourrai t'écrire. Ces derniers jours j'avais fait mon portrait en capitaine, je te l'enverrai tel quel, il n'y aura qu'un galon à y ajouter. Adieu, j'ai besoin d'aller de suite au lit pour beaucoup de raisons, entre autres les nombreuses félicitations que je viens de recevoir.

Mexico, 5 mars 1864.

Il aurait bien pu se faire que je ne passe pas. Le général Bazaine m'avait presque dit qu'il me nommerait à la légion étrangère (cette nouvelle légion que l'on forme pour occuper dix ans le Mexique). Je ne lui ai pas positivement refusé, mais je lui ai dit que j'avais une famille en France et que je préférais attendre encore plutôt que de rester au Mexique. Là-dessus il m'a quitté peut-être un peu vexé, mais ce qui prouve en sa faveur, c'est qu'il ne m'en a pas tenu rancune et qu'il vient de me nommer dans le régiment où je désirais le plus être, ne pouvant rester au 3e zouaves : je suis chef de bataillon au 2e zouaves.

Je vais aller rejoindre mon régiment, soit à Aiguas Calientes, soit à Zacatecas. J'ai à recommencer une course de cent cinquante à deux cents lieues. Il me reste quarante-huit heures pour faire mes préparatifs de départ et le temps me presse. Je suis dans les malles jusqu'au col.

Sauces, 14 avril 1864.

Me voilà en route depuis le 7 et nous n'avons pas encore fait beaucoup de chemin. Les étapes, qui ne sont pas tracées sont très courtes, et tous les jours nous sommes arrivés à neuf heures du matin ; il commence à faire très chaud dans la journée, et quand il ne fait pas chaud, il souffle un vent qui soulève la poussière et fait regretter la chaleur.

Ma destination est Fresnillo, au point extrême de notre occupation au Mexique, loin des courriers, loin des nouvelles. J'ai une consolation, c'est que Maximilien va arriver et qu'alors on rappellera une partie de l'armée, et le 2e zouaves, qui est arrivé le premier au Mexique, est aussi celui qui partira le 1er. J'aurais voulu être nommé en France, mais puisqu'on m'a fait l'honneur de me nommer aux zouaves, je suis obligé d'y rester ; c'est un engagement pour trois ou quatre ans que j'ai pour l'Afrique ; j'y suis bien resté depuis 47, j'y resterai bien quelques années de plus.

RETOUR EN FRANCE ? — FAMILLES MEXICAINES

Léon, 15 avril 1864.

Nous sommes arrivés hier à Léon où j'ai eu beaucoup à faire : les voitures à réparer et à recharger, etc. En arrivant nous avons trouvé un courrier, je dis *nous*, mais je me trompe, car moi je n'ai rien reçu et j'étais le seul triste des officiers de mon détachement. Dans une lettre reçue par un de ces messieurs, on lui dit que le 2e zouaves, le 99e de ligne et le 1er bataillon de chasseurs à pied, doivent être à l'automne prochain rappelés en France ; les uns croient à cette nouvelle, les autres non. Toi qui es à Paris ou dans les environs, tu es à même de savoir parfaitement ce qu'il y a de vrai dans cette nouvelle. Tâche de t'informer et de me dire le résultat que tu auras obtenu.

On attend à Mexico l'empereur Maximilien pour les premiers jours de mai. Nous espérons tous que les honnêtes gens se rallieront à lui et qu'il ne restera à combattre que les bandes de voleurs. Il y aura beaucoup à courir pour arriver à ce résultat, mais il sera vite atteint quand les voleurs ne pourront plus se cacher sous le nom de *libéraux*, quand des lois très sévères et surtout très exécutées seront faites contre eux, et quand le pays aura repris confiance.

Hier au soir mon propriétaire m'a mené dans un bal qui était, ma foi, charmant. J'ai rarement vu en France, dans une même réunion, une aussi grande quantité de très jolies personnes, s'amusant plus simplement et avec plus d'entrain. Les Mexicaines ne méritent pas tout le mal qu'on en dit. Elles ont pour moi une qualité, la première de toutes, c'est d'avoir une quantité considérable d'enfants, qu'elles ne soignent pas il est vrai, aussi bien que possible, mais qui sont charmants. Il n'est pas rare ici de voir quinze ou vingt enfants de la même mère ; dans la maison où je loge il y en a sept vivants, et la mère est encore fort bien et n'a pas l'air disposée de s'arrêter en si beau chemin. Tout ce monde-là crie, chante au soleil, est gai et heureux ; c'est réellement un bonheur de voir ces familles-là.

Je me mets en route demain matin.

ORTÉGA — LA COUR MARTIALE

Fresnillo, 4 mai 1864.

Je suis arrivé enfin à ma destination, je suis à mon poste en tête de mon bataillon et commandant supérieur de Fresnillo. Ce commandement me donne de la besogne depuis le matin jusqu'au soir. Les Mexicains de ce pays-ci ne sont pas libéraux, mais ils ont une telle peur d'Ortéga qu'ils n'osent ni rien faire, ni rien dire en notre faveur. On

leur demande quelque chose, ils répondent : « J'ai peur. »
Aussi est-il assez difficile de se procurer des approvisionnements. Ortéga est à vingt lieues en avant, et toutes les fois que nous faisons une petite sortie dans n'importe quelle direction, il en reçoit avis, plie bagage et se met en route pour fuir ; puis deux ou trois heures après il apprend notre rentrée et revient. Cet ennemi n'est pas bien à craindre, mais il est bien difficile à atteindre. C'est ma préoccupation constante d'arriver à ce résultat, mais je me creuse la tête sans trouver de moyen. Je reçois nuit et jour des espions : il faut être visible toute la journée et toute la nuit ; pas moyen de sortir de chez soi pour flâner, je ne puis monter à cheval que pour le service. Le métier n'est pas récréatif, mais il est sérieux et instructif, et on n'a pas le temps de s'ennuyer.

Le revers de la médaille, c'est la cour martiale et la fusillade, c'est indispensable dans ce pays, mais désagréable à exécuter. Il faut absolument purger ce pays des voleurs de grands chemins, des guerilleros et autres plaies du pays. Du reste, l'ordre est formel : aussitôt pris, aussitôt fusillés. Mais pour cela il faut les prendre les armes à la main, autrement il faut toute une instruction de cour martiale, les pleurs de la famille, sans avoir pour soi le droit de grâce ; on n'a le droit d'exécuter que dans les vingt-quatre heures. Cette mission est grave, et au point de vue philosophique peu appréciable, mais au point de vue pratique et de l'intérêt du pays elle est indispensable. Ce pays est tellement bouleversé par cinquante ans de guerre civile que je m'étonne qu'il puisse encore exister une seule maison sur le sol du Mexique. Il faut que les Mexicains aient dans le fond un caractère bien doux pour ne pas s'être tous entredévorés. Maintenant ils y sont habitués et prennent la chose philosophiquement. Quand le parti vainqueur entre dans une ville, le parti opposé emballe ses familles et va vivre dans la campagne ou la montagne, où il se cache tant que l'autre parti occupe ses maisons et ses propriétés.

LES OCCUPATIONS A FRESNILLO

Fresnillo, 17 mai 1864.

Ce n'est pas tout rose d'être commandant supérieur à Fresnillo. D'abord, tous les soirs, de huit heures à onze heures, il me faut faire de la littérature, écrire au général L'Hérillier qui commande à Zacatécas ; c'est un homme d'une grande activité, qui veut être informé de tout, et qui me demande toute espèce de détails. De plus, j'ai les affaires de la ville, et j'ai rencontré dans l'*ayuntamiento*, autrement dit le conseil municipal, une telle force d'inertie que j'ai été obligé de briser les vitres plusieurs fois. Outre cela, il y a un certain Jose Gonzalez y Etcheverria, oncle de Prim, et ancien ministre de Juarez, qui me donne à lui seul plus de mal que tous les autres. Ce monsieur, qui a fait sa soumission au gouvernement français, est un farceur qui ménage la chèvre et le chou ; il vend Juarez aux Français et nous vend à Juarez. C'est un des plus grands capitalistes du Mexique, il est propriétaire des mines de Fresnillo, qui lui rapportent quelque chose comme cinq cent mille francs par mois. Je l'ai fait arrêter l'autre jour, parce que j'avais saisi une lettre qu'il écrivait à Juarez, mais je n'ai rien pu prouver contre lui ; je n'aurais pas été fâché pourtant, non pas de le faire fusiller, mais de le faire exporter un peu plus loin, à Mexico, voir l'entrée de Maximilien, ou à Paris, apprendre à bien traiter les ouvriers.

A côté de cela, il y a les affaires militaires. Je reçois des espions à n'importe quelle heure, ainsi en ce moment, il est minuit et j'attends des nouvelles d'Ortéga et de ses guerilleros. Je me creuse toujours la tête pour trouver un moyen de les surprendre, mais ce sont des gens qui se gardent bien et qui connaissent admirablement le pays. Ce soir je viens encore de faire partir une compagnie et le peloton de chasseurs à cheval pour tâcher de les surprendre, mais j'ai bien peur de ne pas y réussir. Demain je partirai à cinq heures du soir pour faire seize lieues dans la nuit et aller jusqu'à Villa de Coz, qui est un de leurs points de réunion. Je voudrais bien me venger un peu sur eux de la prise de mes lettres et de la peine qu'ils t'ont faite en te privant de mes courriers.

Mon espion ne vient pas, je vais au lit l'attendre en dormant.

MARCHE HARDIE — LE CURÉ DE FRESNILLO VENTE D'UN CHEVAL ARABE

Fresnillo, 26 mai 1864.

Voilà longtemps que je ne t'ai écrit, mais ce n'est pas ma faute. J'ai reçu l'ordre le 21 au matin de prendre la moitié de mon bataillon, ma cavalerie indigène et française et une section d'artillerie, et d'aller le plus vite possible tourner l'ennemi d'un côté pendant qu'une autre colonne, plus rapprochée, allait l'attaquer directement à Valparaiso. J'ai fait trente lieues en vingt-huit heures ; il est vrai que j'avais monté tout mon monde en voitures, aussi je viens de recevoir du général L'Hérillier une lettre qui commence ainsi :

« Vous avez fait tout ce qu'il était, même plus qu'il
« n'était possible d'espérer, et je ne puis que vous remer-
« cier, vous et vos soldats de l'ardeur que vous avez mise
« pour arriver à temps à Valparaiso. Je suis convaincu

« que le général en chef appréciera comme moi vos « efforts, etc. »

Le fait est que j'ai fait une marche fabuleuse ; j'ai éreinté mes chevaux et moi-même, car celui qui conduit une marche de ce genre a le plus de mal et doit courir le plus. Je suis parti de Fresnillo à onze heures et demie du matin et j'étais rendu à Valparaiso le lendemain à deux heures, après avoir marché nuit et jour et m'être arrêté une fois une heure et demie, une seconde fois trois heures. Ma santé se trouve très bien de ce régime. Demain peut-être ce sera à recommencer.

Aujourd'hui j'ai eu une forte scène avec le curé de Fresnillo. Ce curé n'avait pas voulu adhérer au gouvernement de Maximilien. Je l'ai fait appeler et je lui ait dit que malgré tout mon respect pour le clergé, j'allais me trouver dans l'obligation de lui retirer ses fonctions de curé pour les donner à un autre. Il m'a répondu qu'il ne désirait que l'arrivée de Maximilien, mais que la peur des guerilleros l'empêchait de lui donner son adhésion. Son ministère, me disait-il, l'appelait souvent loin de la ville, et si les guerilleros savaient qu'il avait adhéré à l'empire, ils le fusilleraient. J'ai répondu à ce brave curé que ce n'était qu'une médiocre raison, que son ambition devait être d'aller le plus vite au ciel et que ce serait pour la plus grande gloire de l'Eglise. Enfin nous sommes tombés d'accord, il a fait acte d'adhésion et de plus m'a demandé de faire la procession de la Fête-Dieu, qui est aujourd'hui ; je lui ai dit que non seulement je l'autorisais à la faire, mais que je lui donnerais une garde de zouaves pour l'accompagner. Là dessus nous nous sommes quittés bons amis, et il a fait sa procession qui n'avait pas eu lieu depuis quatre ans à Fresnillo.

J'ai eu dernièrement le nez le plus fabuleux possible. Depuis quelques jours mon cheval arabe était triste et malade, je ne savais ce qu'il avait. Mon propriétaire d'hacienda vient le voir et demande à l'acheter. Je lui dis qu'il est malade et que je ne veux pas le vendre en ce moment, que d'ailleurs j'en voulais six cents piastres. Enfin, en discutant, je lui vends mon cheval arabe pour trois cents piastres, plus un autre cheval mexicain, très beau. Or, trois jours après mon cheval arabe meurt. Heureusement que ce propriétaire d'hacienda est très riche et que cinq ou six cents piastres de moins dans sa caisse sont comme une goutte d'eau dans la mer. Quelle chance j'ai eue et quel nez !

Fresnillo, 2 juin 1864.

Je suis toujours dans la même position, très occupé et ayant à écrire beaucoup trop pour mon goût.

L'ennemi, après les courses que j'ai faites, s'est tellement éloigné qu'il n'y a plus à penser à l'attaquer, je suis donc pour quelques jours au repos et nous ne bougerons pas d'ici avant qu'on organise une colonne pour aller jusqu'à Monterey, une autre localité du nord.

Je crois qu'actuellement c'est l'ambition de toute l'armée de quitter ce pays-ci le plus tôt possible. Peut-être ceux qui sont à Mexico se consolent-ils un peu, car ils vont jouir de l'arrivée de Maximilien et des fêtes qu'on donnera à cette occasion, mais nous, à Fresnillo, nous n'aurons d'autre distraction que de courir encore. Pour mon compte ça ne me lasse pas de voyager et de courir, mais il y a des soldats qui sont embêtés de porter leur sac sur le dos si souvent. La seule chose réellement avantageuse de Fresnillo, c'est l'économie qu'on fait. J'ai une solde pyramidale. Outre ma solde de chef de bataillon, j'ai des frais de représentation comme commandant supérieur, cent cinquante francs par mois et de plus le logement, j'ai donc plus de sept cent cinquante francs par mois.

On dit aujourd'hui que le dernier courrier de France a été enlevé par les guerilleros entre Nilao et Léon, c'est un monsieur Pepe Rincon qui s'amuse à faire ces coups-là. C'est un fort grand seigneur, fils du marquis de Guadalupe, qui habite Mexico. Il fait le métier de guerillero en fantaisiste, ne s'expose jamais à recevoir une balle, mais il s'amuse à lire nos lettres ; il sait très bien le français et ça doit le distraire. Mais il sera pris un jour où l'autre et plût à Dieu qu'il me tombât entre les mains, je lui ferais payer cher ses distractions.

ANARCHIE AU MEXIQUE
ARRIVÉE IMMINENTE DE MAXIMILIEN

4 juin,

Le travail commence à se calmer. Tout le monde est à sa place, tout va régulièrement mais va mal, car dans ce malheureux pays il n'y a rien d'établi ou plutôt il y a trop de choses établies. Un juge ne peut pas juger, car s'il veut appliquer une loi, l'avocat lui en trouve deux autres qui contredisent la première. Depuis 1810 il y a eu une telle succession de gouvernements qui ont tous pris des décisions et fait des lois, qu'il y a un désordre impossible à débrouiller. J'en suis arrivé à dire aux juges de ne pas juger avec la loi, mais avec leur conscience et leur bon sens. Je doute qu'ils le fassent. Une grande partie de la journée je reçois les réclamations de tous les habitants qui ont à se plaindre soit d'une autorité, soit d'une autre. Cela me donne une occupation que je crois utile, mais qui ne m'amuse pas.

L'arrivée de Maximilien fera, je crois, un bien immense au pays. Tout le monde l'attend avec grande impatience, amis et ennemis. Car on dit qu'Ortega n'attend que lui pour profiter de l'armistice qui sera accordé à son arrivée. Ce sont des renseignements qui m'arrivent tous frais de l'ennemi. Ortega a réuni toutes ses bandes de guerilleros, il les a organisées en corps réguliers, et cela dans le but de présenter à Maximilien une troupe régulière et non des bandes de voleurs. Jamais homme n'a été désiré comme ce Maximilien ; je crois d'ailleurs que son arrivée ne va pas tarder ; j'ai déjà reçu l'ordre de faire préparer ma poudre pour cent un coups de canon, qui doivent être tirés à son débarquement à la Vera-Cruz, et cent un autres pour son entrée à Mexico.

13 juin.

Je reviens encore d'une course d'une quarantaine de lieues, un peu fatigué, mais content du résultat. Une petite reconnaissance de vingt-deux hommes que j'avais envoyée, a eu une affaire avec l'ennemi, et quoique attaquée par trois cents hommes à peu près, elle s'est mise à couvert jusqu'au moment où j'ai pu venir à son secours, alors l'ennemi s'est enfui.

Je viens de recevoir du général l'ordre de faire faire pour le 16, trois mille rations de pain. Nous allons marcher sur Durango, et après cette expédition qui sera, je crois, la dernière, nous irons du côté de Mexico pour nous embarquer probablement en novembre à la Vera-Cruz.

ANECDOTE SUR LE GÉNÉRAL FOREY

Durango, 12 août 1864.

Depuis que je suis à Durango, je n'ai reçu aucune nouvelle de toi et j'ai bien peur que tes lettres n'aient été pillées. Je sais que nous avons eu ici deux courriers enlevés, et l'un au moins de ces courriers portait des lettres pour toi.

Dans quelques jours nous partons de Durango pour Mexico. Ce voyage sera long ; je m'arrêterai d'abord avec mon bataillon à Fresnillo, puis aussitôt relevé de ce poste, je continuerai ma route sur Mexico. C'est le commencement d'un mouvement qui nous mènera à Paris avant l'ouverture prochaine des Chambres. D'après mon faible jugement, je suppose qu'on sera enchanté de nous faire passer sous au moins un arc de triomphe à cette époque. Il faudra bien donner satisfaction à l'opinion publique en faisant rentrer au moins une brigade, et heureusement pour moi que j'ai été nommé chef de bataillon dans cette brigade.

On dit que les régiments de zouaves resteront au moins un an en France avant de retourner en Afrique. J'en serais enchanté, ça me permettrait de me retourner et de voir quel serait le plus avantageux, ou d'entrer dans la garde ou de demander un commandement de bataillon de chasseurs à pied. On dit que c'est le général Forey qui vaut aux régiments de zouaves de rester un an en France ; il s'est plaint à l'Empereur de l'indiscipline de ces régiments et, pour nous remettre au pas, on nous ferait rester en France. Or, de l'aveu de toute l'armée, il n'y a pas de régiments aussi bien disciplinés que les régiments de zouaves, aucun où les officiers soient aussi bien obéis et où il y ait plus de prévenances à l'égard des officiers. Il est vrai que nos régiments fournissent aux conseils de guerre, mais nous y renvoyons de suite tous les soldats qu'on nous envoie des compagnies de discipline ou du boulet, à moins qu'ils ne se conduisent d'une façon tout à fait remarquable.

Le général Forey nous en veut à cause de la blague des soldats. Il lui est arrivé au 15 août dernier, à Mexico, une assez bonne histoire entr'autres. Il rentrait à son hôtel en voiture, après le feu d'artifice. Un détachement du 3e zouaves, qui avait été commandé pour tirer des étoiles, en avait gardé quelques-unes, et des soldats s'amusaient à les tirer au milieu de la foule enchantée, en retournant à leur quartier. Passe la voiture du général Forey. Ces imbéciles ne la voyant pas, continuent à tirer leurs étoiles. La voiture du général s'emporte, enfin elle s'arrête devant son palais. Le général furieux, attend le détachement et se met à l'engueuler, pardonne-moi l'expression, comme un crocheteur. Un des zouaves, pendant le discours furibond du maréchal, dit tout haut de façon à être entendu : « Parbleu, c'est pas étonnant qu'il nous engueule, c'est le plus grand danger qu'il ait couru de toute la campagne ! *Inde iræ*.

Adieu et à bientôt. Quand je dis à bientôt, ce sont encore des mois, mais je commence à voir la fin de cette expédition ; elle aura duré, pour moi, deux ans et demi, je trouve que c'est très suffisant.

COMBAT DE LA MAJOMA

Le 21 septembre eut lieu le combat de la Majoma, brillant fait d'armes où se signala le commandant Japy, ainsi qu'en fait foi l'ordre du jour suivant. La lettre racontant l'affaire s'est perdue.

Citation à l'ordre du jour du commandant Japy à la bataille de la Majoma, le 16 octobre 1864.

CORPS EXPÉDITIONNAIRE
DU MEXIQUE

2e *Division Territoriale*

N° 205

ORDRE DE LA DIVISION

Le général commandant la 2e division est fier de porter à la connaissance des troupes placées sous ses ordres, la brillante victoire remportée sur les dissidents du nord de l'Etat de Durango, le 21 septembre dernier, à la Majoma, par une petite colonne française de la brigade du général L'Hérillier.

Le colonel Martin, qui commandait cette colonne partit le 21 au matin de Sancillo, franchit les douze lieues qui le séparaient de l'Estanzuela, en délogea les avants-postes ennemis qu'il y trouva établis.

A deux kilomètres au-delà, les troupes juaristes, au nombre de trois mille cinq cents hommes d'infanterie, sept cents de cavalerie, commandées par les généraux Ortéga et Patoni, occupaient de formidables positions que défendaient vingt pièces de canon.

Le colonel Martin se présente au combat avec cinq compagnies du 2^r zouaves, une du 18e bataillon de chasseurs à pied, un escadron du 12e chasseurs et deux pièces de montagne non rayées : total, quatre cents baïonnettes, quatre-vingts sabres, quatre-vingts auxiliaires, trente artilleurs, en résumé un contre dix.

Le Cerro de la Majoma est la clef de la position.

Sans balancer un instant, le colonel Martin lance sur ce point les cinq compagnies de zouaves. Celles-ci l'abordent avec la plus grande vigueur, s'en emparent après une lutte acharnée, clouent les artilleurs sur leurs pièces et refoulent les Mexicains sur les pentes Est du Cerro.

Mais l'infortuné et brave colonel Martin vient d'être frappé mortellement par un boulet.

Le commandant Japy prend aussitôt le commandement.

Voyant l'ennemi se rallier et reprendre l'offensive, il fait donner l'escadron de chasseurs et la compagnie du 18e bataillon, qui forment son unique réserve.

L'escadron charge à fond ; la compagnie du 18e bataillon enlève les positions de droite et tourne contre les fuyards les neuf pièces qu'elle vient de leur arracher. En même temps, et pour achever leur déroute, nos artilleurs ouvrent contre les troupes d'Ortega, avec leurs propres pièces, un feu terrible d'artillerie.

Ortega est réduit à faire sauter son parc. La panique est bientôt générale : cent cinquant-deux prisonniers et quatre fanions pris, vingt pièces de canon et une immense quantité d'armes et de munitions enlevées à l'ennemi, un grand nombre de tués et de blessés dans ses rangs, tel est le résultat matériel du brillant combat à la Majoma.

Malheureusement cette victoire est chèrement achetée : M. le colonel Martin et M. le lieutenant Tramond, du 2^r zouaves, ont été tués dès le commencement de l'affaire.

Vingt sous-officiers et soldats ont été tués.

Quatre officiers, quarante-six sous-officiers et soldats ont été blessés.

M. le commandant Japy cite comme s'étant plus particulièrement distingués les officiers, sous-officiers, caporaux et soldats dont les noms suivent :

. . . .

Guadalajara, le 16 octobre 1864.

Le général commandant la 2e division,

Signé : Douay.

24 novembre 1864.

Nous allons partir d'ici à deux ou trois jours pour rentrer à Mexico et de là en France, mais nous n'avons pas moins de trois cent cinquante à quatre cents lieues à fournir. Cela nous demandera deux mois et demi ou trois mois. Nous ne nous embarquerons guère avant la fin de janvier et n'arriverons en France que vers fin mars. D'ici là je serai peut-être lieutenant-colonel.

Mexico, 18 janvier 1865.

Je pars aujourd'hui de Mexico pour Tehuacan ; je vais protéger les derrières de la colonne du général Bazaine, tout en me rendant à la Vera-Cruz. Cette opération prendra une quinzaine de jours et de là nous nous rendrons à la Vera-Cruz où nous embarquerons.

ALGÉRIE 1865-66

LIEUTENANT-COLONEL AU 36ᴱ DE LIGNE
RETOUR EN ALGÉRIE — ARRIVÉE A AUMALE

Alger, 30 septembre 1865.

Je suis arrivé à Alger le 21 au matin. Nous avons été débarquer au lazaret de Sidi-Ferruch tous les militaires et les passagers de troisième classe, puis nous sommes venus nous ranger dans un coin du port d'Alger et faire notre quarantaine, qui a duré trois jours. Nous avons débarqué à Alger le 24, à quatre heures du soir.

Je resterai à Alger jusqu'après les courses, c'est-à-dire jusque vers le 10 du mois prochain. A l'époque des courses annuelles d'Alger, presque tous les bons chevaux de l'Algérie se réunissent, et j'espère trouver là une bonne occasion pour me monter.

Aumale, 12 octobre 1865.

Je t'écris d'Aumale où je suis arrivé hier au soir après un fort voyage en diligence. Parti d'Alger le 10 à neuf heures du soir, j'ai été secoué, cahoté et brisé jusqu'au 11 à six heures du soir. Ça fait vingt-et-une heures pour faire cent vingt-cinq kilomètres ; tu vois que la route est médiocre, que les montagnes sont hautes, les montées pénibles et les descentes à casse-cous. Heureusement que les cochers d'Afrique sont des gens très habiles et habitués aux mauvaises routes.

A une lieue d'Aumale, j'ai aperçu un fort groupe de cavaliers qui venait au-devant de la diligence. Je ne me doutais pas de l'honneur qui m'était fait : c'était le colonel et les officiers du 36e, qui venaient au-devant de moi. J'étais en simple costume de voyage, habit, gilet et pantalon gris, que tu connais, plus le chapeau, que tu n'approuvais ni comme forme, ni comme couleur. Enfin, tel quel, je me suis déballé du corricolo et j'ai été saluer le colonel, qui m'a présenté les officiers présents, et réciproquement ; puis je suis monté sur un cheval qu'on avait amené pour moi, et ai fait mon entrée à Aumale, heureusement pour mon amour-propre, la nuit, car j'avais des étriers trop courts, je n'étais ni débarbouillé, ni rasé depuis trente-six heures, enfin j'étais très peu à mon avantage.

Le colonel est un homme très bien ; il me paraît un philosophe, un peu découragé des choses militaires et qui voit tout à un point de vue très juste, mais manquant de poésie. Il paraît très estimé de tous les officiers, et je suis persuadé que je serai très bien avec lui.

J'ai dormi comme un sabot après ces vingt-et-une heures de diligence, puis aujourd'hui j'ai été faire visite à tous les officiers du régiment, présents à Aumale. C'était une forte corvée, car tu sais si j'aime les visites, mais enfin je l'ai faite dans un esprit de pénitence, qui me profitera, je l'espère. Tous ces messieurs sont très mal installés, presque tous les logements sont des taudis. Comme lits, les officiers ont des lits de troupe, les plus favorisés des lits d'hôpital, une table, deux chaises, quelques armes et cannes suspendues au mur. Le colonel m'avait écrit d'acheter quelques meubles à Alger, je l'ai fait et je serai logé assez convenablement dans l'appartement de mon prédécesseur, mais pourtant moins bien que je ne le serais dans la dernière ville de France. A mon départ d'Aumale, je vendrai mes meubles au moins aussi cher qu'ils m'ont coûté. C'est la loi générale, vu le manque total de cette marchandise sur la place.

Je n'ai pas trouvé de chevaux à Alger. Les courses, sur lesquelles je comptais pour me monter, ont été très pâles cette année. Le maréchal de Mac-Mahon, dans la crainte du choléra, pas pour lui, mais pour l'Afrique, avait évité un trop grand rassemblement d'Arabes pour cette cérémonie, qui réunissait, la dernière fois que je l'ai vue, dix mille cavaliers de tous les points de l'Algérie. Cette année il y en avait à peine quatre cents. On avait peur que tous ces cavaliers, en retournant chez eux après les fêtes, ne répandissent en Afrique le choléra dont il y a quelques cas à Alger.

Aumale, 16 octobre 1865.

J'en ai fini hier avec les réceptions et les toasts ; c'est un des plus forts ennuis du métier, on y dépense son argent et on se fait mal à l'estomac. Je m'en suis assez bien tiré avec l'estomac honnêtement chargé et la tête un peu lourde. Ce matin, j'ai pris un bon bain, et il n'y paraît plus.

Aumale est définitivement un triste séjour, l'hiver commence et il pleut au moins deux ou trois heures par jour. La température est de six à sept degrés le matin, et elle monte le soir à quinze ou seize. Cette température a eu l'avantage d'arrêter les fièvres, et c'est heureux, car ce pauvre bataillon du 36e, qui est depuis huit mois à Aumale, était dans un triste état.

L'Afrique est en ce moment-ci dans l'attente de la décision que va prendre l'Empereur à son égard. Abandonnera-t-on le Sud et réduira-t-on l'occupation aux limites du Tell ? Ou bien va-t-on, comme auparavant, tout occuper ? Voilà la question qui va être résolue sous peu et qui peut-être fera changer de position l'armée d'Afrique.

Alger, 13 novembre 1865.

Je suis arrivé hier à Alger ; le voyage a été assez dur, car en traversant l'Atlas nous sommes tombés dans le froid, la pluie et les brouillards de montagne. Depuis hier j'ai couru toute la ville comme un chat maigre pour trouver un logement. C'est la saison où doivent arriver à Alger, les étrangers poitrinaires qui viennent chercher le soleil, de sorte que les prétentions des propriétaires de maisons meublées sont exorbitantes. Enfin j'ai fini par trouver un piètre logement pour quatre-vingt-dix francs. Cela en vaudrait quarante-cinq à une autre époque.

L'Afrique est dans ce moment-ci en train de digérer la lettre de l'Empereur. Tous les habitants des villes, employés civils, grands concessionnaires, usuriers, etc., trouvent cette lettre ridicule, mais le vrai colon, le travailleur en est enchanté et, pour mon compte, je suis de l'avis du vrai colon.

LA RÉVOLTE DES ZOUAVES A LA MARTINIQUE

Alger, 18 décembre 1865.

La révolte des zouaves à la Martinique est un grand malheur. Mon opinion est que la cause de cette révolte doit être attribuée au gouverneur qui a donné des ordres absurdes. Quand de malheureux soldats viennent de passer un mois à bord, serrés comme des harengs, dans la vermine et les mauvaises odeurs, leur premier désir, en débarquant est, après avoir bu et mangé, de se mettre à l'eau des pieds à la tête, de respirer un peu et de marcher dans la campagne au milieu de la verdure et des arbres.

Je sais bien que pour la ville de Fort-de-France, il y a un moment difficile à passer quand tout ce monde se précipite du bateau à travers les rues, mais les honnêtes gens ferment leurs maisons et leurs yeux, et ça ne dure que le premier jour. Du reste, comme compensation, il y a vingt à trente mille francs répandus en un jour dans la colonie.

C'est absurde, après avoir tenu des hommes en prison pendant un mois sur un bateau de vouloir encore les tenir en prison dans un fort. C'est absurde de faire garder des zouaves par l'infanterie de marine qui les a abandonnés plusieurs fois dans des circonstances difficiles : en Crimée, dans la nuit de l'attaque des ouvrages blancs, à Puebla, le 5 mai, au premier siège. Des mots alors sont vite dits, puis des insultes, des coups donnés, et enfin des coups de fusil.

Si au premier signal de la révolte, le gouverneur était monté à cheval en grande tenue, avec tout son état-major, et avait marché tranquillement aux zouaves, il aurait apaisé cette révolte avec quelques bonnes paroles et tout aurait été dit. Au lieu de cela, on fait marcher contre des hommes presque sans armes, des troupes, de l'artillerie, etc. Une fois la révolte commencée, elle a continué par amour-propre, pour dire que des zouaves sans armes avaient battu des marsouins.

Tout cela malheureusement n'excuse pas les zouaves ; la faute qu'ils ont commise va les mettre au ban de l'armée. Mais je n'en pense pas moins que tout provient de l'ineptie du gouverneur de la Martinique et des mesures ridicules qu'il a prises pour éviter un désordre inévitable.

Adieu. Je me laisserais facilement entraîner par un pareil sujet et par le chagrin que j'ai ressenti en lisant d'aussi horribles détails. Je ne dis pas que si j'avais conduit le détachement de zouaves ça ne serait pas arrivé, mais je regrette de n'avoir pas été là.

NOUVELLE POLITIQUE EN AFRIQUE

Alger, 12 janvier 1866.

L'arrivée du maréchal de Mac-Mahon va donner un peu d'entrain à l'hiver d'Alger. Je n'ai été jusqu'à présent qu'à un seul bal chez le sous-gouverneur, et je m'y suis enrhumé de si belle façon que cela ne me donne pas beaucoup le désir de retourner à d'autres, pourtant je ne pourrai pas faire moins que d'aller chez le maréchal quand il recevra.

Avec les bals, le maréchal rapporte encore de France tous les changements que l'Empereur a décidés sur l'organisation de l'Afrique. Nous allons voir si tout cela réussira, si les employés supérieurs mettront beaucoup de bonne volonté à exécuter les idées de l'Empereur. J'en doute beaucoup, mais toute cette période d'installation du nouvel ordre de choses sera curieuse à étudier. Le gouvernement paraît vouloir entrer dans les économies ; on fait des suppressions considérables dans l'armée, c'est très bien, mais là n'est pas l'économie réelle. C'est la question mexicaine qu'il va falloir liquider. Maximilien doit être arrivé dans ce moment au bout de son nouvel emprunt. Il va être obligé d'en faire un troisième, et pour le coup je doute qu'il réussisse.

RÉSOLUTION DE DEMANDER UN POSTE A ROME

Alger, 16 février 1866.

J'ai vu dans les journaux qu'on organisait un corps pour aller à Rome, une espèce de légion étrangère, mais dans laquelle les officiers conserveront leurs droits à l'avancement et leur ancienneté. Cette formation s'accordant très bien avec tes projets d'aller à Rome l'hiver prochain ; l'Afrique, et la nouvelle manière d'y servir, me dégoûtant, j'envoie par ce courrier une demande au ministre pour être nommé lieutenant-colonel dans cette légion étrangère. Serai-je nommé ? Je l'espère, mais je n'y compte que médiocrement. Si je le suis, j'aurai le plaisir de passer un long temps avec toi à Rome, et quoique la position soit difficile, j'y ferai mon devoir.

Alger, 18 février.

Plus je réfléchis à la décision que j'ai prise, plus j'en suis content. Au point de vue de l'ambition, je n'y perds absolument rien. Je ne peux pas passer colonel avant deux ou trois ans, peut-être quatre ans. J'aime autant aller passer ces années-là à Rome que de ne rien faire en Afrique ou en France, et je suis persuadé qu'en haut lieu on voit avec plaisir quelques officiers prendre cette détermination et qu'on leur en tiendra compte. De plus, il est probable qu'aucun colonel de l'armée française ne demandant cette mission, je serai colonel et commanderai un régiment.

Au point de vue de la guerre, je ne crois pas que le Piémont ose jamais attaquer Rome après la convention faite avec la France. Que peut-il y avoir ? Quelques garibaldis qui, à la tête de bandes plus ou moins nombreuses, viendront attaquer le territoire romain ; quelques émeutes à Rome. Voilà tout ce que je prévois, et cela ne m'effraie pas beaucoup. La grosse question est de parvenir à bien organiser le régiment que j'aurai probablement à commander.

Il faudrait peut-être faire entrer en ligne de compte la révolution, mais quoique Rome soit beaucoup travaillée par les Piémontais et Italiens, le pape doit avoir à Rome un parti plus fort que la révolution, et doit toujours être soutenu par la classe la plus énergique de la société, le peuple. Peut-être la bourgeoisie n'est-elle pas pour lui, mais je crois que dans aucun pays la bourgeoisie n'est bien redoutable, et qu'elle aime mieux manger ses rentes que de descendre dans la rue. Enfin, nous verrons bien.

Ce qui m'a surtout décidé à aller à Rome, c'est que tu désires y passer plusieurs hivers. Tu y seras beaucoup mieux installée, moi y étant ; tu n'auras pas besoin de t'occuper du tout du côté matériel de la vie et tu pourras te livrer complètement au spirituel.

D'autre part la cause du Saint-Père est honorable à soutenir, car quelques avantages que puisse me présenter une position, je ne voudrais pas l'accepter si elle ne me paraissait pas remplir cette condition.

RÉFLEXIONS SUR LA QUESTION ROMAINE

Alger, 26 février 1866.

J'ai beaucoup réfléchi à la question romaine depuis que j'ai pris la décision d'aller à Rome. Les Italiens ne me font pas l'effet d'abandonner leurs projets sur Rome, et si l'on doit juger l'avenir par le passé, il est probable qu'ils chercheront à s'emparer de Rome par l'annexion et le suffrage universel, qui est actuellement très à la mode.

Le suffrage universel est la plus immense blague que la civilisation et le progrès aient jusqu'à présent inventée, car au point de vue pratique, il est à peu près impossible de le recueillir d'une façon loyale. Le vote a toujours lieu sous une pression quelconque : que ce soit celle de Mazzini ou de Garibaldi, que ce soit celle de l'armée française ou des puissances catholiques. Le monde est ainsi fait. Mais il faut autant que possible favoriser la vérité, et je crois que la petite légion envoyée par la France sera un faible poids en faveur du pape. Il faudrait, pour que le poids fût décisif, que cette légion eût un engagement sérieux avec les gens de Mazzini ou de Garibaldi, et qu'elle eût la victoire dans cet engagement. Mais j'ai peur que les Italiens ne veuillent pas livrer le sort de leur ambition à un combat et qu'ils ne travaillent Rome et le peuple par toutes sortes de menées, et ne fassent une révolution soi-disant légale avec ou sans effusion de sang. Le tout est de savoir si l'immense majorité à Rome est pour le pape. Moi, je le crois, mais malgré cela, il faut que la majorité soit soutenue et qu'il ne soit pas permis à un millier de révolutionnaires enragés de l'entraîner, soit par la crainte, soit par l'enthousiasme et les grands mots.

ETABLISSEMENTS RELIGIEUX EN ALGÉRIE

Alger, 16 mars 1866.

L'Algérie commence à compter un grand nombre d'établissements religieux. Tous les environs d'Alger en sont peuplés. Ces établissements sont en général très riches et très prospères. Ce sont tous les camps et jardins de l'armée établis autrefois autour d'Alger, au commencement de la conquête, quand on ne possédait qu'Alger et les environs. Presque tous ces établissements militaires ont été donnés en concession à des ordres religieux qui y ont installé des couvents, des séminaires et des orphelinats. Les sœurs aussi ont profité de ces concessions et y ont établi des maisons d'éducation et des couvents. A Saint-Eugène, à une lieue d'Alger, il y a un séminaire de Notre-Dame d'Afrique et à Koula (une lieue et demie), un séminaire. A Mustapha-Supérieur, un orphelinat de filles et un couvent; à Ben-Aknoun, un orphelinat de garçons et un couvent de jésuites, et une ferme modèle; à Texeraïn (trois lieues d'Alger), un couvent; à Staouli (huit lieues), des Trappistes avec une exploitation agricole; à Bouffarick, un orphelinat des jésuites avec une exploitation agricole. Je ne te parle que des principaux établissements.

Adieu, ma chère maman, je t'embrasse comme je t'aime et en te souhaitant ta fête, je regrette de ne pas pouvoir t'envoyer une image de Notre-Dame d'Afrique, mais j'irai m'y promener dimanche prochain, et j'en rapporterai pour ma tante et pour toi.

Alger, 30 mars 1866.

Je n'ai rien de nouveau à t'annoncer sur nos destinées futures ; on ne parle pas d'expédition dans la Kabylie. Pourtant je crois que tout le pays des environs de Sétif est loin d'être tranquille. Il est très travaillé par les sociétés religieuses et par l'indécision dont semblent frappées toutes les administrations africaines. On ne sait pas ce qu'on veut faire ; la lettre de l'Empereur a tracé une espèce de programme combattu par beaucoup de monde. D'un autre côté l'extrême sud n'est pas encore soumis et Hi Lalla vient encore d'avoir une affaire sérieuse avec nous du côté de Geryville. Dans les régions élevées de la politique, on agit avec la plus grande discrétion, rien ne transpire, et je ne devine rien de ce qui pourra se passer au printemps.

Alger, 10 avril 1866.

Je suis actuellement en correspondance avec un lieutenant-colonel de la garnison de Paris. Il m'a écrit pour venir en Afrique et pour permuter avec moi. Je lui ai répondu que j'étais son homme, mais à condition que son colonel s'engagerait à me porter pour la garde, à l'inspection générale prochaine. Je serais ainsi bien mieux à même d'entrer dans la garde et de me marier, d'autant plus que le 36e ne rentrera pas en France avant dix-huit mois ou deux ans.

LES SAUTERELLES

27 avril 1866.

Je ne ferai pas comme le docteur du régiment qui écrit à sa femme : « L'ennemi a envahi la Mitidja, etc., etc. », et qui finit au bout de quatre pages, après l'avoir fait passer par toutes les péripéties d'un drame affreux, dans lequel il a tué trente ennemis, par lui dire que ce sont les sauterelles.

Nous sommes en effet envahis par les sauterelles. Presque toute la partie du régiment, qui était à Alger, est disséminée de tous les côtés, chez les colons, pour les aider à détruire ces affreux insectes qui dévorent tout sur leur passage. Ce sont bien les descendants de celles des plaies d'Egypte ; elles arrivent en nuages épais, s'abattent sur un champ couvert d'épis, et une heure après il ne reste plus rien.

Heureusement, depuis quelques jours, le vent du sud a soufflé le matin et en a précipité un grand nombre à la mer, tout le bord de la côte en est couvert ; la mer les a rejetées et beaucoup de nos troupiers sont occupés à les brûler ou les enterrer, suivant les dispositions des maires des communes du littoral, dont les uns veulent faire de l'engrais et les autres tout bonnement se préserver des émanations pestilentielles qu'apporterait la pourriture de ces bêtes.

J'ai de bonnes nouvelles de ma permutation, j'espère qu'elle sera décidée d'ici à quelques jours et que je partirai pour Paris vers le 15 du mois prochain. J'ai pris cette décision à cause de toi et du mariage. Je crois que pour se marier par correspondance il y aurait des longueurs interminables, et puis si après avoir bien discuté, bien établi les situations, l'on arrive et l'on ne se convient pas. Tout cela m'a décidé à permuter, d'autant qu'il n'y a plus rien à faire en Afrique pour l'infanterie. La guerre est dans le sud, tout à fait dans le désert, et s'il y a des affaires, ce sont des affaires de cavalerie.

EN GARNISON
DANS LES HAUTES-ALPES

EN TOURNÉE DE CONSEIL DE REVISION

Gap, 2 juin 1870.

Je t'ai écrit à mon arrivée à Gap pour t'envoyer l'itinéraire du conseil de revision.

Nous avons pour moyen de transport un petit omnibus à quatre places qui contient la partie militaire du conseil. Dans l'intérieur nous tenons assez à l'aise, l'intendant, le docteur, le capitaine de recrutement et moi. Notre véhicule nous coûte dix-sept francs par jour. Nous sommes quatre pour payer cette somme; tu vois que ce n'est pas trop cher.

La partie civile du conseil voyage avec plus de luxe; au lieu d'un omnibus, c'est une calèche qui a l'honneur de traîner le préfet, son secrétaire, le conseiller de préfecture et le conseiller général.

Mardi dernier nous avons vu un pays superbe : le commencement de la vallée du Drac, que tu connais, puisque tu as été à la Salette. Les habitants de Gap ont fait une grande et utile entreprise, ils ont presque achevé un canal qui amènera les eaux du Drac dans la vallée de Gap, qui est privée d'eau. Pour passer de la vallée du Drac qui est un affluent de l'Isère, dans celle de Gap, où coule un affluent de la Durance, il faut nécessairement faire passer à ce canal une montagne; on y est arrivé au moyen d'un tunnel de six kilomètres. C'est un travail très remarquable.

Jusqu'à présent je n'ai vu encore ni dîner, ni déjeûner officiel. Je crois que la semaine prochaine nous en aurons un ou deux. Quant aux réceptions, si nous en avons une pendant toute la revision ce sera tout. Il y a loin comme civilisation du département de l'Oise à celui des Hautes-Alpes. Dans l'Oise, tous les jours grands diners officiels et réceptions dans de beaux châteaux. Ici nous couchons à l'auberge, dans des lits aussi mauvais que possible, une planche avec un matelas dessus, et au lieu de châteaux, des chaumières.

Gap, 13 juin 1870.

Ces courses perpétuelles dans notre omnibus sont assez fatigantes, mais nous avons trouvé un moyen d'abréger les distances, c'est d'installer un whist qui nous fait passer le temps et ne nous empêche pas de voir le paysage, qui est généralement laid : des montagnes pelées, sans aucun arbre, des plaines souvent incultes et sèches. La récolte cette année est complètement perdue ; il n'y aura ni blé, ni fourrage. Restent la vigne, qui promet, et les troupeaux. C'est la grande question du pays que les troupeaux. Tous les ans, au mois de juin, les moutons de Provence qui ont passé l'hiver dans les plaines de la Crau et de la Camargue, remontent par immenses troupeaux dans les montagnes des Alpes. Cette invasion, qui dure depuis des siècles, a fini par déboiser et épuiser les Alpes. Une fois les pentes déboisées, les torrents ont ravagé le pays, tantôt emportant une plaine cultivée, tantôt couvrant de pierres et de sable un espace considérable qui est enlevé pour longtemps à l'agriculture. On tâche en ce moment, à force de temps et de millions, de remédier à cet état de choses. On reboise tant qu'on peut, mais ça coûte très cher. On défend le parcours de certaines parties qui ne sont pas encore déboisées, de façon que la forêt repousse naturellement. Mais cela mécontente beaucoup le paysan, et si dans cette année de disette, on ne rend pas le parcours dans les terrains communaux réservés, où le bois a recommencé à pousser depuis quatre ou cinq ans, il y aura du tapage et des émeutes dans les villages. Le préfet veut rendre ce parcours, l'administration des forêts qui voit qu'on va détruire ce qu'elle a eu tant de peine à créer, s'y oppose de toutes ses forces.

J'ai eu quelques discussions avec le préfet et j'ai été obligé de montrer les dents. Depuis quinze jours que nous sommes en revision, nous avons eu deux invitations, une chez le curé de Ribiers, l'autre chez un certain M. Lachau à Aspres-les-Veynes. Or, la partie civile du conseil de revision est invitée beaucoup plus souvent que nous. Les habitants de ce pays, qui sont très fins et très avares, n'invitent que les gens qui peuvent leur être utiles, par conséquent le préfet et son entourage, et négligent de la façon la plus absolue la partie militaire qui, au lieu de leur servir, vient leur prendre leurs enfants. Je ne dis pas que ce ne soit parfaitement naturel de la part des populations, mais j'ai dit au préfet qu'il devait faire respecter l'armée, que ce manque d'égards ne pouvait être supporté et que s'il acceptait des invitations partielles, j'en rendrais compte sur mon rapport officiel. J'ai de plus fort malmené deux ou trois conseillers généraux qui se sont présentés à moi après avoir négligé l'invitation, je leur ai tourné le dos sans répondre à leur salut. Le préfet, qui est un homme fort intelligent, mais qui est entré dans l'administration depuis peu de temps, s'est rallié à mon opinion, et j'espère que la semaine prochaine tout ira bien. Je déteste les invitations, mais il faut bien que je fasse rendre au conseil de revision les honneurs qui lui sont dûs.

Gap, 18 juin 1870.

Mardi dernier, 14 juin, après avoir passé le conseil à Saint-Firmin, nous sommes partis pour Corps où nous sommes arrivés à quatre heures et demie. Aussitôt arrivé, j'ai pris le chemin de la Salette, grimpé sur un mauvais mulet qui avait déjà fait le voyage dans la journée et qui n'en pouvait plus. A force de coups d'éperons et de coups de canne, je suis arrivé vers sept heures à la Salette. J'ai vu l'église et la statue de l'apparition de la Vierge aux deux enfants, et enfin quelques autres statues que je n'ai pas bien comprises. J'ai été faire mes achats de médailles et de croix, puis j'ai dîné au couvent avec quelques voyageurs et deux frères capucins, fort bien, auxquels j'ai parlé du père Ludovic, qu'ils connaissent beaucoup. J'ai essayé de retrouver sur les registres quelques traces de ta présence et de ton pèlerinage, mais les registres de l'année où tu es venue étaient renfermés dans les archives et je n'ai pas pu les voir.

Le lendemain à quatre heures, je suis reparti pour Corps d'où le conseil devait se mettre en route à six heures pour Saint-Etienne-en-Dévoluy. Les montagnes du Dévoluy sont affreuses, ayant des formes déchiquetées et aucune végétation. Saint-Etienne est derrière ces montagnes que nous avons tournées par une gorge où coule un affluent du Drac. En sortant de Corps nous avons passé le Drac sur un pont en fil de fer élevé d'une centaine de mètres au-dessus du précipice ; les rochers sur lesquels le pont est posé sont à pic, et c'est à peine si on voit le Drac couler au fond. Nous nous sommes engagés ensuite dans une gorge très abrupte, rochers des deux côtés, route très étroite et taillée dans le roc ; au fond, un torrent très rapide et cascadant à chaque instant. Tu vois la position, notre omnibus ne brillait pas. A Saint-Didier nous sommes montés sur des mulets que les maires nous avaient amenés. Il y avait dix ans qu'un préfet et un conseil de revision n'étaient venus dans ce pays, aussi tu peux te figurer la réception pompeuse qui nous a été faite. A chaque petit hameau que nous traversions, toute la population venait au-devant de nous ; une petite fille, son papier à la main, faisait un compliment pompeux au préfet. Ce compliment était composé par le curé ou le maître d'école ; dans l'un on avait comparé le préfet à un astre bienfaisant. Enfin, après deux ou trois ovations de ce genre, nous sommes arrivés à Saint-Etienne, nous avons visité les écoles et l'église, et sommes allés dejeûner chez le curé. Déjeûner plantureux, cinquante plats, moutons rôtis tout entiers, veaux idem. Assistaient à ce déjeûner tous les maires, adjoints et conseillers municipaux du pays ; on dit qu'après le départ du conseil ce déjeûner dure pendant deux jours. Le curé est un brave homme, qui est le roi du pays; sous une apparence de bonhomme, il est très fin et dirige tous ces maires et administre à la façon patriarcale tout le pays.

Aiguilles, 24 juin 1870.

Aujourd'hui nous sommes dans un pays pauvre, tout à fait sur la frontière d'Italie, au fond de la vallée du Guil, à Aiguilles, qui est le chef-lieu de canton du Queyras. Ce n'est pas précisément facile d'arriver ici ; on ne peut pas suivre le cours du Guil qui est trop accidenté et barré par d'énormes rochers ; la route s'engage dans la montagne et borde des précipices effrayants. Nos chevaux ont eu bien de la peine à nous conduire jusqu'à Aiguilles où nous sommes arrivés à neuf heures et demie du soir. Les maires de sept communes de la vallée nous attendaient, et nous ont donné un dîner très primitif, mais très long ; on a bu à la santé de l'Empereur, de l'Impératrice, du Prince, du Préfet, du Sous-Préfet et enfin de moi-même, ça n'en finissait plus, et à minuit nous étions encore à table. Tout le monde parlait à la fois pour expliquer au préfet les besoins des localités. Enfin nous parvenons, avec beaucoup de peine, à quitter cette société de braves gens, mais d'une éducation médiocre : tout le monde avait dîné le chapeau sur la tête, le bon maire entre autres, qui avait le préfet à sa droite et moi à sa gauche. A part ça, ce pays est très avancé et très éclairé ; il forme une petite république de sept communes qui s'administrent elles-mêmes sans avoir recours à l'administration centrale. Les juges de paix, tribunaux et gendarmes, n'ont rien à faire dans le pays, ce sont les maires qui jugent les affaires et sans appel. Tu vois que c'est patriarcal.

A la suite d'un incendie, qui a dévoré Aiguilles, il y a une quarantaine d'années, beaucoup de jeunes gens ont été chercher fortune en Amérique et beaucoup ont réussi. Ils sont revenus dans leur pays, cédant leurs industries ou leurs établissements à leurs parents, de façon que beaucoup de jeunes gens d'Aiguilles émigrent. Mais ils reviennent presque toujours passer au moins deux ou trois mois chez eux, et ils y apportent beaucoup d'aisance.

INCENDIE D'UN VILLAGE DES HAUTES-ALPES

Briançon, 30 juin 1870.

Un village, à quatorze kilomètres de Briançon, a brûlé à moitié : cent trente maisons ont été incendiées. Le régiment a été au secours de ce village, et s'est distingué autant que possible dans les travaux de sauvetage. Mais les soldats, à la vue de toutes ces familles qui allaient manquer de pain, ont fait plus et ont décidé, en rentrant à la caserne, d'envoyer cent cinquante rations aux incendiés. De plus, ils ont fait une collecte qui a rapporté deux cent trente-cinq francs avec la cotisation des officiers. C'est un assez joli chiffre pour un petit détachement comme celui de Briançon. J'ai été remettre au maire la somme de cette souscription. Si tu avais vu l'attendrissement et la reconnaissance du pauvre homme, tu aurais été touchée. Nous avons été les premiers après le préfet à secourir cette grande infortune. Sur cent trente maisons, vingt-quatre seulement étaient assurées. Les compagnies sont très exigeantes pour les constructions en bois, et je crois qu'il faut payer dix-huit francs de prime pour une maison qui vaut trois mille francs. Presque tous les sinistrés sont sans abri, heureusement que la saison est bonne. Et puis ils ont leurs caves, ou plutôt leurs étables, qui sont construites en voûte, la maison en bois est par dessus. Ils habitent tout l'hiver leurs étables, côte à côte avec leurs bêtes et le fumier de leurs bêtes. C'est leur manière de se chauffer. L'été, leurs bestiaux vont dans la montagne (ils y étaient lors de l'incendie) et alors seulement ils se mettent à nettoyer les étables du fumier qui s'y est accumulé pendant l'hiver. Il est heureux que l'incendie soit arrivé maintenant, car quelques semaines plus tard les récoltes auraient été rentrées et ces malheureux auraient tout perdu.

Briançon, 7 juillet 1870.

Depuis que je suis rentré de revision, je ne cesse de travailler du matin au soir en vue de l'inspection générale. Si tu savais quel monceau de papiers on est obligé de remuer et quelle quantité de notes on a à donner en quatre expéditions aux officiers, en deux expéditions aux sous-officiers, plus un carnet pour le général inspecteur avec un sommaire de toutes les notes, tu comprendrais que c'est un travail abrutissant. Après cela, il y a toutes les propositions pour les emplois civils, pour la garde, pour l'avancement, pour les décorations, les gratifications, etc. J'en ai encore pour une dizaine de jours, après quoi j'irai passer quelques jours au Monestier où il y a des douches chaudes : le docteur me dit qu'elles me feront beaucoup de bien.

BRUITS DE GUERRE

Briançon, 12 juillet 1870.

Tu vas être inquiétée par ces bruits de guerre. Je ne crois pas qu'actuellement ils soient bien sérieux, mais il est depuis longtemps très évident, pour moi, que la Prusse cherche tous les moyens possibles de nous être désagréable. A chaque instant elle soulève une question blessante pour nous, et tôt ou tard la guerre doit arriver. Notre patience a été longue, en dehors de nos habitudes et de notre tempérament, mais enfin elle est arrivée au bout et je crois que le ministère a bien fait de faire cette déclaration. La Prusse va faire très certainement un pas en arrière, mais je crois que les Tuileries désirent en finir et que les questions diplomatiques vont s'embrouiller, aussi la guerre en sortira fatalement d'ici à quelque temps.

Je ferai la commission pour les incendiés du Monastier. C'est en effet dans ce village que j'ai l'intention d'aller prendre des douches. C'est assez mal installé, mais le nécessaire existe à peu près. Quand on a pris son bain on peut aller suer pendant une heure sur un lit plus ou moins bon. Les eaux du Monastier sont, paraît-il, très bonnes pour les rhumatismes, j'en ai parlé avec des baigneurs qui m'en ont beaucoup vanté l'efficacité.

Briançon, 18 juillet.

Depuis quatre ou cinq jours nous recevons dépêches sur dépêches, à toute heure de la nuit et du jour. Le régiment est mis sur le pied de guerre et concentré à Briançon. Il est probable que nous recevrons l'ordre d'aller à Grenoble. Là nous serons en tête de ligne d'un chemin de fer et on pourra nous envoyer là où l'on voudra. Je n'ai pas voulu t'inquiéter, car ce n'est que cette nuit que j'ai reçu les ordres de concentration, et jusqu'alors beaucoup de monde supposait que nous ne bougerions pas à cause de l'Italie, notre voisine, qui pourrait prendre une attitude, je ne dis pas hostile, mais tout au moins douteuse.

Nous voilà donc prêts à partir et je n'ai pas besoin de te dire que je t'écrirai aussi souvent que possible pour te mettre à même de suivre nos mouvements.

Briançon, 21 juillet 1870.

Je n'ai pas encore d'ordre de départ, nous sommes oubliés, je crois, pour le moment, d'autant plus que les évènements marchent, et qu'il nous faut au moins six jours pour nous rendre sur le théâtre de la guerre. Voilà l'inconvénient d'être éloigné de toute ligne de chemin de fer. Nous aurons cinq étapes pour nous rendre à Grenoble et un jour de chemin de fer pour aller en Alsace ou en Lorraine. Le 3ᵉ de ligne, qui est à Grenoble, part aujourd'hui pour Colmar ; nous suivrons probablement cette voie.

Nous sommes tous dans la fièvre et dans l'inquiétude, car toutes les nouvelles nous arrivent longtemps après tout le monde. Hier, à dix heures du soir seulement, nous avons appris la déclaration de guerre. Il a fallu faire une *cérémonie pour égayer et entraîner les soldats*. J'ai de suite fait rassembler la musique, qui a joué pendant une demi-heure la *Marseillaise* et des valses. Il y a eu beaucoup d'enthousiasme, et ce qu'il y avait d'assez bizarre, c'est qu'après chaque air du couplet de la *Marseillaise*, tous les soldats criaient : « Vive l'Empereur ! » En général ces deux cris ne s'allient pas ensemble. C'est notre premier acte de guerre que nous avons commis. Tu vois qu'il n'est pas désastreux.

EN ROUTE POUR L'EST

Vizille, 26 juillet 1870.

Nous voilà presque arrivés à Grenoble, après avoir fait une route assez dure. Nous étions obligés de partir tous les jours à trois heures du matin pour éviter la chaleur que je ne parvenais pas à éviter complètement, car les deux dernières heures de marche étaient très pénibles et les pauvres soldats, presque tous très jeunes gens, ont beaucoup souffert.

Je pars de ma personne ce soir pour Grenoble; je vais voir le général, qui m'informera probablement du jour de mon départ pour Lyon et Belfort. J'ai beaucoup à faire à Grenoble et à Lyon : il va falloir organiser le régiment pour la campagne, toucher dans les magasins de l'Etat ou acheter des voitures et des harnachements, des tentes, enfin tout ce qu'il faut pour la campagne. Heureusement que nous avons acheté à Briançon des mulets qui traîneront nos voitures mieux que des chevaux. Pour mon compte, j'ai encore ma jument fringante, et j'ai fait acheter à Turin un bon cheval.

J'espère que je serai à la hauteur de ma position et que je saurai conduire mon régiment au feu. Tous ces jeunes gens ont confiance en moi, je le crois; j'ai passé toute ma route à leur donner de bons conseils pour l'avenir et à préparer l'organisation de campagne. S'ils ont autant de forces que de bonne volonté, ils iront bien et seront faciles à commander, moins faciles pourtant que les zouaves.

Châlons, 20 août 1870.

Je suis parti de Belfort le 18 après avoir campé avec mon régiment pendant deux jours, dans des prés inondés à Danjoutin, et arrivé le 20 à sept heures du matin à

Châlons ; nous avons mis quarante-deux heures pour faire ce trajet à cause de l'encombrement des lignes de l'Est. Nous avons suivi la ligne Vesoul, Chaumont, Langres, Troyes, et sommes allés jusqu'à Pantin, puis nous sommes dirigés par la ligne directe sur Châlons, où nous sommes arrivés ce matin. Depuis ce moment, notre temps a été employé à camper et à décamper. *Nous avons décidément à faire à un état-major tellement incapable ou tellement paresseux, ou tellement égoïste et préoccupé de son installation personnelle, qu'il ne pense jamais à l'installation des autres.* On nous a d'abord campés à cinq kilomètres de la gare de Mourmelon, puis l'ordre est arrivé d'aller camper de l'autre côté de la gare, dans la direction de Suippes. Dans tous ces déménagements nous perdons quelque chose : la soupe, qui est commencée et qu'il faut jeter, le bois qu'on a brûlé en pure perte, sans compter la peine perdue. A cela la patience du malheureux troupier se lasse : il grogne après ses chefs. Je crois qu'ils sont cependant convaincus qu'il n'y a pas de ma faute, mais il en reste toujours quelque chose.

J'ai fait une générosité à la gare de Pantin. Les soldats n'avaient rien mangé depuis la veille que du pain et du lard : j'ai acheté deux bordelaises de vin et j'ai fait distribuer les quatre cent quarante litres à mille hommes, ce n'était pas trop. Autrefois, quand les troupes passaient, les populations leur donnaient trop à manger et surtout à boire, maintenant on donne trop peu, c'est-à-dire rien du tout. Le seul endroit où nous avons reçu quelque chose est Lagny, où les dames de la Croix-Rouge nous ont offert des pêches superbes, aux soldats comme aux officiers et, avec ces pêches, des prunes, des poires et des figues fort agréables.

Sillery, 22 août 1870.

Nous sommes partis hier de l'emplacement que nous occupions au camp de Châlons, mais nous n'avons pu arriver à Reims avant la nuit et sommes restés à Sillery où nous campons. Aujourd'hui nous allons terminer notre marche et nous installer dans de fortes positions en avant de Reims, de façon à être à cheval sur les vallées de l'Aisne et de la Marne. C'est bien sûr une position défensive que nous occuperons. Le maréchal Bazaine est obligé de se rejeter sous Metz ; y restera-t-il ou fera-t-il son trou pour nous rejoindre ? Il me semble que nous aurions dû aller en avant pour nous joindre à lui, mais nous ne sommes absolument pas renseignés et je ne connais pas assez la position de notre armée et de celle de l'ennemi pour juger des mouvements.

Je me porte assez bien malgré la grande fatigue que ces allées et venues nous ont occasionnée. Notre nourriture est assez bonne, nous trouvons des vivres dans les villages de la Champagne, et la vie matérielle est supportable. Mais ce qui ne l'est pas, c'est l'état moral. Il faut conserver tout son calme et, malgré l'inquiétude qu'on a dans le fond du cœur, il ne faut rien en montrer.

Dans le voyage de Pantin à Châlons, nous avons croisé un convoi qui ramenait à Paris un bataillon de la garde mobile. Tous ces gens étaient heureux de revenir dans ce Paris dont ils ne peuvent plus se séparer. Si tu savais quels sentiments ignobles ils exprimaient avec leur accent des faubourgs ! J'en avais le cœur soulevé. Si c'est pour ces gens-là que nous allons essayer de sauver la patrie, c'est navrant !

Camp sur la Suippe, 24 août 1870.

Décidément ce mouvement de retraite sur Reims devient un mouvement en avant. Nous avons marché aujourd'hui dans la direction de Montmédy et demain nous marcherons encore dans la même direction. Je crois que nous allons aux défilés de l'Argonne et que nous y rencontrerons les Prussiens. Nous avons bonne confiance et j'espère qu'avec l'aide de Dieu et en le priant beaucoup, nous arriverons à les rejeter loin de la France.

En avant de Vouziers, 25 août 1870.

Nous sommes aujourd'hui en face des défilés de l'Argonne, là où Dumouriez a sauvé la France. Je suis convaincu que nous allons en faire autant. Nous les passerons probablement demain ; ils ne sont pas encore occupés par les Prussiens qui sont, dit-on, encore loin de nous. Toute l'armée a hâte de les joindre et de venger la France envahie. L'armée que commande le maréchal de Mac-Mahon, quoique composée presque toute entière de jeunes soldats, est animée du meilleur esprit et, avec un tel chef, je suis convaincu que nous réussirons !

Le souvenir de la guerre néfaste reste encore tellement vivant, que j'arrête la publication des extraits de lettres de Frédéric Japy à sa mère, décédée quinze ans plus tard, à l'Abbaye-aux-Bois, où elle s'était retirée.

Femme très dévote, à la mort de son mari elle avait fait son fils catholique contrairement au restant de la famille Japy, qui est protestante.

JULES JAPY.

www.ingramcontent.com/pod-product-compliance
Lightning Source LLC
Chambersburg PA
CBHW071343150426
43191CB00007B/831